안재홍기념관 연구

안재홍기념관 연구

초판 1쇄 발행 2023년 12월 31일

저   자 | 황우갑
편   자 | 민세안재홍선생기념사업회
발행인 | 윤관백
발행처 | 선인

등록 | 제5 - 77호(1998.11.4)
주소 | 서울시 양천구 남부순환로 48길 1, 1층
전화 | 02)718 - 6252 / 6257   팩스 | 02)718 - 6253
E-mail | suninbook@naver.com

정가 30,000원
ISBN 979-11-6068-905-1 94900
      978-89-5933-496-4 (세트)

※이 책은 평택시의 후원으로 제작하였습니다.

민세학술연구총서 013

안재홍기념관 연구

황우갑 지음

민세안재홍선생기념사업회 편

선인

책머리에

'너와 나의 마음을 모아 바른 뜻 세우고
너와 나의 지혜를 모아 민세의 뜻을 펼친다
민족에서 세계로 힘차게 나아가고
세계에서 민족을 다시 이롭게하네
아름드리 나무로 성장하기까지
오, 꿈과 사랑이 가득한 민세중학교'

- 평택 민세중학교 교가 -

2023년 3월 1일 안재홍의 호 민세를 따서 이름 지은 민세중학교가 경기도 평택시 고덕동에 개교했다. 2024년 9월에는 바로 옆에 민세초등학교도 개교할 예정이다. 1945년 광복 이후 1953년 한국전쟁 시기까지 안재홍이 쓴 글은 중·고등학교 국어교과서에 실렸다. 중3·고1·고2·고3에 각 한편씩 실려있다. 4편에 동시에 실린 사람은 국어학자 이희승, 수필가 김진섭 정도였다. 적어도 당대 사람들에게 안재홍은 매우 인지도가 높은 민족지도자였다. 그러나 1950년 한국전쟁 중 북한군에 납북된 안재홍은 남한 사회에서는 잊힌 존재였다. 다행히 1980년대 이후 안재홍에 대한 본격적인 조명이 시작되었다. 현재는 많은 연구가 이루어져 단행본만 100여 권, 학술논문만 120여 편에 이른다. 그리고 고등학교 한국사 교과서에 신간회, 조선학운동, 건국준비위원회 활동 등에 안재홍이 소개되고 있다. 여러모로 매우 반가운 일이다.

1999년 4월부터 민세안재홍선생기념사업회 사무국장을 맡아 활동하고 있다. 고려대 국문과 재학 시절인 1983년 가을에 언론인 송건호가 쓴 『한국현대 인물사론』을 읽으면서 민세 안재홍이라는 이름을 처음 알게 됐다. 그리고 1998년 가을 전북 정읍 입암산 보천교 본부에 답사를 갔다가 안재홍의 고향이 평택이라는 사실을 알고 큰 충격을 받았다. 민세는 한국 근현대사에 큰 족적을 남겼지만 납북으로 인해 고향에서조차 잘 모르는 인물이 되었다. 그래서 이때 기념사업을 통해 안재홍의 삶을 제대로 복원하고 고향 평택의 상징 인물로 만들겠다고 다짐했다. 단언컨대 학(學)·덕(德)·행(行) 모든 면에서 평택 출신 으로 민세 안재홍만한 인물은 없다. 특히 한국사에서 다시 일제 강점기와 같은 고난의 시기가 오지 않는다면 민세와 같은 인물을 평택에서 다시 배출하기는 어려울 것이다. 그래서 민세선양 사업을 평생의 실천 과제로 생각하고 많은 분들의 도움 속에서 꾸준히 해왔다.

안재홍기념사업회 창립 후 2주쯤 지나서였다. 김선기 초대회장께서 시장 집무실로 와달라는 연락을 주셨다. 초대회장의 중책을 맡은 김 회장께서는 민세기념사업회의 핵심 과제로 안재홍기념관 건립을 구상하시고 계신 듯했다. 집무실 책상에는 김 회장님께서 직접 그린 듯한 안재홍기념관 건립 구상도 가 있었다. 이날 평택시 소유 부지 적당한 곳에 안재홍기념관을 건립하시겠다 는 말씀을 하셨고 실무자인 사무국장의 의견을 참고로 듣고 싶어 하셨다.

이날 김 회장님께 용기를 내 직언을 했다. 기념관이 빨리 지어지면 막 시작 한 기념사업이 순조롭게 진행될 기반을 마련할 수도 있었다. 하지만 모든 일에 는 원칙을 중요하다고 생각했다. 그래서 안재홍기념관 건립은 언젠가 꼭 필요 하지만 이제 기념사업회가 막 사업을 시작한 상황이니 지금은 우선 민세 선생 에 대한 학술연구가 시급하다고 말씀을 드렸다. 또한 자료 수집과 정리가 되어 있지 않은 상황에서 기념관을 짓고 내용물을 채우느라 애를 먹는 당시 몇몇 기념관의 예를 들어 장기 과제로 추진하는 것이 좋겠다는 말씀을 드렸다. 이에 김 회장님께서도 사무국장의 뜻을 존중해서 추후 적당한 여건이 형성되면 기념관 건립을 본격적으로 논의하기로 했다. 고향의 대선배 민족지도자인 민세 선생 선양에 대한 기념사업회 초대회장으로서 책임의식에서 나온 고민이었다고 생각한다.

  1999년 4월 안재홍은 주제로 한 첫 강연에서 뜻을 모으고 2000년 10월 창립해서 2023년까지 지속적인 기념사업을 해온 것은 안재홍기념관 건립을 위한 사전 준비작업이었다. 2007년 안재홍역사공원 부지가 결정되고 2017년 안재홍기념관 건립추진 준비위원회를 거쳐 2022년 8월 안재홍기념관 건립 추진위원회가 공식적으로 발족했다. 이후 국가보훈처, 평택시, 한국토지주택공사 등 관련 기관과의 지속적인 논의 과정을 거쳤다. 안재홍기념관 건립은 크게 3가지 방법으로 추진되어 왔다. 첫째, 안재홍기념관 건립 예정지가 한국토지주택공사가 조성중인 안재홍역사공원 부지 내에 위치한 만큼 한국토지주택공사가 기념관을 짓고 평택시에 기부채납하는 방식이다. 둘째, 안재홍기념사업회가 건립 추진위원회를 만들어서 국가보훈처와 한국토지주택공사, 평택시 등의 예산 지원을 받아서 기념관 건축을 하고 완공 후에 평택시에 기부채납 하는 방식이다. 그러나 이 두 방법은 관련 기관과의 여러 차례 논의를 통해 현실적으로 불가능하다는 것이 판명되었다. 이에 최종적으로 평택시가 공립박물관 건립 절차를 밟아 평택시와 경기도의 예산에 한국토지주택공사의 부지 기부채납과 기념관 건립비 일부 지원 등을 통해 건립하는 것으로 확정되었다. 평택시에서는 2022년도에 안재홍기념관 건립 기본 구상 용역, 2023년도에 안재홍기념관 부지선정과 타당성 용역, 공청회 등의 행정 절차를 마쳤다. 안재홍기념사업회도 건립추진위원 모집과 모금 사업을 꾸준하게 하고 국회에서 안재홍기념관 건립 토론회 등을 진행해 기념관 건립의 당위성을 홍보했다. 그리고 2024년 1월에 평택시에서는 문화체육관광부에 안재홍기념관 건립 관련 사전 심사 서류를 제출할 계획이다. 이번 연구는 문체부 사전 심사에도 유용한 자료가 될 것이다. 또한 독립운동가 혹은 역사인물 기념사업 과정에서 중요한 목적사업의 하나인 기념관 건립을 위해 기념사업회 등 관련 단체가 사전에 어떤 준비를 해나가야 하는지에 관한 소중한 자료가 될 것이다.

20년 넘게 안재홍기념사업에 몰입할 수 있었던 가장 큰 이유는 민세가 독립운동에 매진했던 인물이라는 점에 있다. 단지 어떤 한 분야에 일가를 이룬 사람이었다면 긴 시간 집중적으로 활동하기는 힘들었을 수도 있다. 9번에 걸친 7년 3개월의 옥고만으로도 민세는 국민적 존경을 받기에 충분한 인물이다. 당대 많은 지식인들이 민족공동체에 대한 책무를 외면한 채 친일의 길을 걸어갔기에 민세가 보여준 자기성찰과 활동의 삶은 특별한 감동으로 다가올 수밖에 없었다. 우리 모두가 민세처럼 치열하게 살기는 어려울 수 있다. 그러나 그가 꿈꾸며 실천했던 소중한 가치를 돌아보며 현재의 우리가 어떻게 살아야 하는 지를 생각해 보는 것도 의미있는 일이다. 민세는 앎과 삶을 일치시키며 스스로 순도(殉道)의 삶을 감내했다. 행동보다 말이 앞서고 소통보다 편 가르기에 익숙했던 기회주의적 지식인들과는 분명히 달랐다. 그래서 우리는 지(知)와 행(行)의 일치가 얼마나 소중한지를 민세의 삶을 통해서 알게 될 것이다. 개인적으로도 민세화보집 발간에 이어 민세 선생과의 약속 하나를 지켰다는 생각이 들어 기쁘기도 하다.

책을 내며 민세 선생 정신 선양에 힘쓰시는 안재홍선생기념사업회 강지원 회장님 김진현 명예회장님, 서경덕·김향순 부회장님과 여러 이사님들, 민세 선생 유지 실천에 힘쓰시는 안영돈 부회장님, 안영진·안영운 이사님, 안혜초 여사님, 순흥안씨 고덕종친회 안영민 회장님을 비롯한 유가족과 종친 여러분,

민세 선생의 동생 안재학 님의 손자 안영준 님, 민세연구자이신 정윤재·김인식·윤대식·이진한 교수님과 안재홍기념관 건립에 소중한 뜻을 담아주신 후원자들님께도 감사드린다. 2006년 안재홍역사공원 지정, 2017년 안재홍 생가 보전 등 안재홍기념관 건립 추진 과정에 민세가 2대 주필과 6대 사장을 지낸 조선일보의 관심과 지원도 매우 컸음을 밝혀둔다. 지면을 빌려 방상훈 조선일보 사장님과 김기철 전문기자님, 이한수 문화부장님, 유석재 문화부 차장님께 감사의 뜻을 전한다.

지역 보훈인물 선양에 애정을 가지고 늘 아낌없이 재정 지원을 해주시는 정장선 평택시장님과 민세기념사업회와 부지런히 소통해 주신 홍성녀 복지정책과장님, 이은희 보훈팀장, 최윤업 주무관님께도 감사드린다. 2024년 상반기 안재홍기념관 건립을 위해 평택시청 문화예술과 박물관팀에서 문화체육관광부 사전평가 심사를 위해 동분서주하고 있다.

2022년 건립 구상용역과 2023년 부지선정과 타당성 용역, 공청회 등 기념관 건립 절차를 꾸준하게 챙기며 박물관 도시 평택을 위해 열정을 바치시는 장일현 문화예술과장님과 정용훈 박물관 팀장님, 박혜원·박정인·강정식 주무관님께도 지면으로나마 감사의 인사를 드린다.

13년째 귀한 인연을 맺고 민세 연구 총서 발간을 도와주시는 선인출판사 윤관백 사장님과 편집담당자께도 고마움의 뜻을 전한다.

이 책은 안재홍선생기념사업회의 공식 의견은 아니다. 재미가 있는 책은 더욱 아니다. 다만 국내 기념관 건립 준비사로는 첫 번째 책을 발행한다는 열정 하나로 정리에 힘썼다. 이 책이 역사인물 기념관 건립을 고민하는 분들에게는 진행형 기념관 건립 과정의 실천 자료로, 향후 안재홍기념관 건축 설계와 전시·교육에 참여하는 여러 전문가들에게 소중한 아이디어를 제공하는 자료로 약간이나마 도움이 되기를 바란다.

주말과 휴일을 이용해 흩어진 자료를 찾고 뒤졌다. 1999년부터 지금까지 민세선생 선양사업을 묵묵히 도와주신 민세아카데미 이한칠 교장선생님과 강대일·김성규 선배님과 여러 자원교사 선생님들, 효명고 보통과 소중한 친구 충우·하일·경표·기원·호식, 늘 도와주시는 이경주·이상권 선배님, 차홍균·방유미 후배님께도 지면을 통해 특별한 고마움을 전한다.

글 쓰는 틈틈이 가족들과의 대화도 큰 위안이 되었다. 아내 공다현의 격려와 응원 덕분에 2019년 박사논문을 정리한 『성인 교육자 민세 안재홍』에 이어 이번에 부족하지만 두 번째 책을 정리할 수 있었다. 아내에게는 늘 고마울 따름이다.

2023년 11월 30일
소통과 협력의 중요성을 일깨워 주신
민세 안재홍선생 탄생 133주년에
저자 황우갑 씀

차례 | 안재홍기념관 연구

▮표 차례▮

제1장
서 론

1. 박물관의 중요성과 도시의 품격

박물관은 한 도시의 과거, 현재, 미래를 품고 있으며 도시의 완결성을 보여준다. 제대로 된 박물관이 있는 도시는 역사가 살아 숨 쉬는 도시이며 자기 정체성을 가지고 있어 그 도시에 사는 주민들의 정주의식과 자부심을 높여준다. 그래서 프랑스의 작가이자 문화행정가였던 앙드레 말로는 '박물관은 인간의 가장 위대한 생각을 보여주는 장소'라고 했다. 박물관은 과거에 머물지 않고 유물에 대한 해석을 통해 관람객에게 현재와 대화하며 미래와 소통하는 가능성을 보여주는 공간이기도 하다. 그래서 박물관은 도서관과 함께 한 도시의 품격을 보여주는 상징적 장소이다.

유서 깊은 세계의 도시들에는 대개 그 도시의 역사가 잘 정리되고 보전된 다양한 형태의 박물관이 곳곳에 자리 잡고 있다. 경험주의 교육철학자 존 듀이는 교육의 핵심인 학교를 구성하는 중요한 공간으로 교실, 운동장과 함께 도서관을 강조했다. 1990년대 초반 지방자치의 본격적인 실시와 함께 한국에서도 도서관 건립이 활발하게 이루어졌다. 뒤이어 시간차를 두고 박물관 건립이 서서히 붐을 이루기 시작했다. 그럼에도 여전히 도서관에 비해 박물관의 중요성에 대한 사회적 인식은 낮은 편이다. 앞서 언급한 것처럼 한 도시 안에 제대로된 박물관이 없다는 것은 그 도시가 자기 정체성을 갖고 있지 못하다는 증거이다. 그 도시에 사는 사람들에게는 큰 불행이다. 박물관은 분명 도시의 과거를 정리하고 현재를 확인하며 미래 가치 설정에도 기여하는 문화공간이다. 박물관의 중요성에 대한 사회적 인식이 확산되어야 하는 이유이기도 하다.

국제박물관협회(ICOM)는 박물관은 인류와 인류 환경의 물적 증거를 연구·교육·향유할 목적으로 이를 수집·보존·조사연구·상호교류(교육·전시)하는 비영리적이며 항구적인 기관으로 대중에게 개방되어 사회발전에 이바지한다고 정의하고 있다.[1] 이는 박물관이 충실한 자료 수집과 연구 과정을 거쳐 전시와 교육에 집중하며 수익을 목적으로 하지 않고 지식 공유의 차원에서 누구에게나 개방되어 있다는 점을 강조하고 있다.

박물관의 정의에 압축되어 표현된 것처럼 오늘날 박물관은 사회·문화적인 역할로써, 인류문화와 자연에 대한 기록을 가능한 원형상태로 다음 세대에 물려줄 윤리적 책임이 있으며 하나의 사회적 인프라로 그 건물이나 유적지 자체가 지역의 유형적 문화유산인 동시에 지역의 자랑거리가 될 수 있고 지역문화의 중심체 역할을 한다. 또한 상호 간의 교류, 지역·국가 간의 교류를 확대할 수 있다. 또한 경제적 역할로 관람객들에 의해 직접 유입되는 자금과 지역 개발에 연계되는 효과들을 통해 지역경제의 회생에 기여할 수 있다.[2] 박물관은 대체할 수 없는 중요한 물리적인 자원들을 영구적으로 보존하고 관련된 콘텐츠를 개발하는 곳으로써 이들 자원들과 사람들이 다각도로 교차하는 복잡한 시스템이다.[3] 근대의 박물관은 18세기 말 공공장소의 출현과 깊이 관련되어 있고 공익에 대한 논의와 함께 형성되었다. 19세기에는 민주주의와

---

[1] 이보아, 『박물관학 개론』, 서울: 김영사, 2004.

[2] 이보아, 『박물관학 개론』, 서울: 김영사, 2004.

[3] Kier F, Latham; John E, Simmons, 배기동 역, 『박물관학의 기초: 진화하는 지식의 시스템』, 서울: 주류성, 2019(원저: *Foundations of Museum Studies: Evolving Systems of knowledge*, 2014년 출판).

애국심의 표현을 구현하는 데 참여했으며 20세기에 들어 떠오르는 문화산업
의 다양한 상품에 대항할 박물관의 특수성을 앞세워 새로운 분위기의 박물관
디스플레이 계획이 개발되고 있다.[4]

　박물관이 관람객과 만나는 두 가지 중요한 소통 요소는 전시와 교육이다.
따라서 박물관의 전시 기획자는 관람객의 관심에 따른 전시를 준비하고 가끔
찾는 장소에서 정기적 방문으로, 서로의 다양한 삶을 이해하도록 배려하고
소장품과 관람객이 시스템 안에서 상호작용하는 방법을 고민해야 한다. 아울
러 박물관은 현대의 산물이다. 박물관은 역사와 미래 사이를 오가며 하나를
표현함으로써 다른 하나를 전달할 수 있어야 한다. 박물관과 전시 활동만이
공간 속에 어떠한 논증을 제시할 수 있고, 이를 비교함을 통해 시각화할 수
있다. 전시회를 기획한다는 것은 풍부한 시각적 경험을 했고, 숙달된 눈과 수
집품에 대한 지식을 가지고 있으며, 연구를 하며 전문가와 예술 애호가 사이에
서 항상 새롭게 하나의 주제를 제시할 준비를 갖췄다는 것을 의미한다.[5]

　21세기에 들어 박물관은 다양한 변화를 시도하며 관람객에게 상상력과 재
미와 감동을 제공하고 있다. 그 변화의 흐름을 몇 가지 살펴보자. 첫째, 박물관
교육에 있어서 구성주의적 관점을 수용하고 있다. 구성주의 박물관 교육론은
박물관의 전시 기획은 진리를 진열하는 것이 아니라 해석을 인정하는 것과
박물관 이용자들이 어떻게 박물관에서 의미를 만들고 있는가에 대한 연구를
적극적으로 하는 것이다.[6] 이는 관람객의 입장과 관점을 존중하고자 하는 태
도이다. 기존 박물관 교육은 박물관 전시물에 대한 이해가 부족한 관람객들에

[4] DOMINIQUE POULOT, 김한결 옮김, 『박물관의 탄생』, 서울: 돌베개, 2014(원저: *MUSÉE ET MUSÉOLOGIE*, 2005년 출판).

[5] Anke te Heesen, 조창오 옮김, 『박물관 이론 입문』, 서울: 서광사, 2018(원저: *Theorien des Museums zur Einführung*, 2012년 출판).

[6] 최석영 읽고 씀, 『하인 G.E.Hein의 구성주의 박물관 교육론』, 서울: 민속원, 2012.

게 자세하고 세밀한 정보를 전달하겠다는 계몽주의적 관점이나 하향식 정보 전달이 주류를 이루었다. 이는 필연적으로 관람객들의 자율성을 억압해 오고 박물관 교육에 대한 흥미를 잃게 했다. 이런 반성에서 나온 것이 구성주의 박물관 교육이다. 이는 박물관 전시기획자나 교육전문가와 관람객의 상호작용을 통해서 유물 정보 등에 대한 이해를 더 깊고 넓게 해나가는 작업이다.

둘째, 박물관의 사회적 역할 변화와 포용의 확대이다. 20세기 후반부터 박물관의 놀라운 변화 가운데 하나가 앞서 언급한 관람객에게 초점을 맞추기다. 이는 전시를 재미있게 구성하고 관람객이 편하게 박물관을 이용할 수 있도록 모든 편의시설로 나타나고 근본적 변화는 박물관이 속한 사회 속에서의 역할을 확대하는 것이다. 이는 박물관의 사회적 포용으로 구체화되었다. 관람객은 박물관의 전시관람과 교육 등에 참여함으로써 자존감, 자신감, 창의력의 향상과 같은 긍정적 효과를 창출한다. 또한 자기 결정력을 늘리고 자신들의 삶을 조절하고 자신들이 살고 있는 지역을 발달시키기 위해 자신감과 기술을 개발하고 컬렉션과 전시를 통해 포용적 공동체를 나타냄으로써 관용과 공동체 간의 존경심을 촉진시키는 데 기여한다.[7] 물론 이런 포용은 프로그램을 통해서만 이루어지지 않는다.

박물관 공간 기능도 다양한 변화 국면을 맞이하고 있다. 기존의 박물관은 대개 상설전시장을 핵심 기능으로 하고 있다. 그러나 상설전시는 그 특성상, 경제적 이유 등으로 공간 내부의 전시물 교체가 자주 이루어질 수 없다. 따라서 한번 박물관을 다녀간 사람들은 새로운 상설전시가 지속적으로 이루어지지 않는 한 박물관을 재방문하는 것이 쉽지 않다. 이에 대한 보완으로 다양한 기획전시를 열어 관람객의 재방문을 유도하는 방향으로 바뀌고 있다. 뿐만

---

7) 박윤옥, 「박물관과 사회적 역할 : 사회 포용」, 『박물관학보』 Vol 18·19, 한국박물관학회, 2010, pp.67~86.

아니라 박물관 교육 기능의 강조에 따라 다용도의 교육실을 만들거나 각종 편의시설을 설치하여 지속적인 방문을 지원하고 있다. 따라서 이제 박물관은 종합문화센터로서 변모를 시도할 필요성이 있다. 박물관 안에 마켓, 레스토랑, 카페와 서점뿐 아니라 음악회장, 연극회장 등 문화를 즐기는 공간을 조성함으로써 교육, 연구와 즐거움이 조화되어 그 목적을 수행하는 방향으로 우리의 박물관 정책을 검토할 필요가 있다.[8]

또한 유물 중심의 고전적 박물관 전시에서 벗어나 최근에는 서사 구조를 중시하며 이야기를 통해 관람객의 흥미와 몰입을 유도하는 방식도 각광을 받고 있다. 이는 이야기의 줄거리를 따라서 전시물을 배열하여 연속성을 부여하고, 전시 설치 후 전시 구성을 변화시키기 어려우며 역사적 맥락을 아는 역사학자의 참여가 중요하고 전시동선은 강제적으로 만들어 단순히 전시품을 도록과 함께 설명하는 것은 의미가 없다.[9]

그러나 현실은 확장과 새로운 변화를 막는 요소로써 고민해야 할 박물관의 변화에 반하는 4가지 방해물이 있다. 예를 들어 설립과 동시에 작성한 박물관 헌장은 시대 변화를 따라가지 못하고 각주구검(刻舟求劍)처럼 낡은 가치를 고수하는 경우가 많다. 또한 박물관의 행정구조나 직업적 구조가 시대 변화를 수용하지 못하면 관람객으로부터 외면 받을 수 있다. 여기에 상설 컬렉션이 가지는 본질적 한계로 인해 흥미 상실과 앞서 언급한 박물관 건물이 가지는 가변적 특성의 부재로 인한 전시나 프로그램의 역동성 부재도 미래 변화에 대응하는데 한계를 갖게 만든다.[10]

박물관의 미래와 관련해서는 4가지 과제가 있다. 현대 박물관은 다양한 가

---

8) 최석영 읽고 씀, 『하인 G.E.Hein의 구성주의 박물관 교육론』, 서울: 민속원, 2012.
9) 이정은 읽고 씀, 『어떻게 살아있는 박물관을 창조했는가』, 서울: 민속원, 2013.
10) 이정은 읽고 씀, 『어떻게 살아있는 박물관을 창조했는가』, 서울: 민속원, 2013.

상현실을 활용해서 박물관 관람객의 흥미를 끌고 있다. 웹사이트상의 가상전
시는 더 많은 관람객이 박물관을 방문하도록 했다. 그러나 관람객들은 여전히
실재 유물을 보는 것을 좋아한다는 점도 박물관의 존재 이유와 관련해서는
매우 중요하다. 여기에 박물관의 지속가능성도 운영자의 입장에서는 고민이
필요하다. 현재 박물관은 입장료, 회비, 기부금, 정부지원금 등으로 운영하고
있다. 박물관의 안정적 운영을 위해 미래에는 자금을 끌어오는 다양한 방법을
고민해야 한다. 또한 현재 박물관은 월요일 휴관, 운영 시 아침 9시에서 저녁
6시까지 운영하는 것이 일반적이나 상황에 따른 탄력운영과 주말과 주중 박물
관 시간 연장도 필요하다. 여기에 도서관과 문서보관소, 박물관의 기능이 통합
되는 흐름에 어떻게 대처할지, 노년 인구층의 증가에 따른 노인인구의 박물관
유입 방안과 세계화와 지역화에 따른 지역공동체에 대한 이해와 그들에게 도
움을 줄 수 있는 방안 마련도 고민해야 할 과제이다.

2. 기념관의 개념과 필요성

  기념관은 박물관의 하위 분류에 속한다. 박물관미술관진흥법에서는 박물관
을 문화·예술·학문의 발전과 일반 공중의 문화향유 및 평생교육 증진에 이바
지하기 위하여 역사·고고(考古)·인류·민속·예술·동물·식물·광물·과학·기술·
산업 등에 관한 자료를 수집·관리·보존·조사·연구·전시·교육하는 시설을 말
한다고 정의하고 있다.[11]

  기념관의 사회적 의미는 건립 주체의 의도된 역사를 전달하고 현시점에서

---

11) 박물관미술관 진흥법 제2조.

과거의 기억을 해석하여 현재 세대와 미래 세대에게 전달하며 역사적 장소에 건립된 경우 장소의 해석과 재현을 통해 과거를 경험하게 할 수 있다는 것이다.[12] 특정한 시공간에서 다양하게 구현되는 기념은 그 주체에 따라 대상과 공간적 구성이 달라질 수밖에 없다. 독립운동의 유지를 함께하는 동인(同人)이나 지역적 연고가 있는 지방 정부, 중앙 정부기관 등 다양한 주체에 의해 기념이 이뤄진다. 그중에서도 기념의 복합체인 기념관은 장소·공간의 정체성을 부여하는 기제가 된다. 장소 공간에 대하여 특수한 기억을 갖고 있는 주체들은 공통의 기억으로 표상할 만한 것을 지정하고 기념하고자 하는 기억들을 콘텐츠로 구성하여 전시한다.[13]

기념관은 전시와 함께 특히 교육 기능을 중시한다. 이를 통해서 주제가 되는 인물이나 장소, 사건에 대한 이해를 높이고 관람객들에게 다양한 정보와 감동을 제공한다. 따라서 기념관의 역사교육은 과거의 역사적 기억, 의식, 상상력에서 현재의 우리가 자유롭게 대화할 수 있는 방법을 제시하며, 미래를 준비할 수 있도록 해야 한다. 즉 기념관의 역사교육은 시간의 연속선상 존재하는 과거, 현재, 미래의 소통을 위해 과거의 역사와 기억을 현재적 시점에서 미래로 전달하는 역할을 담당해야 한다.[14]

한국의 경우 일제강점기 독립운동에 대한 기념과 선양 활동은 1945년 광복 직후인 10월부터 본격적으로 일어났다. 권동진·오세창·김창숙 등 민족지도자들은 조선독립운동사편찬발기인회를 개최하고 조선독립운동사를 편찬하기로 했다. 1945년 10월 28일에 국내 유력인사들이 모여 순국의열사봉건회(殉國義

---

12) 박희명, 「기념관의 사회적 의미와 역할」, 『박물관학보』 24, 한국박물관학회, 2013, pp.5~28.
13) 황선익, 「독립운동기념의 역사적 전개와 독립운동기념관」, 『한국근현대사연구』 Vol. 8, 한국근현대사학회, 2018, pp.107~138.
14) 박희명, 「기억의 전달을 위한 기념관의 역사와 교육」, 『박물관교육연구』 제12권, 한국박물관교육학회, 2014, pp.13~34.

烈祠奉建會)를 조직했다. 여기에는 안재홍을 비롯해 조완구, 최규동, 조동식, 여운형, 홍명희, 김성수, 송진우 등이 참여했다. 좌우를 막론하고 이어지는 순국선열 추모 분위기 속에 1946년 3월 1일 첫 3.1운동 기념식이 열렸다. 이후 윤봉길 의사 유해 봉환과 추도회가 열렸고 같은 해 4월 27일에는 김구, 김규식, 조소앙, 안재홍, 권태석 등이 충남 예산의 윤봉길 의사 고택을 방문하여 유족을 위로하기도 했다. 7월 6일 국민장으로 윤봉길 의사를 포함한 3의사 장례식이 거행되었으며 1950년대 중반 들어 독립운동가들에 대한 기념사업회가 조직되어 55년 이준열사기념사업회, 1956년 안중근의사기념사업회가 만들어졌다.[15]

국가만들기를 당면과제로 했던 이승만 정권은 국민정체성을 공고히 하기 위해 건국 관련 주요 사건과 인물을 기리는 기념의례와 기념일을 제정하였으며 박정희 정권은 애국선열 조상건립위원회의 주도로 1968~1972년 사이에 수도권 일대에 동상 15기를 건립하였다. 우리나라에서 현대적 의미의 기념관은 1967년 민간 주도의 절두산순교기념관과 1970년 서울 중구 남산에 건립된 안중근의사기념관이다. 208명의 독립운동가들이 1962년 3월 1일 서훈을 받게 되고[16] 이 시기 민족의식과 호국정신의 함양을 목표로 정권의 특성으로 인해 군인이나 독립운동가의 업적을 기리기 위한 기념사업이 국가적 차원에서 진행되었다.[17]

2014년 현재 한국에서는 136개의 기념관이 운영되고 있다. 1960~1985년까지 제1기는 태동기로 국가발전이 최고의 핵심 가치였던 시기였다. 이때는 국

---

15) 황선익, 「독립운동기념의 역사적 전개와 독립운동기념관」, 『한국근현대사연구』 Vol. 8, 한국근현대사학회, 2018, pp.107~138.

16) 『조선일보』, 1962년 2월 24일자.

17) 박희명, 「기념관의 사회적 의미와 역할」, 『박물관학보』 24, 한국박물관학회, 2013, pp.5~28.

민의 힘을 한군데로 모아야 하는 시대적 과제가 있었다. 1970년 최초의 공립기념관인 안중근의사 기념관이 건립되었고 80년대 초반까지 전쟁 기념과 독립운동에 초점을 맞추고 있었다. 1985년~1995년은 제2기 과도기였다. 이때 획기적인 사건은 1987년 독립기념관 개관이다. 독립기념관은 국내 기념관의 개척자와 같은 역할을 했다. 1995년~현재까지는 3기로 기념관의 재정립 시기이다. 1995년 지방자치정부의 본격적인 출범과 함께 과거 국가 주도의 기념사업에서 지방정부가 지역정체성을 확립하기 위한 기념사업으로 전환되었다. 136개의 기념관 중 100개의 기념관이 1990년대 중반 이후에 건립되었다.[18]

　기념관의 유형은 크게 인물 중심 기념관, 사건 중심 기념관, 장소 중심 기념관으로 분류할 수 있다. 인물 중심의 기념관은 1990년대 중반 이후 건립된 것이 90% 이상으로 이는 지자체가 지역의 정체성을 살리기 위해 건립한 것이다. 사건 중심의 기념관은 역사적 사실이나 사건을 기억하고자 하는 것이다. 경기도 화성에 위치한 제암리 순국기념관이 대표적인 예이다. 장소 중심의 기념관은 위치와 함께 시간 속 장소로, 장소 그 자체의 질서를 갖고 사회적 상황을 표현하는 사례로 지역의 특수성을 부각하는 데 초점을 맞추고 있다. 그 예로는 경북독립운동기념관이 있다.[19] 2018년 현재 현충시설로 지정된 독립운동기념관은 전국적으로 58개소이다. 이 중 건국훈장 서훈을 기준으로 건국훈장 1등급인 대한민국장과 2등급 대통령장, 3등급 독립장을 중심으로 기념관을 분류하면 아래 <표 1>과 같다.

---

18) 권순관, 「기념관 전시의 기능과 역할 연구」, 『전시디자인연구』 Vol. 11 No 2, 대한디자인전시학회, 2014, pp.20~29.

19) 권순관, 「기념관 전시의 기능과 역할 연구」, 『전시디자인연구』 Vol. 11 No 2, 대한디자인전시학회, 2014, pp.20~29.

〈표 1〉 국내 독립운동가 기념관 현황(괄호 안은 건립 연도)

건국훈장 훈격	기념관명	
대한민국장	안중근의사 기념관(1970)	심산기념관(1974)
	매헌윤봉길의사기념관(1988)	김좌진 장군기념관(1992)
	만해기념관(1998)	도산안창호기념관(1998)
	의암손병희기념관(2000)	이강년선생기념관(2002)
	백범김구기념관(2002)	만해마을(2003)
	유관순열사기념관(2003)	서재필기념공원(2008)
	허위선생기념관(2009)	심산김창숙선생기념관(2011)
	몽양여운형생가기념관(2011)	조소앙기념관(2016)
대통령장	이상재선생기념관(1991)	신채호기념관(2003)
	이동녕선생생가기념관(2011)	전해산기념관(2014)
	박열의사기념관(2012)	
독립장	우당기념관(1990)	백산기념관(1995)
	김철선생기념관(2003)	백정기의사기념관(2004)
	남궁억기념관(2004)	정인승기념관(2005)
	수당기념관(2008)	최현배기념관(2009)
	송진우기념관(2010)	윤동주문학관(2012)

1970년대 이후 2020년대까지 국내에 건립된 기념관 건축은 창의성이 떨어진다는 한계를 가지고 있다. 이는 기념사업의 보수성이 그 원인이다. 한국의 기념공간 유형들, 즉 국립묘지, 기념관, 사당, 기념공원, 기념동상, 기념탑의 한계와 획일성은 전통적 건축양식이나 서구 신고전주의 양식을 선호한 이유가 권위와 제도화된 이미지, 기념사업회 간 경쟁 관계로 인한 기존 것 모방 수준의 기념관 조성이 많다는 점이다. 또한 현상설계 공모의 보수성으로 관련 자본과 역사학자 혹은 피해집단 등 제3자의 외압에 의해 엉뚱한 방향으로 흘러가는 경우가 많다. 따라서 향후에 기념관의 경우 흥미로운 내부 전시방식의 지속적인 개발, 다양한 현상공모의 지속적인 개최 시도가 필요하다.[20]

---

20) 원종호, 「한국기념공간의 구성특성과 기억문화론적 해석」, 서울대 대학원 생태조경·지역 시스템공학부 석사학위논문, 2013.

3. 안재홍기념사업과 기념관 건립운동의 배경

1991년 지방자치제 실시, 1995년 기초·광역자치단체장 선거 전면 실시에 따라 한국은 본격적인 지방화 시대를 맞이하게 된다. 이에 따라 국내 각 도시들은 지역의 정체성을 찾고 알리는 일에 많은 관심을 기울이게 된다. 세계화와 함께 변화의 두 축을 형성해 온 지방화란 고장의 의미와 가치와 중요성을 재발견하는 일이다. 따라서 올바른 지방화를 위해서는 장소의 생존 근거이자 발전의 발판으로 장소판촉에 힘쓴다. 장소판촉이란 우리 삶이 직접적으로 근거하는 터전의 의미를 대내적으로 확인하고 대외적으로 감동과 가치를 확산해서 마침내 자기 고장의 번영을 가져오자는 노력이다.[21]

이를 위해 장소의 가치를 재인식하고 의미를 부여하기 위한 다양한 노력들이 수반된다. 여기에서 중요한 것은 지역정체성에 대한 인식이다. 즉 한 개인이나 집단이 가지는 장소에 대한 정체성이 의미를 가질 때 지역 내부를 통합하고, 타지역과 다른 경쟁력을 만드는 힘을 만들어 나갈 수 있다. 이는 장소의 정체성만이 아니라 한 개인이나 집단이 가지는 그 장소에 대한 정체성도 중요하다.[22]

장소 정체성 강화의 대표적인 사례가 90년대 이후 폭발적으로 늘어나기 시작한 지역축제이다. 장소마케팅적 관점에서 보면 이는 자기 고장의 다양한 장소자원들의 강점을 개발하고, 약점을 보완하여 지역을 알리는 것이다. 아울러 시민들에게 자부심을 주며 궁극적으로 시민들의 삶의 질을 높이고, 지역경제를 활성화시키기 위한 다양한 노력들이 전개된다. 그리고 이러한 장소자원

---

[21] 김형국, 『고장의 문화판촉』, 서울: 학고재, 2002.
[22] Edwatd T Relph, 김덕현·김현주·심승희 옮김, 『장소와 장소상실』, 서울: 논형, 2005(원저: *PLACE AND PLACELESSNESS*, 1976년 출판).

들 가운데 역사인물자원은 빼놓을 수 없을 만큼 중요한 장소자산이다. 지역의 역사인물은 그 지역의 정신을 형성하는 가장 중요한 요소 가운데 하나이며 지역을 알리는 중요한 수단으로 활용할 수 있다. 1990년대를 거치면서 자기지역의 역사인물에 대한 재조명 작업이 활발하게 일어났다. 또한 지역에 따라서는 역사인물 자산을 테마로 한 다양한 축제가 만들어졌다. 전남 '장성 홍길동 축제', 충남 아산 '이순신 축제', 강원도 평창 '효석문화제, 인제군의 '만해축전' 등은 그 대표적인 예이다.

안재홍의 고향 경기도 평택의 경우에는 근현대에 독립운동가 민세 안재홍이 대표적인 지역 출신 인물이다. 특히 안재홍의 국가건설론은 통일국가의 비전과 사회통합이라는 국가적 의제 해결에도 시사하는 바가 크지만 지역 현재 해결 과제에도 해결의 실마리를 제공하고 있다. 3개 시군의 통합으로 인한 갈등, 미군기지 이전과 다문화 사회로의 진입, 농업중심에서 도농복합시를 거쳐 인구 100만의 도시를 지향하는 평택사회에서 전통과 현대, 도시와 농촌의 조화를 극복하는 정신적 기초로서의 안재홍의 메시지는 지역정체성 확립 측면에서 시사하는 바가 크다.

90년대 이후 지역문화에 대한 관심이 커지면서 향토사의 연구와 전승노력이 활발해지고 있다. 이는 종래 중앙지배의 문화구조에서 벗어나 지방이 고유의 자기정체성을 찾기 위한 노력에서 기인한다. 평택의 경우도 '평택농악', '평택민요' 발굴 보급 등 전통사회의 문화에 대한 재조명에 노력하고 있는 것도 지역문화의 뿌리를 찾고 계승하기 위한 노력의 하나다. 전통에 바탕을 두고 현대의 문제를 해결해 나가는 대안을 찾는 일은 역사인물 선양사업도 예외는 아니다.

2000년대 들어 미군기지의 이전, 평택항 개발, 고덕국제신도시 조성과 함께 평택은 '국제성'을 가장 크게 고민하고 있는 지역 가운데 하나이다. 세계의 10대 대도시 가운데 9개의 도시가 해양과 밀접한 관련이 있는 도시다. 평택도 21세기 환황해 경제권의 중심도시로 부상하고 있으며 경기도의 유일한 무역항이다. 이에 따라 한미, 한중이 연결되는 국방과 경제상의 중요한 도시로 부상하게 될 평택의 국제성은 평택다움을 어떻게 만들어 나가느냐에 대한 고민도 담고 있다.

2004년 미군기지의 평택 이전 결정과 함께 고덕지구에 국제평화도시 조성이 결정되었다. 2006년 평화도시는 고덕국제신도시로 개칭되고 안재홍 생가 주변 지역은 안재홍역사공원 부지로 지정되었다. 향후에 안재홍기념관도 이곳에 조성될 예정이다. 평택이 지향하는 국제성은 흔히 미군 주둔에서 그 의미를 찾고 있다. 여기에 더해 민세주의에서 국제도시의 정체성과 개방성을 찾는 작업도 고민해야 한다. 이는 물론 평택만의 과제는 아니다. 민족에서 세계로, 세계에서 민족으로의 국제적 민족주의, 민족적 국제주의로 요약되는 안재홍의 열린 민족주의는 1930년대라는 특수상황에서 민세가 고민한 21세기 민족국가의 방향에서 나온 것이다. 이는 21세기 대한민국과 그의 고향 평택이 나가야 할 바람직한 미래상이다. 고덕국제신도시 내 안재홍 기념공원과 기념관 조성도 지역 차원에서는 평택이라는 도시의 지역정체성을 강화하고 주민들에게 자부심을 제공하며 바람직한 미래 인재육성을 위한 수단이 될 수 있다.

4. 연구 목적과 의의

안재홍기념관은 '민족지도자 안재홍의 삶과 실천을 연구·교육·홍보할 목적으로 관련 자료를 수집·보존·조사연구·상호교류하는 비영리 기관'으로 시민에게 개방되어 사회발전에 이바지하는 것이다. 이번 연구는 향후 안재홍기념관 건립이 본격적으로 추진되는 과정에서 건립과 그 이후 운영에 필요한 기초 자료를 정리해야겠다는 목적에서 출발했다.

이 연구의 목적은 3가지이다. 첫째, 안재홍기념관 건립을 위해 필자가 정한 원칙과 상식의 실천 경험을 정리했다. 안재홍기념사업회는 비영리 법인이다. 이윤 추구라는 영리의 목적을 가지고 있지 않기에 특히 목적사업의 꾸준한 실천이 필수적이다. 늘 목적과 핵심 가치를 마음에 새기고 지속적으로 창의적인 사업을 해나가야 한다. 안재홍기념관 건립을 위해 필요한 것도 기념사업회 조직과 활동, 다양한 주제의 학술연구, 관련 자료의 발간이 선행되어야 한다. 안재홍기념관 건립은 기념사업회로서도 매우 중요한 목적사업이다. 그래서 시간을 내어 틈틈이 2016년에는 안재홍기념사업의 역사를 정리했고 2021년에는 『민족지도자 안재홍 공식 화보집』을 냈다. 또한 2027년 완간을 목표로 『안재홍 연보』전 8권 간행을 매년 해나가고 있다. 이런 자료 수집과 정리들이 안재홍기념관 건립 이전에 반드시 이루어져야 한다는 소신에서 하나씩 실천해 왔다.

둘째, 기념관은 어떤 과정을 거쳐 건립하는 것이 좋은가에 대한 건립사를 정리했다. 1990년대 지방자치 실시 이후 전국 각지에 많은 인물기념관이 건립되었다. 대개 해당 지역을 빛낸 인물들이다. 그러나 사전 준비와 학술연구, 충실한 자료 수집 등이 없이 급하게 지어지다 보니 준공 이후에 운영상 많은 어려움을 겪는다. 안재홍기념관은 이런 사례를 보면서 천천히 지어지는 것이 좋겠다는 생각을 했다. 그래서 학술연구와 자료 수집, 시민·청소년 대상 교육 등을 꾸준히 해왔다. 그런 면에서 안재홍기념관은 국내 진행형 기념관의 모범이 될 수 있을 것이다. 그래서 여기에서는 그동안의 기념관 건립을 위한 다양한 기념사업 활동을 정리했다. 아쉽게도 국내 몇몇 기념관 건립사 자료가 있으나 대개 기념관 자체를 짓는 과정을 기록한 것이기에 사전에 어떤 준비가 필요한지에 대해 세밀한 정보를 얻을 수 없는 경우가 많았다. 이 책은 진행형 기념관 건립을 고민하는 단체들에게도 좋은 참고가 될 수 있을 것이다.

셋째, 기념관의 건축과 전시 등은 전문성을 필요로 하는 분야이다. 필자는 이 분야의 전문가는 아니다. 다만 향후에 안재홍기념관을 설계하는 건축가와 내부 전시 구성에 참여하는 기획자들에게 참고가 될 수 있는 생각을 정리했다. 집을 지을 때도 집주인의 관점에 대한 충분한 이해가 있으면 여기에 건축가의 상상력이 더해져 멋진 작품이 나올 수 있다. 집주인 안재홍의 삶과 정신이 깃든 안재홍기념관 건립도 그 건축 구상과 전시를 위한 다양하고 풍부한 정보가 사전에 정리되어야 한다. 그래야 시민들의 사랑을 받는 건축이 이루어지고 효율적인 상설·기획전시와 시민교육으로 기념관의 가치를 높일 수 있을 것이다.

따라서 이 연구는 5가지 주제로 구성했다. 2장에서는 안재홍기념관 건립 준비 활동을 살펴보겠다. 이는 1999년 이후 2023년까지 안재홍기념관 건립 준비를 위한 다양한 분야별 활동을 정리했다. 이를 바탕으로 건립의 필요성과 방향도 간략하게 제시해 보겠다. 3장에서는 기념관 전시의 중요한 자료 수집 관련한 그간 노력과 세부 관련 자료 목록 등을 정리했다. 여기에는 안재홍 관련 선집 등 1차 자료와 100여 권이 넘는 연구논문과 단행본 자료, 안재홍기념사업회와 고려대 박물관, 독립기념관 소장 자료 등이 있다. 4장에서는 안재홍기념관의 전시기획과 관련한 의견을 정리했다. 안재홍을 주제로 한 상설전시는 어떤 구성이 가능한지, 그리고 상설전시를 보완할 수 있는 다양한 주제의 기획전시 주제 등을 제안할 것이다. 5장에서는 기념관 운영에서 그 중요성이 더욱 커지고 있는 평생교육 프로그램을 학술연구, 상설, 기획교육 프로그램으로 나눠 제시할 것이다. 6장은 안재홍기념관이 국가문화유산이자 국가보훈부 지정 현충시설인 안재홍 생가와 안재홍역사공원 내에 위치하는 만큼 기념관과 공원이 어떤 정체성을 가지고 연계되는 것이 좋은지에 대해서 의견을 제시할 것이다.

제2장
안재홍기념관 건립 준비 활동

1. 민족운동가 민세 안재홍의 생애

1) 안재홍의 생애 구분[23]

안재홍의 생애는 크게 1기 출생과 성장기(1891~1919), 2기 일제강점기 (1919~1945), 3기 해방 이후 활동기(1945~1950), 4기 납북 이후 활동기(1950~ 1965) 등 네 개의 시기로 구분할 수 있다. 1기는 배움으로 세상의 변화를 읽으며 미래를 준비한 시기였다. 2기는 항일운동에 전념하며 비타협민족주의를 실천했던 시기였으며 3기는 해방 후 통일국가 수립운동에 노력한 시기였고 4기는 납북 이후의 활동시기였다.

2) 안재홍의 생애 시기별 활동

(1) 제1기: 배움으로 세상의 변화를 읽고 철저항일을 준비(1891~1919)

안재홍은 조선개국 500년을 맞이하는 1891년 11월 30일 경기도 진위군(현 경기도 평택시) 고덕면 율포리에서 순흥안씨 안윤섭의 차남으로 출생했다. 1927년 6월 발행한 잡지의 현대인명사전에 당시 경성부(서울) 공평동 75번지

23) 황우갑, 『성인교육자 민세 안재홍』, 서울: 선인, 2019 재인용 참조.

에 살고 있으며, 부친은 농업, 처는 이정순, 광무 9년(1905년) 결혼해서 아들
둘, 딸 하나를 두고 있다. 독서를 좋아하고 취미는 등산으로 소개되어 있다.[24]
안재홍은 조선일보에 쓴 기고를 통해 자신이 태어나고 자란 고향 진위군(현재
경기도 평택시)에 대해 아래와 같이 소개하고 있다.

> 나의 시골 진위군은 들판이라, 두릉리의 촌락은 해창강 북쪽 오리의 땅에 있어
> 야트막한 산록에 질펀하게 몰아 들었으니 앞에 월명산(月明山)이 있어 올라서면
> 근방 수백 리의 산천이 보인다. 월명산 위에 초가 정자의 묵은 터 있으니 선친이
> 독서하던 곳이다. 여기서 보면 서남으로 진위, 안성 양강의 물이 합해서 바다에
> 닿으니 마주하는 빛이 유전변환(流轉變幻)의 정감을 일으킨다. 북으로 수원군의
> 독산성은 도원수 권율이 오산, 수원의 임진 침입군과 혈전하던 곳이다.[25]

안재홍의 고향 평택 고덕은 조선에서 곡창으로 이름 높고 임진왜란 때에
삼도근왕병이 모여든 진위평야에서 멀지 않은 한가로운 농촌이었다. 그는 사
형제 중 둘째 아들로 태어났고 어릴 때 조부 안상규의 총애 속에 자라났다.
그의 조부가 시골 농촌 출신으로 패기가 있어 흥선대원군의 문객(門客)으로
서울에 머무르며 지낸 인연도 있었다. 안재홍의 어려서 꿈은 역사학자였다.
그는 훗날 한 잡지 인터뷰에서 어린 시절 자신의 꿈이 '조선의 사마천'이었음을
밝혔다.

그는 다섯 살 때부터는 대원군, 민비, 독립협회 하면서 어른들이 쑥덕거리
고 눈 둥그레지며 또 난리 나겠다고 하는 속에서 어려서부터 퍽 불안함 속에
자라났으며, 17세까지 집에서 한학을 하던 그는 1907년 평택의 사립 진흥의숙
에 입학했고, 다시 수원의 기독교계 사립학교로 전학했다가 서울 황성기독교

---

24) 『동광』, 1927년 6월호.
25) 『조선일보』, 1934년 9월 16일자.

청년회(현 서울YMCA의 전신) 중학부에 입학했다. 그는 경술국치가 있던 1910년 8월 여름 졸업한다. 경술의 변이 있자 모든 다른 학생과 같이 그는 눈물을 흘리며 스스로 공부를 그만두고 자기와 조선인의 활로를 먼 선진국에서 찾으려고 미국 유학의 길을 떠나려고 하다가 월남 이상재의 권유로 일본 유학을 결심한다. 그는 일본으로 유학 갈 당시 상황을 이렇게 회고하고 있다.

> 故 월남 이상재 선생에게 가서 그 사연을 말씀드리고 압록강을 건너 걸음걸음 미국으로 가겠다고 말씀하니 선생이 한참 들으시더니 생각은 매우 좋은데 독립은 아직 하루 이틀에 되는 것이 아니고 그러한 열성(熱誠)이 있어 변치 아니할 자네라면 미국 가기 전에 먼저 일본 유학을 가게! 기초 지식이 없는 터에 곧바로 미국을 가더라고 동양 사정과 일본의 국정에도 어두워져서 안 될 것이니 먼저 일본을 가게! 일본을 가서 잘 공부한 후에 미국에는 추후로 가도록하면 좋을 것일세. 이렇게 일러주시는데 아버지는 시골서 쫓아 올라와서 이 다음에는 어찌되었건 지금 당장 미국으로 도주(逃走)한다는 것은 그만두고 일본 유학이나 가라고 말씀하므로 나는 그때부터 일본행을 결심하고 떠났다.[26]

1910년 9월 일본 동경으로 가서 아오야마학원에서 어학을 준비하고, 동경의 조선인 YMCA에 관여했다. 동경 유학 시절 그는 조만식, 장덕수, 김성수, 송진우, 신석우, 문일평, 김병로 등 훗날 민족운동에 주도적으로 참여하는 인사들과 교분을 쌓았다. 1911년 3월 조만식, 송진우, 이광수, 장덕수 등과 함께 동경에 체류 중이었던 이승만과 만났으며 그 후에 이승만이 하와이에서 발행하는 『태평양잡지』에 기고하며 지국일도 맡았다. 그해 9월 와세다 대학 정경학부에 입학했고 10월 조선인 유학생 학우회를 조직하고 삼한구락부(三漢俱樂部)를 만들었다. 당시 메이지대학에 유학 중인 고당 조만식과 함께 동경 재일 유학생

---

26) 『신천지』, 1946년 8월호.

사회에 뿌리 깊은 지역 분파주의를 비판하고 통합운동에도 힘썼다.

또한 김병로가 편집을 맡은 유학생 잡지인 『학지광』에 송진우, 김성수 등과 함께 글을 게재하기도 했다. 그는 이 동경 유학 시절 공부하는 틈틈이 동경 우에노 공원(上野公園) 교외 용야천(瀧野川), 왕자(王子), 판교(板橋)일대, 신숙(新宿)역 저편으로 정교(淀橋), 중야(中野) 등을 소풍으로 거닐거나 단풍 구경, 밤 줍기 등을 하기도 했다. 또한 이 시기 그는 별자리에 대한 흥미를 느껴 천문학자들을 찾아다니며 공부한 적도 있었다.

안재홍은 신망이 두터운 당대 조선의 덕망 있는 젊은 인격자로 동경 유학 시절 사오백 명의 유학생 번지와 전화번호까지 모두 외우고 다닐 만큼 비상한 머리를 지녀 육당 최남선의 동생 최두선은 번지박사라는 별명을 붙여줬다고 한다.

안재홍은 23세 되는 1913년 와세다대 3학년 진학하는 여름에 중국여행을 했다. 당시 중국에서는 신해혁명이 있었다. 그는 상해에서 신규식이 이끈 독립운동단체 동제사에 가입했다. 또한 당시 상해에 있던 동년배의 청년 지식인 이광수, 홍명희, 조소앙, 문일평 등과 만났다. 당시의 상황을 민세는 훗날 아래와 같이 회고하고 있다.

> 나는 뱃길로 상해에 건너가 남경 한구 아직 소란한 까닭에 다시 뱃길로 청도로 가서 제남, 천진, 북경, 산해관 등을 거쳐 봉천(심양)을 돌아 안봉선으로 안동현에 와서 서울에 돌아온 일이 있었다. 상해에서 허다한 우리 혁명선배와 동지를 만났 으나 그 빈곤 자못 딱도 하였고 북경의 동지들은 더욱 빈곤하였으며 만주의 농민 동포는 언뜻 보아도 참혹하였다. 노자조차 다 떨어져서 초라하게 돌아오는 백면 서생 나에게 하소연하던 수난동포의 정경이 가끔 눈앞에서 선하게 되살아난 다.[27]

---

[27] 『신천지』, 1950년 1월호.

안재홍은 이 여행을 통해서 해외 독립운동의 어려움을 인식하고 평생 국내에 남아있는 민중들과 함께하며 국내 독립운동에 헌신하겠다는 다짐을 했다.

> 스물 세살 때에 남중국으로 남만주의 일부를 훑어보고 돌아온 칠십 여일의 여행은 나에게 시베리아, 태평양 하는 낭만적인 공상을 씻어 버리고 고국에 집착하겠다는 결심을 굳게 하였다.[28)]

안재홍은 24세인 1914년 여름 와세다대 정경학부를 졸업하고 귀국한다. 돌아와서 당시 신문관을 경영하던 육당 최남선과 상의하고 문화 사업을 위해 수만 원의 돈을 조달하려고 몇백 석의 추수밖에 못하는 자기 집안 전 재산을 저당하고자 부친에게 이 이야기를 하니 연로한 부친은 이러한 안재홍의 생각을 청년의 치기(稚氣)로 일소(一笑)에 부치고 허락하지 않았다. 이에 분개한 안재홍은 집안에서 자신의 큰 뜻을 이해치 못하니 자신에게 나눠준 것을 가지고 전부 투자해서 무슨 일을 해 보겠다 결심하고 토지문서를 들고 사업자금 조달을 위해 동분서주했으나 뜻을 이루지 못했다.

이어 그는 1915년 5월 인촌 김성수가 인수한 중앙학교에 학감(교감)에 취임했다. 이 해 7월에 장남 정용이 태어난다. 여기서 교장 유근 등과 함께 조선산직장려계 활동에 참여한 것이 빌미가 되어 일제의 압력으로 1917년 초에 사임하고 그해 봄, 모교인 중앙기독교청년회 교육부 간사로 인재 양성에 힘쓴다. 이 무렵 대종교로 개종한다. 1917년 5월 부친 안윤섭이 사망해서 고향에서 부친상을 치른다. 당시 매일신보에 안재홍의 부친상 기사가 실려있다.

> 중앙청년회 간부 안재홍 씨는 지난 25일 오시에 엄부 안윤섭씨의 상을 당했다.

[28)] 『신동아』, 1936년 5월호.

진위군 고덕면 두릉리 시골에서 상을 치르고 29일 그 마을 선영에서 장례를 지냈다.[29)]

1918년 5월 차남 민용이 태어난다. 이 시기 그는 고향 평택에서 역사서를 읽는 일에 몰두했고 1918년 7월 평택 인근의 안성 고성산에 오른 당시 사진 자료를 통해 볼 때 주변 지역 여행을 하며 자기성찰의 시간을 가졌던 것 같다.

(2) 제2기: 곧은 붓으로 비타협적 민족주의를 실천함(1919~1945)

안재홍의 삶의 1919년 이전과 이후로 나눠질 만큼 그의 삶에서 1919년은 커다란 전환을 이루는 시기였다. 그는 3.1운동에서 조선독립의 희망을 보았다. 그는 3.1운동에는 소극적이었지만 그가 목도한 거족적 3.1운동의 기억은 대한민국 임시정부에 대한 관심으로 이어지고 이후 1945년 해방의 그날까지 경이적인 9차례 옥고를 견디는 튼튼한 정신적 기반이 되었다. 그는 이 시기 항일운동가, 언론인, 사학자, 문필가 등으로 종횡무진 활동하며 일제를 날카롭게 비판하고 민족의 각성을 촉구했다.

고향에서 칩거하며 우울한 나날을 보내던 안재홍은 1919년 고향 평택에서의 3.1운동에는 가담하지 않았다. 당시 그는 29세이었는데 3.1운동 선두에 나서기를 꺼렸다. 당시 안재홍은 다니던 직장인 서울중앙학교에서 쫓겨나 실의 중(失意中)에 부단히 시국대책을 연구하는 상황이었다. 아무것도 못하고 상심만 했던 그는 3.1운동에 나서면서 징역살이를 하기에는 자신이 너무 가엾다는 생각이 들었다. 그러나 1919년 3월 9일 고향 평택의 현덕면 계두봉에서 시작된 기미만세운동의 감동을 아래와 같이 회고하고 있다.

[29)] 『매일신보』, 1917년 5월 30일자.

내가 3월 1일이 훨씬 지난 그믐경 어느 날 밤, 어느 농촌 높다란 봉우리에 우두커니 홀로 서서 바라본 즉, 원근 수백리 높고 낮은 봉과 봉, 넓고도 아득한 평원과 하천지대까지, 점점(點點)이 피어오르는 화톳불과, 천지도 들썩거리는 듯한 독립만세의 웅성궂은 아우성은, 문자 그대로 인민항쟁이요 민족항쟁이었다.[30]

전 민족이 일어나 자주독립을 외친 3.1운동에 자극을 받은 안재홍은 서울로 올라왔다. 중앙학교 교장 유근 집에 머물면서 연병호, 송내호 등과 함께 상해 임시정부를 지원할 목적으로 1919년 5월 대한민국청년외교단을 조직하고 총무로 활동했다. 그는 상해임시정부 안창호 내무총장에게 임시정부의 단결을 촉구하고, 해외 주요 국가에 외교관을 파견할 것을 건의하고 군자금 모금을 지원했다. 그러나 11월 발각 체포되어 이병철, 조용주, 연병호, 김마리아, 황에스더와 함께 1차 옥고를 치른다. 이 사건으로 안재홍은 징역 3년형에 처해진다.

그는 1922년 대구 감옥에서 나와 고향에 내려가 요양한다. 1924년 1월 연정회 조직협의에 참여하였으나 무산되었고, 4월 언론집행압박탄핵운동의 실행위원으로 활동했다. 5월 최남선이 사장으로 있던 시대일보 논설기자로 입사하였으나, 7월에 시대일보 경영난에 보천교(普天敎)가 개입하여 일어난 분규로 퇴사하였다. 이어서 바로 1924년 9월에는 혁신조선일보에 주필 겸 이사로 입사했다. 안재홍은 당시 '조선일보의 신사명'이라는 사설로 조선일보가 식민지라는 조선인의 엄연한 현실적 고락과 함께하겠다는 새 출발의 결의를 다졌다.

아아 만천하 조선인 동포여! 여러분은 현대를 떠나서 있을 수 없는 조선인이요 조선을 떠나서 있을 수 없는 세계인이요 현 조선과 현시대의 사명을 떠나서 그의 존재의 의의를 해석할 수 없는 시대해결, 시대창조의 사역자들이다. 그리고 조선

---

30) 안재홍선집간행위원회, 『민세안재홍선집』 1, 서울: 지식산업사, 1981.

일보는 이러한 현대의 조선인과 그의 성패와 고락과 진퇴와 편안함과 근심을 함
께하는 이외에 그의 존재와 발전의 필요와 의의와 사명이 없을 것이다.[31]

조선일보는 1920년 3월 6일 대정친목회의 기관지로 조진태, 예종석 등이
중심되어 창간했으나 재정 곤란으로 1921년 송병준에게 넘어갔다. 이어 1924년
신석우가 송병준으로부터 다시 매수해서 월남 이상재를 사장으로 지면의 대
혁신을 단행하고 조선민중의 신문이라는 목표로 새 출발 했다. 안재홍이 활동
하던 이 시기 1929년에만 조선일보는 정간 22회, 압수 24회, 30년에는 압수
14회, 삭제 30회의 수난을 겪는다. 당시 신문 운영의 어려움과 함께 경영난으
로 늘 힘들어하던 조선일보 시절 안재홍은 1만 원의 거금을 투자 조선일보
회생에 노력했다. 당시 큰 기와집이 1천 원, 쌀 1말이 3원이었으니 그는 상당
히 많은 돈을 조선일보에 지원했다.

조선일보를 중심으로 맹활약하던 안재홍은 훗날 조선 전체에서 통합 신문
을 만들 때 가장 적합한 가상 언론인 선호도 조사에서 사장에 윤치호, 송진우,
주필에 장덕수와 함께 선정될 만큼 언론계를 중심으로 큰 영향력을 발휘했다.
안재홍은 1925년 4월 처음으로 열린 조선기자대회에서 부의장에 선출되었다.
1925년 5월 외동딸 서용이 태어난다. 그해 9월에는 백남운, 백관수, 박승빈,
조병옥, 홍명희 등과 함께 조선사정연구회에 가입하고 12월에는 이상재, 신홍
우 등과 함께 태평양문제연구회에 참여했다. 조선일보 시절 안재홍에 대해
지인들은 그의 초인적 기억력을 높게 평가했다. 이런 기억력은 그가 사설, 시
평 등 시사 관련 글쓰기를 하는 데 커다란 장점으로 작용했다.

조선일보 재직시에도 김동성, 민태원, 방태영, 성의경 등과 더불어 그룹이 되

---

31) 『조선일보』, 1924년 11월 1일자.

어 가끔은 식도원 별장에 모여 마작이나 가투(歌鬪)놀이를 하면서 나도 함께 휴
식을 즐긴 일이 있었다. 마작은 신씨가 대장이지만 가투는 민세(안재홍)를 당해
내는 이가 없었다. 시조 낭독은 언제나 내가 읽기 마련인고로 일껏 목청을 돋우어
한 짝의 첫 줄을 읽어 내리기도 전에 벌써 끝구가 적힌 짝을 펄쩍 집어 버린다.
시조 백수쯤 어렵지 않게 외우는 초인적 기억력을 가졌다.[32]

그는 1927년 2월 창립한 신간회에 발기인으로 참여 총무간사에 선출되었다.
그는 이 시기 전국 각지를 돌며 신간회지회 창립을 독려하고 강연을 통해 일제
침략의 부당성을 역설했다. 그는 1927년 3월 신간회 창립 직후 초대회장을
지낸 월남 이상재가 서거하자 정인보, 홍명희, 민태원 등과 함께 그 유고를
정리 간행하는 월남기념집 편집위원에 선출되었다. 또한 신간회경성지회 창
립대회 의장도 맡아 신간회 조직 전국화에도 기여했다. 1927년 8월 일본제국
의 패망을 암시하는 조선일보 사설 '제왕(帝王)의 조락(凋落)'을 집필했으나
일제에 의해 압수당했다. 11월 재만동포옹호동맹 위원장에 선출되었다. 그러
나 1928년 1월 조선일보 사설 '보석지연의 희생'에 대한 발행인 책임으로 구속
금고 4개월의 형을 받았다. 그해 5월 조선일보 사설 '제남사건의 벽상관' 집필
로 구속되어 금고 8개월의 처분을 받았으며 조선일보는 무기한 정간 처분을
받았다.

1929년 1월 출소 조선일보 부사장에 취임했고 3월에는 생활개신운동, 7월에
는 문자보급운동을 전개했다. 10월 8일에는 서울 휘문고등학교에서 자신이
제시한 생활개신운동의 하나로 제1회 경성-평양 경평축구전을 개최 스포츠를
통한 민족의식 고취에 힘썼다. 그러나 그해 11월 광주학생운동 진상보고 민중
대회사건으로 다시 구속되었다. 1930년 1월 『조선상고사관견』을 조선일보에

---

32) 최은희, 「교우반세기」, 안재홍선집간행위원회 편, 『민세안재홍선집』 3, 서울: 지식산업사,
1991.

연재하고 7월에는 백두산에 올라 『백두산등척기』를 연재했다. 그의 백두산행은 조선과 중국의 국경을 정한 백두산정계비를 마지막으로 확인하고 기록을 남겼다는 역사적 의미도 가지고 있다. 그는 이 백두산 천지 등반을 자신의 인생에서 가장 감격스러웠던 일로 회고하고 있다.

> 스스로 돌아볼 때 감격 깊은 고비는 적지 않게 겪어왔으나 한 번도 통쾌하여 자랑할 만한 장면을 만들어 보지 못한 것이 불행한 나의 일생이었다. 나는 가끔 친구와의 이야기중 일생을 통해서 통쾌하던 장면을 인생과 사회에서 겪어본 일 없고 오직 백두산 등척(登陟)에서 여러 날 일정의 끝에 무두봉(無頭峰)에서 천리 요해(千里瑤海)로 생각케 하는 발 아래의 천지(天池)의 물을 내려다보면서 남북 만리 아득하고 질펀한 대운해의 광명을 전망하던 그것 밖에는 견줄 만한 인생과 사회의 통쾌한 일을 불행하게도 한번도 못겪어 보았다.[33]

안재홍은 1930년 6월부터 다음해 5월까지 뤼순감옥에서 복역 중이던 신채호의 『조선상고사』를 조선일보에 연재케 했다. 그는 1931년 3월 만주동포구호 의연금을 유용했다는 구실로 옥고를 치렀고, 1931년 4월에는 조선농구협회(현 대한농구협회 전신) 초대 회장으로 취임했으며, 5월에는 옥중에서 조선일보 사장에 취임했다. 그는 사장에 취임하면서 조선일보는 언론으로서 가장 거대하고 또 충실한 선구적 교향(交響)을 쉴 새 없이 외쳐야 하고 이것은 당시 조선에 있어서 바꿀 수 없는 역사적 과제라고 강조했다.

안재홍은 1932년 8월 보석으로 출감했다. 이후 병 요양을 마치고 1934년 9월 다산서세 99주기를 기념하며 위당 정인보와 함께 다산문집인 『여유당전서』 교열 간행과 충무공 이순신 현창 운동 등에 참여한다. 당시 안재홍은 다산 정약용을 조선 학술사상 태양과 같은 존재로, 무(武)의 이충무공과 함께 할

---

33) 『신천지』, 1950년 1월호.

문(文)의 제일인 자요 조선민의 운명을 반영한다고 평가했다. 안재홍은 1935년부터 조선일보 객원으로 신문에 각종 글을 연재했다. 1936년 군관학교 사건으로 옥고를 치렀고 1937년 보석으로 풀려나 고향 평택 향리에서 『조선상고사감』 등 조선상고사 관련 저술에 몰두했다. 1938년 4월 부인 이정순과 사별했다. 그해 5월 흥업구락부사건으로 3개월간 옥고를 치르고 나왔으나 다시 군관학교사건 형 확정으로 2년형이 선고되어 재수감되었다. 1941년 김부례와 재혼하고 1942년 12월 조선어학회 사건으로 생애 9번째 옥고를 치른다. 1944년 4월 모친 남양 홍씨가 별세했다. 이 해 12월부터 여운형과 함께 일본의 패망 후 시국수습문제로 민족자주, 상호협력, 마찰방지의 3원칙을 제시했다. 1945년 5월 민족대회 소집안을 제시하고 일제에 응수하였으며 이후 일본의 암살 위협으로 숙소를 자주 옮기며 해방을 준비했다.

(3) 해방 후 좌우합작의 통일민족국가 수립에 헌신(1945~1950)

전민족적인 투쟁과 연합국의 도움으로 1945년 8월 15일 조선민족은 해방을 맞이했다. 해방 5년의 이 시기 안재홍은 통일국가수립운동에 매진했다. 그는 저서와 언론 기고, 방송과 강연, 다양한 조직 활동을 통해 좌우이념 갈등을 해소하고 자본주의냐 사회주의냐의 택일이 아니 민족에 기초해 계급 갈등을 넘어선 통일민족국가를 수립하기 위해 고군분투했다. 이 시기 안재홍은 민족의 바람직한 미래를 고민하며 신민족주의를 주장했으나 현실 권력을 얻는 데는 실패하고 그 자신마저 납북되어 역사 속에 사라지는 비운을 맛보아야 했다. 일제가 보낸 자객의 암살 위협을 피해 서울 시내 각지를 돌며 은거하던 안재홍은 1945년 8월 15일 해방을 맞이하고 그 다음날인 8월 16일 오전 10시 경성방송국(현 KBS)에서 국내민족지도자를 대표해 첫 해방연설을 했다.

여러분! 우리 조선민족은 지금 새로 중대한 위기의 기로(岐路)에 서있습니다. 이러한 민족성패가 달린 비상한 시기를 맞이하여 만일 성실과감(誠實果敢)하고도 총명주밀(聰明周密)한 지도로써 인민을 잘 파악하고 통제함이 없이는 최대의 광명에서 도리어 최악의 과오를 범하여 대중에게 막대한 해악을 끼칠 수가 있기에 우리는 지금 가장 정신을 가다듬어 한걸음 한걸음 나아가고 또 뜀박질하여 나아가는 것이 필요합니다. 과거 사십년 간 총독정치(總督政治)는 벌써 과거의 일이고 조선과 일본 두 민족은 정치형태가 어떻게 변천(變遷)되든지 자유호양(自由互讓)으로 아시아 제민족으로서의 떠 매고 있는 각자의 사명을 다하여야할 국제적 제 조건 하에 놓여있는 것을 똑바로 인식하여야 합니다. 우리들은 수난의 도정(途程)에서 한걸음씩 가시덤불을 헤쳐 나아가는 데에 서로가 공명동감(共鳴同感) 하여야 합니다.[34]

이후 그는 여운형과 함께 조선건국준비위원회를 결성, 건준의 이름을 직접 짓고 잠시 부위원장도 맡지만 건준이 좌경화로 흐르자 바로 탈퇴한다. 그는 9월 20일 신생 대한민국의 국가건설 방향을 정리한 『신민족주의와 신민주주의』를 출간했다. 또한 신민족주의를 핵심정강으로 하는 국민당을 조직 중앙집행위원장에 선출되었다. 그해 12월 신탁통치반대 국민총동원중앙위원회 부위원장으로 활동했다.

1946년 1월 주한미군사령관 자문기관인 남조선대한민국대표민주의원에 선임되었다. 2월 한성일보를 창간 사장에 취임했으며 3월 국민당을 한독당에 통합 중앙상무위원으로 활동했다. 7월 여운형, 김규식과 함께 좌우합작 대표로 지명되었고, 10월 한국 최초로 한성일보 중국어판을 발행했다. 12월 미군정 과도입법의원의 관선위원에 선출되었다.

1947년 2월 미군정행정부의 한국인 최고책임자인 민정장관에 취임했다. 당시 미군정청 공보과에서 발표한 안재홍 신임 민정장관에 대한 소개 자료를

---

34) 『매일신보』, 1945년 8월 17일자.

보면 일제강점기 항일지도자, 일류지도자로서 그의 삶을 높이 평가하고 있다는 것을 알 수 있다.

　　안씨는 조선독립운동사상 제일류의 지도자이며 또한 일본의 조선통치 시대를 통하여 조선에 남아있던 분들 중에 한 사람이다. 일본인의 손에 9회에 걸쳐 투옥되었으나 끝까지 조선독립을 위하여 싸워왔다. 씨는 열렬한 애국심으로 인하여 수년간 일본인에게 가혹한 취급을 받았다. 민정장관은 정부의 행정부분에 있어서 조선인 관리로서 최고위이다.[35]

　이 시기 그는 신생 대한민국 정부 수립을 위한 준비에 힘썼다. 또한 1947년 8월에는 민정장관으로 조선산악회를 통해 비밀리에 독도조사대를 파견, 독도 수호에 크게 기여했다. 또한 대한올림픽 후원회 회장으로 1948년 8월 런던올림픽에 출전하는 선수들을 지원하기 위한 모금 활동으로 한국 최초로 복권을 발행했다. 그는 1948년 6월 대한민국 국회개원과 함께 민정장관을 사임하고 한성일보 사장으로 복귀했다. 이 시기 언론 발전에 기여한 공이 인정되어 서재필과 함께 조선언론인협회 명예회장에 추대되었으며, 1948년 9월 신생회를 설립 신생활구국운동을 전개했다. 1949년 5월 대종교 정교 및 원로참의원에 선출되었고, 서울 돈암동에 서울중앙농림대학을 설립 초대 학장으로 활동했다. 1950년 5월 2대 국회의원 선거에 평택에서 무소속으로 출마 당선되었다. 그러나 그해 6월 25일 한국전쟁 때 한강 다리가 폭파돼 친지집에 은거했다가 발각되어 북한군에 납북되었다. 납북 당시 상황을 한성일보 기자였던 엄기형 씨는 아래와 같이 증언하고 있다.

　　안재홍 사장은 1950년 봄 덕수궁에서 열린 저와 아내 이정상 결혼식 때 주례를

---

35) 『조선일보』, 1947년 2월 6일자.

봐주신 분이지요. 1950년 6월 25일 이후 안재홍 사장은 몇 군데 피신처를 알아봤
는데 찾지를 못했지요. 부인 김부례 여사가 저의 신혼집에도 오셨는데 방이 하나
라 어쩔 수 없었어요. 결국 집에서 연금 상태였고 다행히 아내가 그 집에 왕래할
수 있었어요. 안 사장께서 아내에게 몰래 단파 라디오를 주시면서 가서 전황에
대해 듣고 그 내용을 알려달라고 해서 여러 차례 다녀온 기억이 납니다. 그 뒤
8월 초 후암동 민세선생의 친지 댁에서 선생이 납북된다는 사실을 전해 듣고
달려갔는데 인민군 소좌와 인민군이 주변 호위를 하는 선생을 차에 태워서 가시
는 모습을 보았어요.[36]

(4) 납북 이후 재북평화통일운동에 노력(1950~1965)

안재홍은 생애 마지막 15년을 북한에서 살았다. 아직 분단이라는 제약으로
인해 그가 이 시기 북한에서 구체적으로 어떤 활동을 했는지는 자세하게 알려
져 있지 않다. 현재까지 연구 결과로 보면 안재홍은 납북 이후에도 조소앙,
조헌영, 박열 등과 함께 '재북평화통일촉진협의회'를 조직, 최고위원으로 활동
하며 남북이 무력통일을 포기하고 연방제를 거쳐 단계적 통일로 나가야 한다
고 주장했다. 그는 1965년 3월 1일 오전 10시 평양 적십자 병원에서 위암으로
별세했으며 북한 정권은 이 사실을 해외 통신을 통해 알렸다. 그의 사후 장례
식은 북한 부수상을 지냈고, 안재홍과 함께 신간회 최초 조직 결성에 핵심으로
참여한 홍명희가 맡아 치러졌다. 그의 유해는 평양시 용성구역 매봉산록 특설
묘역에 안장되었고 사회장으로 치러진 장례식에는 각계 유명인사가 다수 참
석하고 장지에 이르는 길에는 조문객들이 장사진을 이루었다.

현재 그의 묘는 이후 이장하여 납북인사 묘지인 평양 '재북인사묘역' 정중앙
에 위치해 있으며 묘비명에는 북한에서의 마지막 직함이었던 재북평화통일촉
진협의회 최고위원이라는 직함과 함께 '애국지사'라고 새겨져 있다. 비록 납북

---

36) 민세안재홍선생기념사업회, 엄기형 증언 녹취 자료, 2011.

으로 제한된 활동을 했지만 안재홍은 북한에서도 끝까지 민족주의자로 활동하며 민족에 바탕을 둔 평화통일운동에 노력한 것으로 평가받고 있다. 북한정권도 안재홍의 항일독립투쟁을 높이 평가해 현재 그는 김규식·조소앙·정인보·박열과 더불어 남북한이 함께 인정하는 24명의 독립운동가 가운데 한 사람이다.37) 남한에서는 1965년 3월 9일 서울 진명여고 강당에서 각계인사가 운집한 가운데 항일운동에 함께한 이인 초대 법무부장관을 장례위원장으로, 이승복을 부위원장으로 한글학자 최현배의 조사와 이은상 시인의 조시 낭독과 함께 유해 없는 9일장을 치렀다.

생애를 통해 볼 때 민세 안재홍은 민족에 대한 사랑을 온몸으로 실천하며 민족통합을 최우선 과제에 놓고 철저항일과 민족통일을 실천했던 열린민족주의자였다. 안재홍은 민족의 과거를 연구하고 일제에는 끝까지 비타협을 실천했으며, 민족통일에는 좌우의 이념갈등을 해소해 보려고 용기있게 나선 지식인이었다. 또한 다른 민족에 대해서는 배타적 태도를 버리고 개방적 태도로 상대성을 존중하며 미래에 대한 깊은 혜안을 가진 민족지성이자 교육지성이었다. 일제강점기와 해방 5년, 납북으로 이어지는 민세의 고단한 삶은 일관된 원칙이 지도자의 삶에서 얼마나 중요한 것이지 성찰하게 했다. 대개의 경우 현실의 이익에 따라 부초처럼 흔들리는 것이 보통 사람들의 삶이라면 분명 그는 거대한 뿌리를 땅속 깊이 숨긴 우뚝 솟은 민족 사랑의 거목이었다.

---

37) 『중앙일보』, 2007년 7월 29일자.

2. 민세안재홍기념사업회 활동의 성과

1) 안재홍기념사업회 창립 과정

1999년 12월 4일(토) 오후 3시 평택시 송탄출장소 4층 강당에서 200여 명이 참석한 가운데 민세안재홍기념사업회 발기인대회를 개최하였다. 창립준비위원장으로 조기홍 평택대 총장을 선출했다. 이날 해방 직후에 자신의 청년 시절 안재홍과 함께 좌우합작운동에 참여했던 강원룡 크리스찬아카데미 이사장은 '민세 선생에 대한 기억'을 중심으로 한 회고사를 했다. 한영우 서울대 인문대학장은 '민세 안재홍 선생의 생애와 사상'이라는 주제의 기념강연에서 고향 평택에서 민세안재홍선생기념사업회가 창립되는 것의 소중한 가치를 이야기했다. 이날 발기인대회에서 지역 출신 역사학계 후학으로 이진한 고려대 한국사학과 교수가 창립발기 선언문을 낭독했다. 창립발기선언문 전문은 아래와 같다.

민세 안재홍기념사업회 창립 발기선언문

오늘 여기에 모인 우리는 한마음으로 민세 안재홍기념사업회의 발기를 선언한다. 어떤 사람을 추모하고 기념하며 사상과 학문을 계승하기 위해 기념사업회를 만들기는 매우 어려운 일이다. 왜냐하면 초기에는 후손들에게 귀감이 될만한 일을 하였으면서도 나중에는 자신의 편안함을 위해 의리를 저버리고 타협한 인물들이 많았기 때문이다. 특히 20세기 역사적 인물은 일제의 한반도 강점과 분단으로 점철되었던 시대를 살았으므로 공과가 함께 있는 경우가 적지 않다.

그러나 민세 안재홍선생은 민족의 자주 독립과 통일국가수립이라는 두 가지 목표를 평생 추구했으며 평생 어떤 유혹에도 굴하지 않으셨다. 질곡의 한국현대사에서 독립운동가이자 언론인이며 역사학자, 정치가로 이처럼 지조있는 삶을 살다 간 분을 어찌 현창하고 따라 배우지 않겠는가? 물질적 가치를 최우선으로 삼아 쉽게 자신의 뜻을 저버리는 요즈음의 세태에 안재홍 선생의 지사적 생애 자체가 후세들에게 좋은 귀감이 될 것이다.

현재 한국사회는 몇 가지 과제를 안고 있다. 그 가운데 하나가 IMF 관리체제 이후 소득 재분배의 실패로 인한 계층 간 갈등이 확산되어 가는 것이며, 다른 하나는 분단 체제를 극복하지 못하고 있다는 것이다. 따라서 새천년에는 이러한 문제를 해결하기 위한 새로운 가치가 요구된다. 그런데 이미 50년 전에 안재홍 선생은 이에 대한 해결책을 제시하였는데 그것이 신민족주의론이다. 이 이론은 내적으로 민주주의를 성취하여 민족을 구성하는 여러 사회계층의 상호간 대립 반목을 해소하고 외적으로 타민족에 대하여 자주적이면서도 개방적 입장을 견지하려는 것이었다. 이것의 사상적 배경에는 신간회운동을 통해 민공협동과 절대 독립을 추구했던 독립운동상의 경험과 한국 고대사 연구를 통해 상고사에서 민주적 특성을 지닌 제도나 사상, 언어의 변천과정을 탐구하여 그 속에 내재된 균등 사상을 찾아보려고 노력한 것에서 시작된다. 분단 초기에 제시된 안재홍의 신민족주의론은 그때의 모순이 아직도 일부 지속되고 있는 현실에서 여전히 유효한 가치를 지니고 있기에 바로 20세기와 21세기의 경계에서 한국사회의 현실이 안재홍 사상의 재조명을 요구하고 있다.

그러므로 우리는 순수한 뜻을 모아 민세의 사상과 학문을 연구하고, 세상에 알리는 사업을 하고자 민세 안재홍기념사업회 발기를 선언하며 아울러 다음과 같은 사항을 실천할 것이다.

실천사항

- 민세와 관련된 모든 자료를 수립하고 정리한다.
- 민세의 생애와 사상을 홍보하여 여러 사람들로 하여금 귀감으로 삼게 한다.
- 신민족주의론으로 대표되는 그의 사상을 학문적 연구를 통해 심화시킨다.
- 최종적으로 민세의 독립운동론, 언론관, 역사관 등을 종합한 학문으로서 "민세학" 연구가 이루어질 수 있도록 경제적으로 지원하는 사업을 펼친다.

1999년 12월 4일
민세안재홍기념사업회 발기인 일동

2000년에 처음으로 '안재홍 선생 등 애국선열 추모사업비'로 평택시 예산도 세워졌다. 2000년 3월 1일에는 안재홍 서세 후 35년 만에 처음으로 지역에서 공식적인 첫 추모식과 『민세안재홍선집』 5권 봉정식을 민세 안재홍 생가에서 개최했다. 오후 2시에 열린 이날 행사는 민세 약전 봉독, 조기흥 준비위원장의 추도식사, 김선기 평택시장, 1989년 청와대 수석비서관 시절 민세 선생 복권에 힘써준 김학준 한국교총 회장, 1978년부터 민세안재홍선집 발간에 큰 애를 쓰신 김경희 지식산업사 사장께서 오셔서 추모사를 했다. 민세 손녀 안혜초 시인의 조부 추모시 '풍란을 키우며' 낭송, 추모공연은 한국무용가 김복녀 씨의 '이매방류 살풀이'가 있었다. 당시 쌀쌀한 날씨에도 불구하고 첫 추모식에 민세 선생 유족들도 참석했고, 평택시민아카데미 회원들이 행사 준비에 많은 애를 썼다.

4월에는 통일부 교류과에 민세 묘소와 관련한 확인 질의를 했다, 또한 국가보훈처 기념사업과에 납북독립유공자 묘소 확인 및 방문사업을 제안했다. 조기흥 준비위원장은 안재홍기념사업회 초기 준비과정에 애정을 가지고 여러가지 지원을 했다. 정식 사무실 마련까지 임시로 사용하던 평택시민아카데미에 사무용 집기와 전화, 사무기를 지원했다. 별도 후원금도 지원해서 사무국이 안정적으로 창립행사를 준비할 수 있도록 적극 도왔다. 창립 이후에는 평택대학교 정보과학관에 별도 사무실도 무상 사용할 수 있도록 했으며 여러 가지 행재정 지원으로 사업회가 자립할 수 있는 기반을 마련했다.

약 11개월간에 걸친 창립 준비위원회 시기에는 여러 가지 사업적 검토가 이루어졌다. 정관에 대한 수차례의 검토 이외에 창립 이후 사무공간 마련에 대한 검토, 민세 선생 전기발간 추진, 평양 민세선생 묘소 방문의 필요성, 민세 동상 건립에 대한 검토, 민세회보 발간, 재정 확보 및 홍보 확대 방안 논의가 있었다.

2000년 초부터 조기홍 준비위원장의 지원 속에 수차례의 회의를 통해서 창립대회를 준비해 나갔다. 1차적으로 정관 작성위원회가 열려서 김구선생기념사업회 등의 타기념사업회 정관을 바탕으로 평택의 현실에 적합하게 수정해서 기초 작업을 마련했다. 회장의 임기는 4년, 운영이사회 중심의 효율성 유지, 3월 정기총회 등이 골자였다. 사업회를 이끌어갈 초대 회장에 대한 논의도 수차례에 걸쳐 있었는데 지방자치단체장이 회장을 맡아 활동하는 다른 지역의 사례와 지역 차원의 적극적인 홍보, 예산지원, 행정업무협조 등의 필요성을 검토해서 당시 김선기 평택시장을 찾아 회장 추대의 뜻을 전했고 수락을 받았다.

2년간의 준비 과정을 거쳐 2000년 10월 21일 평택시 북부문예회관 소공연장에서 창립행사를 열고 초대 회장에 김선기 전 평택시장을 선출했다. 이날 행사는 김인식 박사의 민세 약전봉독, 조기홍 준비위원장의 인사에 이어 신창균 범민련 명예회장의 민세 선생 관련 회고담과 정윤재 한국학중앙연구원 교수의 '다사리주의와 민세정신' 기념 강좌가 있었다. 원로시인이자 대한민국 예술원 회원이신 홍윤숙 시인은 '민세 안재홍 선생님: 순도자적 그 생애를 기리며'라는 추모시를 보내주셨다. 지역 행정을 책임지고 있는 김선기 평택시장이 초대회장을 맡아 활동함에 따라 안재홍기념사업은 평택시의 지속적인 관심을 갖는 계기를 만들었다. 2000년 창립 당시 기념사업회 조직은 아래와 같다.

민세안재홍기념사업회 임원 명단 (2000년 창립 당시)

○ 회장: 김선기(평택시장)
○ 부회장: 김동현(평택대학교 부총장)·강호문(용재기업 고문)
○ 감사: 김봉겸(두릉리 노인회장)·신충현(회계사)
○ 운영이사: 최치선(평택문화원 이사), 조인진(평택YMCA 회장), 김방(경문대 교수), 이상권(상명대 강사), 이진한(고려대 강사), 장순범(평택환경운동연

합 사무국장), 김기수(평택시민신문 발행인), 박성복(기남방송 차장), 공재
욱(평택시 문화관광과장)

O 사무국장: 황우갑(평택시민아카데미 회장)

2) 연도별 민세안재홍선생기념사업회 주요 활동

(1) 김선기 회장 시기(2000~2004)

2001년 안재홍기념사업회는 창립과 함께 평택시민아카데미 임시사무실에
서 평택대학교 정보과학관 317호에 정식 사무실을 개소하고 민세 재조명 작업
을 시작했다. 2001년 5월 국가보훈처에 법인설립 등기를 마쳤다. 최우선으로
시작한 사업은 민세 안재홍에 대한 추모, 재조명 사업이다. 안재홍에 대한 그
동안의 연구 성과를 정리하고 객관적으로 민세에 대한 평가를 한 권의 책으로
정리하는 작업으로 『안재홍평전』 발간이 추진되었다.

2001년의 가장 큰 사업 성과는 제1회 민세학술대회 개최였다. '민세안재홍
의 신민족주의론'이라는 주제로 2001년 11월 20일 평택대학교 대학원 강당에
서 열렸다. 윤병석 인하대 명예교수의 사회로 진행한 이날 학술대회는 제1주
제 '안재홍의 조선정치철학과 다사리이념'(정윤재, 한국학중앙연구원 교수),
제2주제 '1930년대 안재홍의 민족주의론과 민세주의론'(박찬승, 충남대 국사학
과 교수), 제3주제 '안재홍의 신민족주의 국가상'(김인식, 중앙대 강사), 제4주
제 '안재홍의 신민족주의 언론사상'(조맹기, 서강대 언론대학원장), 5주제 '안
재홍: 조선의 고대를 통한 근대'(박한용, 민족문제연구소 연구위원) 등 5개의
주제발표와 토론이 있었다. 이 학술대회는 안재홍 사후 최초로 학술 차원에서
민세에 대한 종합적인 평가를 하는 계기를 만들었다. 이 밖에 2001년에는 지역
사회 청소년들을 대상으로 안재홍 생가에 대한 소개와 현지답사 안내, 민세생
가 문화재 청소 활동, 민세홍보 팜플렛 제작 등을 통해 지역사회에 안재홍을

알리는 홍보 작업들이 진행되었다.

2002년 주요사업을 정리하면 첫째, 국가보훈처에서 안재홍을 '2002년 7월의 독립운동가'로 선정했다. 이에 2002년 7월 29일 오전 11시 평택 북부문예회관에서 순국선열유족회와 공동으로 '7월의 독립운동가 민세안재홍선생 공훈선양 학술강연회'를 개최했다. 또한 전국 주요기관 단체 홍보 포스터와 자료 배포, 독립기념관에서 안재홍 특별전 개최, 독립기념관장 초청 유족 간담회 등의 행사가 지속됐다. 이 밖에 평택지역 중고등학교와 평택시청, 송탄출장소 로비 등에서 '민세 자료전'도 열렸다. 둘째, 2001년 제1회 민세 학술대회 발표 내용을 정리해서 2002년에 민세연구 1권 『민족에서 세계로』가 발간되었다.

셋째, 2002년 10월에는 평택시, 경기문화재단의 지원으로 민세 평전 『다사리공동체를 향하여』를 발간했다. 이 책은 2001년 6월부터 기획을 시작해 안재홍 연구 1호 정치학 박사인 정윤재 한국학중앙연구원 교수의 집필과 이수연 사진작가의 사진 자료 제공, 김정기 방송위원장의 후원 등으로 출간됐다. 12월 21일 출판기념회도 개최했으며 이홍구 전 국무총리와 안재홍 선생이 1989년 3월 1일 정부로부터 건국훈장을 받는 데 큰 도움을 준 조동걸 국민대 명예교수가 축사를 했다.

2003년 주요 사업을 요약하면 첫째, 5월에 안재홍 유고 등을 고려대박물관에 기증한 것이다. 해방 후 민정장관 시절의 문서류 등 약 200점을 기증했다. 고려대는 일제강점기 보성전문학교가 그 전신이다. 안재홍은 고려대와 같은 재단인 중앙학교(현 서울 중앙고) 학감(현재의 교감)을 지냈고 첫째 안정용은 보성전문학교를 나왔다. 셋째 동생 안재직과 둘째 아들 안민용도 부친이 잠시 학감으로 있던 중앙학교를 졸업했다.

1990년대 초에 김부례 여사가 독립기념관에 1차로 『조선통사』 등 안재홍 관련 자료를 기증했다. 여기에는 『조선통사』, 『신라건국사정고』, 『백두산등척기』, 『신민족주의와 신민주주의』, 『조선상고사감』, 『안재홍 친필원고』, 『민세 안재홍선집』 1~4권과 안재홍 판결문, 안재홍 인장, 안재홍 연적, 안재홍 문갑 등 유품과 사진 자료가 다수 포함되어 있다.[38] 이후 안재홍기념사업회와 평택 시, 경기문화재단이 『민세안재홍선집』 추가 발간에 대한 예산 지원을 하고, 고려대박물관이 출판비를 지원하는 형식으로 기획해서 민족문제연구소 박한 용 실장의 주도 아래 2005년부터 2008년 3월까지 8권까지의 선집 간행작업이 이루어진다.

기증 자료는 '생존운동의 영원한 도정' 등 교정지 29건, '강도일지' 원고 1건, '사회와 자연인' 등 신문기사 27건, '구조선과 신조선' 등 잡지기사 47건, 미군정 민정장관 시절 안재홍이 수신한 기록 46건, 발신한 기록 25건[39] 등이 포함된 다. 이 가운데 미군정관련 문서는 2008년 국가기록원에 의해 '국가지정기록물 제2호'로 지정됐다. 둘째, 2003년 10월 18일에는 안재홍생가에서 시민청소년 과 함께하는 민세학교를 개최했으며 민족문제연구소 임헌영 소장을 초청 '고 절의 국사, 민세 안재홍' 강연회와 음악회를 개최했다.

(2) 김진현 회장 시기(2005~2015)

2004년 3월 김선기 초대회장이 일신상의 이유로 사임했다. 이에 2005년 5월 김진현 회장 취임 때까지 임시로 최치선 부회장을 중심으로 운영했다. 이 해에 는 안재홍 생가 뒷터 300평 정도를 민세 유족들의 지원으로 매입 주차장 등 부지로 사용하는 방안에 대한 논의가 있었다. 그러나 2005년 평택시에서 안재 홍 생가 중장기 정비 종합 계획 추진, 2006년 고덕신도시 개발 등의 계획 추진 에 따른 공원 계획 등이 있어 추진을 중단했다. 2004년 10월 15일 고려대에서

---

[38] 독립기념관 자료실, 「민세 기증자료」 목록.
[39] 고려대 박물관, 「민세 안재홍 선생기증 자료목록」, 2004.

한국정신문화연구원과 기남방송의 지원으로 제2회 민세학술대회가 고려사학
회 주관으로 열렸다. 이날 행사는 2003년에 기증한 안재홍 자료의 일부를 고려
대 박물관에서 정리, 『민세안재홍선집』 8권 유고집 발간기념식을 겸해서 열렸
다. 이날 학술대회는 '8.15 해방 이후 중경임시정부 추대론'(김인식, 중앙대 강
사), '안재홍의 신민족주의론에 내재한 정치적 의무관'(윤대식, 충남대 강사),
'민세 안재홍의 조선사연구와 유물사관'(이진한, 고려대 교수)의 발표가 있었
다. 이날 발표한 자료는 정리해서 2005년 『안재홍 심층연구』라는 논문집으로
출간됐다.

2005년에 들어서서 조직 안정을 위한 다양한 노력들이 있었다. 사무국을
평택대학교에서 평택시민아카데미(현 민세아카데미)로 옮겨와 공동사무국을
운영하며, 사무국에 대한 지원을 강화하고, 조직을 정비하며 특히 공석인 회장
선임에 대한 논의가 활발하게 있었다. 2005년의 주요 활동은 첫째, 2005년 9월
30일 한국프레스센터에서 『민세안재홍선집』 6권 출판기념회를 겸해 2대 김진
현 회장의 취임식이 있었다. 이날 행사에는 이홍구 전 국무총리, 박권상 KBS
사장, 이만열 국사편찬위원장, 박유철 광복회장, 이부영 열린우리당 의장, 최
광식 고려대 교수, 이문원 전 독립기념관장, 김영광 전 국회의원 등 각계인사
가 참여하여 안재홍기념사업회의 새로운 출발을 축하했다. 김진현 회장은 취
임사에서 안재홍을 20세기 한국 민족의 고난의 현장을 끝까지 지키며 일관되
게 열린 민족주의 국제적 민족주의 좌우통합을 추진했던 참독립운동가이며
참정치인으로 "반사적(反射的) 급진운동이나 관념적 공산주의운동을 거부하
고, 조선사·조선어 연구를 통한 조선의 정체성, 민족문화 선양을 추진한 당대
대학자·대 언론인·대계몽가"라고 평가했다.[40]

---

40) 김진현, 『민세후답』, 민세안재홍선생기념사업회, 2016.

김진현 회장 취임식 이후 이전까지의 추모 학술 사업 중심에서 벗어나 다양한 대중사업을 전개하는 발판을 마련했다. 경기도 안성 출신으로 과학기술처·장관, 서울시립대 총장, 한국경제신문 회장 등을 지낸 김진현 회장은 선친 김영기 제헌의원이 해방 전후 민세와 함께 신간회운동과 정치 활동에 참여했다. 이런 인연으로 안재홍기념사업회 회장을 맡아 기념사업회의 전국적인 위상을 높였고, 안재홍이 일제 강점기 사장을 지낸 조선일보 등 중앙언론의 관심도 적극적으로 이끌었으며 안재홍의 유업인 신간회 재조명에도 적극 나섰다. 김진현 회장의 취임과 함께 국가 원로의 사업회 참여에 따라 평택 지역사회와 평택시를 비롯한 관계기관에서 안재홍 선양사업에 대한 지원이 커지기 시작했다.

(사)민세기념사업회는 2005년 국가보훈기본법 제정에 따라 국가와 자치단체의 지원을 받을 수 있는 법적 근거를 마련했다. 국가보훈법 23조에는 "국가와 지방자치단체는 추모 사업 및 기념사업을 공공기관과 민간단체 등과 공동으로 추진하거나 위탁하여 시행할 수 있다. 이 경우 공공기관, 민간단체 등에 대하여 재정적 행정적 지원을 할 수 있다"고 명기하고 있으며 "희생자와 공헌자 관련한 특정지역, 시기, 사건 등과 연계하여 기념일 또는 추모일을 지정하고 희생 공헌자를 기리는 각종 관련 행사를 실시할 수 있다"[41]고 명시하고 있다.

둘째, 일본의 역사교과서 왜곡에 반대하는 운동이 2005년부터 전국적으로 활발하게 전개됐다. 평택도 우호도시인 일본 에히메현 마쯔야마시 교과서운동본부와 협력해서 반대운동에 적극 참여했다. 안재홍기념사업회는 김방 이사와 황우갑 사무국장 등이 2005년 7월 평택지역 여러 시민단체들과 함께 마쯔야마시를 방문해 '후쇼샤판' 교과서 채택의 부당성을 알리는 데 함께 노력했

---

41) 국가보훈기본법 제23조.

다. 이후 2011년까지 매년 평택과 마쯔야마를 왕래하며 한일역사문제에 대한 민간교류의 실무단체로 참여했다.

셋째, 1992년 12월 안재홍 선생 복권과 함께 경기도 문화재로 지정 관리되어 온 안재홍 생가는 계속 부분 보수를 해왔으나 2005년부터 전면 해체와 보수 계획이 세워져 생가를 안정적으로 관리할 수 있는 기반을 만들었다. 특히 이 시기에 민세안재홍 생가와 주변에 대한 중장기 정비계획도 만들어졌고 이후 경기도와 한국도시공사가 참여하는 고덕국제신도시 건설 계획이 발표되었을 때 신도시 내 민세역사공원 건립의 기초 자료로 제공되기도 했다. 안재홍 생가는 정비계획에 따라 전면해체 보수를 거쳐 2009년 3월 1일 생가에서 중수식을 갖기도 했다.

2006년부터 평택시에서 선현추모사업으로 지원예산이 늘어나 다양한 사업을 추진할 수 있는 기반을 마련했다. 시기에 추진 기획된 주요사업 성과를 보면 첫째 지역사회 지도자 교육의 하나로 다사리포럼 추진이 있다. 2006년 9월 김홍식 전 장성군수를 초청 '주식회사 장성군의 혁신이야기'라는 주제로 시작된 다사리 조찬포럼은 한국 사회 각계인사를 모시고 다양한 주제 강연을 통해 지역사회 지도자 육성과 민세정신의 선양을 위한 목적으로 하는 교육문화사업으로 매월 두 번째 목요일 아침 7시에 실시했다. 안재홍기념사업회의 핵심 사업으로 매회 50~70명 정도의 지역사회 각계인사가 참여하며, 강사의 질을 유지하고, 좌우 균형적인 주제, 정시 시작의 원칙 등을 지켜나갔다.

둘째, 민세기획전시회의 개최이다. 매년 민세 관련한 주제를 가지고 진행하고 있으며 민세의 생애와 관련한 주제, 민세와 항일인물, 민세유품 서각전, 민세와 신간회 사람들이라는 주제 등을 통해 민세 정신 홍보에 노력했다. 민세 기획전시회는 안재홍의 삶과 정신도 홍보하면서 민세기념관 조성을 위한 준비로 안재홍 관련 자료를 다양하게 모으고 정리하는 데도 의의가 있다.

셋째, 신간회 운동 재조명이다. 신간회는 일제 강점하 최대의 항일민족운동 단체였다. 신간회 창립의 주역 가운데 한 사람이 안재홍이다. 이에 민세의 신간회 운동 참여와 실천 정신을 계승하고, 21세기적 의미를 되새기기 위한 노력으로 2006년 처음으로 창립 79주년 기념식을 열었다. 2007년 2월 80주년 기념 학술대회 개최와 기념사업회 발족, 매년 2월 15일 창립행사 개최, 2009년 신간회 사람들 기획전시회 개최로 신간회운동 재조명에 힘썼다.

넷째, 어린이 도서 전문 출판사인 우리교육을 통해서 한 가지 일에 매진한 우리인물 시리즈의 하나로 민세 안재홍 어린이 전기 『곧은 붓으로 겨레를 이끌다』가 발간됐다. 이 책은 2007년 1월 평택을 찾은 당시 김문수 도지사가 다사리포럼 강연 후 전기 발간 지원을 약속해서 경기문화재단의 지원으로 간행을 추진했다. 또한 경기도 무형문화재 서각장 이규남 선생의 도움으로 민세 서각자료 전시회를 다양한 민세 관련 어록과 글을 소재로 개최했다.

2007년 주요사업을 보면[42] 첫째, 2007년 3월 1일에 안재홍 선생 42주기 추모식이 평택북부문예회관에서 열렸다. 2007년 5월부터 시민청소년을 위한 다사리문화학교를 개최했다. 2007년 3월에는 민세공원 연구회가 발족됐다. 김준배 이사(당시 평택시의원)를 대표로 최치선, 이상권, 오중근, 장순범, 박성복, 김용래 이사와 황우갑 사무국장이 참여했다. 이후 전국 12개 항일민족운동가 생가 및 공원 방문, 중국과 일본의 사례조사, 민세공원 조성 가상 조감도 제작, 조선일보 등 전국지와 평택시민신문 등 지역언론사를 대상으로 한 홍보작업을 해서 평택시가 추진 중인 안재홍생가 정비 보전 계획에 반영을 시켰다. 또한 평택시장과 경기도 지사, 경기도 국제평화도시 지원부서장 면담, 평택시의회 방문 간담회 개최, 김문수 경기도지사와 김진현 회장 간담회 개최, 국가

---

42) 민세안재홍선생기념사업회, 『2008년 정기총회 자료집』, 2009.

보훈처 수원보훈지청장 면담 등을 실시했다.

둘째, 2007년 11월 민세 선생의 좌우명과 글을 소재로 평택시청 로비에서 '민세 서각자료전시회'가 열렸다. 경기도 무형문화재 서각장 이규남 선생께서 서각작업을 도와주셨다. 안재홍 선생 생애별 활동과 사진을 가지고 쉽고 친근하게 이해할 수 있는 홍보책자『나와 나라와 누리가 함께』도 발간돼 생가 답사 시민과 청소년을 위한 교육자료로 활용했다. 11월 30일에는 생가 사랑채에 고가구와 관련 자료를 비치해서 방문객들의 이해를 돕고 생가의 장소성을 느낄 수 있도록 '안재홍 생가 자료관'을 개관했다.

다사리포럼도 계속돼 김문수 경기도지사, 허영호 탐험가, 서상록 전 삼미그룹 부회장, 허범도 중소기업진흥공단 이사장, 이배근 한국청소년상담원장, 김두관 전 행정자치부장관, 김진애 대통령자문 건설기술 건축문화선진화위원장, 김학준 동아일보 사장, 구본형 변화경영 전문가, 이왕제 서울의대 교수, 조현정 비트컴퓨터 사장, 김종일 가나안농군학교 이사장 등이 강사로 참여했다.

2008년 주요 사업 추진내용을 보면[43] 첫째, 매월 소식지 '다사리'를 발간했다. 12면으로 조찬다사리포럼 강사 홍보와 민세 관련 글, 사업회 소식을 중심으로 2011년까지 지속적으로 발행했다.

민세 43주기 추모식은 2008년 3월 1일 평택북부문예회관에서 열렸다. 2007년부터 추진한 민세 어린이 전기가 2009년 2월『곧은 붓으로 겨레를 이끌다』라는 제목으로 우리교육에서 출간됐다. 민세 관련 자료수집 작업으로 이루어져 고덕면 민세 작은댁에서 보관해 오던『순흥안씨 족보』,『동의보감』등 고문서, 자부 김순경 여사가 보관해 오던 서예가 오세창 선생이 민세에게 준 친필 글씨 2점, 민세 선생 명함집 등이 기념사업회에 기증됐다. 주제별 홍보자

료 발간도 추진했고 '사진으로 보는 민세 안재홍', '민세와 생가이야기' 등 자료를 출간했으며 민세안재홍선집 1~7권 목록과 단행본, 논문 자료를 정리해 '민세 안재홍 문헌자료 목록'을 발간했다.

6월 5일부터 평택시립안중도서관에서 '2008 민세 안재홍 기획전: 민세와 항일역사 인물 5인' 전시회가 열렸고 2층에 안재홍 선생 관련 자료 코너도 만들어져 매년 정기 홍보행사를 하게 됐다. 평택시립도서관과 협력사업으로 여기에는 민세 안재홍 저작 및 연구물, 분야별 자료, 민세 생가 및 사업회 활동자료 등에 대한 관리가 가능하게 되어 다양한 민세 안재홍 관련 자료를 특화 전시해 오고 있다.

6월 22일 평택지역 항일운동사 재조명 학술대회가 평택시청소년문화센터에서 열렸고 '평택의 항일운동사 재조명'(김방, 국제대 교수), '식민지시기 안재홍의 민족주의와 신간회운동'(김인식, 중앙대 교수), '기념시설을 통한 역사의 기억과 평택의 항일운동'(황우갑, 민세기념사업회 사무국장) 등의 발표가 있었다.

제3회 민세학술대회도 12월 12일 한국프레스센터에서 열렸다. '안재홍의 항일과 건국사상'이라는 주제로 열렸으며 '지사적 투쟁의 삶과 안재홍'(윤대식, 충북대 강사), '안재홍의 고려사, 조선사 연구의 특징'(이진한, 고려대 교수), '안재홍의 신국가건설운동'(김인식, 중앙대 교수), '납북이후 안재홍의 통일국가 수립운동'(이신철, 성균관대 동아시아연구원), '일제하 안재홍의 비타협적 문화운동론'(황우갑, 민세기념사업회 사무국장) 등 5개의 논문이 발표됐다.

2008년 다사리포럼에는 송월주 지구촌 공생회 대표, 오쿠무라 에추오 일본 에히메현 교과서운동가, 박세일 한반도선진화재단 이사장, 김홍신 작가, 문용린 서울대 교수, 임수진 한국농어촌공사 이사장, 한기호 한국출판마케팅 연구소장, 박용남 지속가능도시연구센터 소장, 홍세화 한겨레신문 기획위원, 최윤

희 행복디자이너, 이태복 인간의 대지 이사장, 김정기 한국외대 명예교수 등이
참여했다. 청소년다사리문화학교도 학교 방문 인문학 강좌형식으로 진행돼
고도원 아침편지문화재단 이사장, 강양구 프레시안 기자 등이 참여했다. 2005년
부터 시작한 한일역사교류세미나도 2월 14일 평택청소년문화센터에서 신간회
창립 주간에 열려 '청일전쟁을 다시 생각한다'라는 주제로 진행됐고 고덕국제
화 계획지구 내 민세공원 조성 관련 연구용역 제안 사업을 추진했다.

　2009년 주요 추진 사업을 요약하면[44] 첫째, 민세기획전은 '신간회 사람들'이
라는 주제로 서울 금호아트갤러리에서 신간회 관련 첫 전시회를 개최했다.
둘째, 2008년 민세생가 중수 완료를 기념해서 민세생가에서 추모식과 함께
민세생가 중수기념식을 열었다. 셋째, 어린이와 청소년대상 홍보를 강화하기
위해 '2009 전국 다사리독후감대회'와 '다사리 어린이 미술대회'를 개최해서 항
일운동 사적지이자 경기도문화재인 민세생가와 『백두산등척기』, 『곧은 붓으
로 겨레를 이끌다』 등 민세 관련 도서를 홍보했다.

　넷째, 계기 사업의 하나로 8.15를 맞이해서 별혜는 광복의 밤 문화행사를
지산초록도서관에서 개최 시민들에게 광복의 의미와 가치를 널리 알리는 일
에 힘썼다. 다섯째, 민세 관련 일제강점기 조선일보 기사 자료집 발간, 민세
자손인 안정용, 안민용, 안서용 관련 가족 자료를 발간했다. 여섯째, 민세 관련
자료 현대어 번역사업을 시작해서 첫 사업으로 1930년 7월 민족혼 고취를 위
해 백두산에 다녀와서 발간한 『백두산등척기』를 평택과 인연이 있는 송영석
사장의 도움으로 해냄출판사에서 한양대 정민 교수의 현대어 풀이로 출간했
고 창립 10주년에 맞춰 출판기념행사를 개최했다.

　일곱째, 평택의 항일운동사를 정리하는 안재홍, 원심창, 평택의 사회운동관

---

44) 민세안재홍선생기념사업회, 『2010년 정기총회 자료집』, 2011 참조.

련 학술행사를 개최했고 12월에 한국프레스센터에서 '안재홍의 통합의 정치사상'이라는 주제로 4회 학술대회도 열었다. 여덟째, 10월 9일 한글날을 맞아 천안독립기념관 시어록비 공원에 민세어록비를 건립했다. 민세사업회 이상권 이사가 건립 기획 실무를 담당했고 서예가 권윤철 선생이 정성스러운 글씨를, 서울대 미대출신 조각가 구성호 선생께서 '민(民)'자를 상징하면서도 기존 틀에 박힌 어록비 형식이 아닌 조형미를 살려 독립기념관 시어록비의 새로운 이정표를 세웠다는 평가를 받았다. 안재홍 선생 정신 선양의 첫 번째 상징 조형물 설치라는 의의와 함께 관련 전문가와 지역사회 각계의 네트워크를 통해 건립해 독립기념관 내 기존 시어록비와 다른 참신성을 가졌다. 이 사업은 대학에서 역사와 미학을 전공한 이상권 민세사업회 이사의 헌신적인 노력과 조각가 구성호 작가, 서예가 권윤철 작가의 지원이 있어 가능했다.

2010년은 안재홍기념사업회의 선양사업이 양과 질적으로 크게 늘어난 해였다. 주요 사업 추진 내용을 보면 첫째, 2005년 이후 예산 등의 이유로 하지 못한 민세 연구논문집『안재홍의 항일과 건국사상』이 사회과학 전문출판사 백산서당에서 간행됐다. 국가기록물 제2호로 지정된 '안재홍 민정장관 문서' 해제 작업도 시작했으며, 2009년부터 준비한『백두산등척기』발간 작업도 완료했다. 둘째, 민세 안재홍 선생의 다사리 정신을 널리 알리는 홍보전문가 양성을 위해서 다사리전문가 양성과정을 개설해서 정윤재, 윤대식, 이진한, 이신철, 김인식, 조맹기, 황우갑 등 분야별 강사들의 전문강의와 현장학습을 진행해 큰 호응을 받았다. 셋째, 2010년 다사리문화학교는 평택시립도서관과 연계 그해 한 책으로 선정된『책만보는 바보』에 나오는 다산 정약용 등 실학자들의 삶과 민세 안재홍의 사상을 연계하는 강연형식으로 사업을 진행했다. 넷째, 학술사업으로 민세공원 조성연구 세미나, 3회 평택항일운동 세미나, 제5회 민세학술대회 '납북민족지성의 삶과 정신', '일제하 양양지역의 신간회연구' 등 다양한 학술행사가 있었다. 다섯째, 민세 안재홍 백두산 등척 80주년을 맞아 2010년에는 윤휘탁 교수를 모시고 '중국의 장백산 문화론' 강연과 8월 20~24일 백두산과 만주 항일유적 답사를 35명의 시민과 청소년들이 다녀왔으며 7월 21일부터는 평택에 공장이 있는 YKK의 지원으로 일본 도야마현 구로베시 일대를 일본 선진기업분화 탐방 형식으로 19명의 시민과 청소년들이 구로베 공장, 요시다 과학관, 구로베협곡 답사, 가나자와 시민예술촌 등을 둘러보았다. 여섯째, 민세 안재홍 선생의 한국학 진흥과 사회통합 정신 계승을 위한 전국적인 행사로 제1회 민세상 시상식이 민세 탄생일인 11월 30일 처음 개최됐다. 평택시의 후원과 조선일보의 특별후원 형식으로 각계인사가 참여하는 운영위원회와 심사위원회가 구성됐다. 조선일보를 통해 사전 후보자 모집 홍보, 수상자 보도, 시상식 보도 등이 이어져 안재홍을 전국적으로 알리는데도 크게 기여했다. 첫해 수상자는 사회통합 부문에 송월주 지구촌공생회 이사장, 학술연구 부문은 정옥자 서울대 국사학과 명예교수로 결정됐다.

2011년 주요사업 내용을 정리하면 첫째, 3.1절 민세 추모식과 6월 호국보훈의 달 민세 전시회, 8월 15일 광복절 문화행사, 11월 순국선열의 날 등 민세 관련 주요 계기사업을 실시했다. 둘째, 민세 안재홍 소개 홍보영상과 시민·청소년을 위한 교육자료와 한·영·중·일 4개 국어 홍보자료를 발간했으며 그간 산발적으로 간행되던 민세연구 논문집을 역사전문 출판사인 선인을 통해 민세학술연구 총서 시리즈 형식으로 발간하는 방향으로 추진, 『남북민족지성의 삶과 정신』이라는 주제로 1권이 발간됐다.

3월 16일에는 남부문예회관 대공연장에서 한국 최초 우주인 이소연 박사를 초청 '우주를 향한 도전'이라는 주제의 청소년 대상 강연회를 개최했다. 다사리포럼도 꾸준하게 개최해서 이성호 연세대 교수, 장회익 서울대 물리학과 명예교수, 이종찬 전 국가정보원장, 이배용 국가브랜드위원장, 이재정 전 통일부 장관, 박인주 청와대 사회통합 수석 등이 강사로 참여했다.

셋째, 청소년과 함께하는 민세 항일운동 사적지답사도 체계적으로 시작됐고 민세 생가에 알기 쉬운 안내홍보판 제작과 태극기마을 조성사업도 추진됐다. 11월 중에는 안재홍 생가에 현충시설 홍보 안내판을 제작하고 두릉2리 마을 노인회, 이장단, 부녀회 등과 함께 태극기 상시 게시 운동을 전개했다. 특히 안재홍 선생과 관련이 있는 서울지역 사적지인 신간회 본부터, 서울 YMCA 회관, 조선일보 옛 사옥, 중앙학교, 서대문형무소 역사관 등을 답사했다.

넷째, 2010년에 이어 두 번째로 백두산 서파와 고구려 유적지 답사도 실시됐다. 7월 22~26일까지 진행한 2011 백두산대장정 사업은 민세백두산 정신 선양과 함께 '신흥무관학교 창립 100주년'을 기념해 고구려유적, 특히 병자호란기 지조를 지킨 선비 삼학사 관련 유적 등을 답사했다. 평택과도 인연이 있는 삼학사 오달제와 홍익한 선생 관련 심양지역 사적지도 둘러보았다. 9월에는 한국프레스센터에서 '대한민국 중도에 길을 묻다'라는 주제로 학술행사를 열었다. 김진현 대한민국 역사박물관 건립추진위원장의 사회로 정윤재 한국학중앙연구원 교수, 김기협 프레시안 상임편집위원, 조맹기 서강대 언론대학원장의 발제가 있었다. 다섯째, 민세공원 연구사업도 12월에 열려 '한국역사 인물기념관의 현황과 과제'라는 주제로 김인덕 성균관대 동아시아연구원 연구교수의 '민세박물관 건립에 관한 소고', 박희명 백범기념관 학예사의 '기념관의 역사와 교육기능연구' 등 발표가 있었다. 제2회 민세상 수상자는 사회통합 부문 김지하 시인이, 학술연구 부문에는 조동일 서울대 국문과 명예교수가 수상했다. 김지하 시인은 수상소감에서 "우리 민족의 당면 과제는 국제적 민족주의다. 이것이 신간회 부활의 방향이다"라고 강조했고 조동일 교수는 "안재홍은 내 학문의 큰 스승"이라고 회고했다.[45]

2012년 주요사업 내용을 정리하면 첫째, 민세학술연구 총서 2권 발간과 민세교육자료 2권 발간이 계속 추진됐다. 둘째, 이 해부터 은혜중고와 협력으로 청소년 나라사랑 다사리역사학교를 시작해서 매년 2기씩 민세 안재홍 선생과 평택의 항일운동 사적, 청소년리더십 교육 등을 해오고 있다. 다사리역사학교는 평택의 역사, 독립운동과 문화재, 나라사랑 리더십 등의 프로그램으로 구성해서 청소년들의 지역정체성 확립에 힘써오고 있다. 다사리포럼도 꾸준하게 열려 호사카 유지 세종대 교수, 조태권 광주요그룹 회장, 최운실 국가평생교육진흥원장, 문국현 전 유한킴벌리 사장, 염태영 수원시장, 김능진 독립기념관장 등이 참여했다.

셋째, 청년시절 민세 선생의 유학지였던 일본 동경지역을 답사해서 와세다대학, 신간회 동경지회, 아오야마 어학원 등 관련 지역 자료를 수집했다. 넷째, 한국학중앙연구원의 지원으로 '민세안재홍 전집 자료집성'이 시작돼 3년간 총 6억 4천만 원의 예산으로 책임연구원 1명, 공동연구원 4명, 전임연구원 2명, 보조연구원 9명 등이 참여해서 민세 전집 완간을 위한 데이터베이스 구축사업이 시작됐다. 다섯째, 행정자치부에서 국가기록물 2호 민세 안재홍 민정장관 공문서 전시회도 있었으며 6.10 만세운동과 신간회를 조명하는 다사리 콜로키움도 개최했다. 민세 학술연구 총서 2권 『안재홍과 신간회의 민족운동』도 발간됐다. 제6회 학술대회도 '언론 구국의 국사 안재홍'이라는 주제로 9월에 열렸다. '일제 강점기 민세 안재홍의 언론활동과 언론사상'(안종묵, 청주대 교수), '해방 이후 민세 안재홍의 언론활동과 언론사상'(박용규, 상지대 교수), '민세 안재홍의 집필기사 및 논설에 대한 내용분석'(윤상길, 서울대 언론정보연구소 연구원) 등의 발표가 있었다. 제3회 민세상 시상식도 개최했다. 2012년도 제3

---

45) 민세안재홍선생기념사업회, 「조동일·김지하 제2회 민세상 수상소감문」, 2011.

회 민세상은 사회통합 부문에 정성헌 한국DMZ 평화생명동산 이사장, 학술연구 부문에 한영우 이화여대 이화학술원장이 수상했다.

2013년 주요사업 내용을 정리하면 첫째, 2013년 제48주기 민세 추모식에는 2012년 다산학술문화재단이 발간한 정본『여유당전서』를 민세 선생의 영전에 봉정했다. 6월 민세기획전에는 '평택의 항일을 말하다'라는 주제로 평택시립안중·팽성도서관에서 평택 출신 독립운동가 안재홍, 원심창 선생의 삶을 조명 전시하는 행사를 열었다. 민세학술연구 총서 제3권『안재홍 언론사상 심층연구』도 발간해 언론인 안재홍의 일제강점기, 해방 후 활동을 재조명 정리하는 주제로 출간됐다. 안재홍 생가 방문객을 위해 한국어·영어·중국어·일본어 등 4개 국어 안내 자료집도 만들어 비치했다. 2013년에도 다사리포럼이 꾸준하게 열려 한영우 이화학술원장, 윤은기 중앙공무원교육원장, 고승덕 변호사, 곽상욱 오산시장, 한형조 한국학중앙연구원 교수 등이 참여했다.

평택서 열린 제7회 민세학술대회는 '안재홍 그 제애없는 정전의 삶'(윤대식, 한국외국어대 강사), '안재홍의 3.1 민족운동상과 신민족주의 역사인식'(김인식, 중앙대 교양학부대학교수)', '안재홍의 조선신문소사 연구'(김영희, 서울대 언론정보연구소 책임연구원), '6.10 만세운동과 피어선신학교'(성주현, 청암대 연구교수)의 발표가 있었다. 제4회 민세상은 사회통합 부문에 인명진 우리민족서로돕기운동 이사장, 학술연구 부문에 한형조 한국학중앙연구원 교수가 수상했다.

2014년 주요사업 내용을 정리하면 첫째, 추모문화사업으로 2014년 제49주기 민세 추모식은 3월 1일 평택북부문예회관에서 열렸다. 6월에 조선학운동 80주년을 맞아 관련 홍보자료 전시회를 평택시립안중도서관에서 개최했다. 2014년은 경기도 문화재로 지정된 안재홍 생가 건축 100년이 되는 해다. 10월 9일 생가에서 100주년 기념문화제를 개최했다. 서울대 국문과 명예교수인 오세영 시인이 '당신은 어디 계십니까'라는 추모시를 낭송했다. 2012년 다산학술문화재단이 발간한 정본『여유당전서』를 민세 선생의 사랑채에 봉정했다. 11월 17일 제75주년 순국선열의 날 기념식을 평택시 송탄출장소에서 "청소년과 함께하는 순국선열의 날" 행사로 개최했다.

둘째, 학술사업으로 민세학술연구 총서 제4권『안재홍과 평택의 항일운동 심층연구』를 발간했다. 이 책은 안재홍, 원심창, 이병헌 선생 등 평택 출신 대표적인 항일운동가와 평택지역 3.1운동에 관한 연구 성과를 담고 있다. 2014년에는 우리역사연구재단에서 안재홍 선생의 한국고대사 관계 역저인『조선상고사감』을 현대어로 번역 발간했다. 9월 고려대 서관 강당에서 열린 제8회 민세학술대회는 '1930년대 조선학운동 참여인물 심층연구'라는 주제로 정인보, 문일평, 안재홍, 백남운, 김태준 등 일제강점기 일본의 식민사관에 맞서 조선학운동에 함께한 인물들의 삶과 학문적 성과를 조명했다.

셋째, 교육사업으로 2014년 다사리포럼에는 조관일 창의경영연구소장, 이부영 몽양기념사업회장, 김형오 전 국회의장, 인명진 우리민족서로돕기운동 상임대표, 김영란 전 대법관, 윤여준 전 환경부 장관, 박상증 민주화운동기념사업회 이사장 등을 초청해 강연회를 개최했다. 7월부터 열린 2014년 청소년 다사리역사학교는 안재홍 선생 활동 소개, 청소년 리더십 강좌, 평택항일운동 사적지 탐방 등의 내용으로 열렸다. 제5회 민세상은 사회통합 부문에 박상증 민주화운동기념사업회장, 학술연구 부문에 김윤식 서울대 국문과 명예교수가 수상했다.

2015년 주요사업 내용을 정리하면 첫째, 2015년은 안재홍 선생께서 돌아가신 지 50주기가 되는 해로 다양한 계기 추모사업이 있었다. 추모문화사업으로 서세 50주기 추모식을 평택북부문예회관 대공연장에서 개최했다. 6월에 민세 기획전을 개최했다. 민세가 경향 각지를 다닐 때 이용했던 서정리 역과 시장의 장소성을 기억하고자 '독립운동가 민세 안재홍, 서정리를 걷다'라는 주제로 기획했다. 8월 15일 광복절에는 해방 후인 1945년 8월 민족지도자 최초로 '해내 해외 삼천만 동포에게 고함'이라는 해방연설을 했던 민세의 정신을 기억하는 기념문화제를 열었다. 9월에는 평택대학교에서 '민족의 소리, 세계의 소리'라는 주제로 서세 50주기 추모 음악회를 열었으며 10월 9일 한글날에는 서세 50년 나라사랑 한글사랑 문화제를 개최했다. 순국선열의 날 기념행사도 11월 '평택지역 항왜, 항일 순국선열 정신계승 기념식'으로 진행했다.

둘째, 조찬 다사리포럼에는 이금룡 코글로닷컴 회장, 정운찬 국무총리, 이동건 부방그룹 회장, 이계안 2.1 연구소장, 박희태 전 국회의장 등이 다녀갔다. 4월 100회 포럼은 『해방일기』(전 10권) 저자 김기협 박사를 초청, 한국학중앙연구원 정윤재 교수와의 대담 형식으로 '내일의 민족주의를 생각한다'라는 주제로 열었다.

셋째, 2014년 학술대회의 성과를 정리하여 민세학술연구 총서 5권 『1930년대 조선학운동 심층연구』를 발간했다. 제9회 민세학술대회는 '민세자료 DB 집성의 의의와 민세공원 조성방안'이라는 주제로 김인식 중앙대 교수의 '민세 안재홍 전집 DB 자료집성의 의의와 과제', 황우갑 민세기념사업회 사무국장의 '민세기념사업의 성과와 민세역사공원·기념관 조성 방향'이라는 발표가 있었다. 10~11월 초까지 7기, 8기 청소년다사리문화학교가 열려 지역청소년들이 안재홍 선생과 평택의 항일운동, 안재홍 생가와 서울지역 주요 항일운동 사적지를 답사했다.

제6회 민세상은 사회통합 부문에 70년대 부마항쟁, 80년대 민주화와 노동운동에 기여한 주대환 사회민주주의 연대 공동대표, 학술연구 부문에 이승만과 김구에 대한 연구로 한국정치사의 인식지평을 넓힌 손세일 청계연구소장이 수상했다. 이 해에는 광복70주년을 맞아 경기도 박물관 주관으로 안재홍, 여운형, 조소앙 등 경기도 대표 독립운동가 전시회를 임진각 평화센터에서 개최했다. 김인식 중앙대 교수 등이 주도한 민세안재홍 전집 자료집성과 DB 구축사업도 완료돼 안재홍 연구 활성화에 기여하게 됐다. 2005년부터 민세기념사업회 회장으로 사업회의 전국화와 민세상 제정 등에 힘쓴 김진현 회장이 퇴임하고 청소년과 여성, 장애인 등 사회적 약자 권익 증진에 힘써온 강지원 변호사가 8월에 새로 회장으로 선임되었다.

(3) 강지원 회장 시기(2015~2023 현재)

2016년 8월 15일 제71주년 광복절을 맞이해서 서정리역에서 "독립운동가 민세 안재홍 서정리역을 걷다"라는 주제로 전시회를 열었다. 10월 9일에는 한글날을 맞아 같은 장소에서 나라사랑 음악회를 열었다. 다사리포럼도 106회에서 116회가 열려 박선규 영월군수, 원제무 한양대 도시대학원 명예교수, 강지원 변호사, 손봉호 나눔국민운동 본부 대표 등이 참여했다. 민세학술연구 총서 6권 『안재홍 자료집성과 기념사업』도 발간되었다. 9월에 서울 YMCA에서 열린 10회 민세학술대회는 '민족운동가들의 교류와 협동'이라는 주제로 일제강점기 민세와 함께 항일운동을 펼친 이상재, 정세권, 이극로, 김원봉 등의 삶을 공동 조명했다. 제7회 민세상에는 사회통합 부문에 사회적 약자 권익보호에 힘쓴 손봉호 나눔국민운동본부 상임대표가 학술연구 부문에 한국 독립운동사 연구와 자료 정리에 크게 기여한 신용하 서울대 사회학과 명예교수가 선정됐다. 한국토지주택공사는 평택시 고덕면 두릉리에 있는 고덕국제화지구 내 안재홍 선생 생가의 존치와 보전을 결정했다.

2017년 2월 15일에는 민세기념사업회가 협동 사무국을 맡아 일제강점기 최대 항일운동 단체였던 신간회 창립 90주년 기념식을 개최했다. 7월 17일에는 안재홍기념관 건립추진 준비위원회를 한국프레스센터에서 열었다. 8월 17일에는 민세가 해방 후 미군정 민정장관으로 있으면서 1947년 8월 울릉도와 독도에 최초로 학술 조사대 파견한 것을 기념해서 정병준 이화여대 교수를 모시고 독도역사아카데미를 개최했다. 그리고 8월 21일에는 시민·청소년 60여 명이 참여하는 울릉도 독도 탐방을 다녀왔으며, 평택시립 안중도서관에서 독도 전시회도 개최했다. 이 해에도 다사리포럼이 꾸준하게 열려 홍기원 인천광역시 국제관계대사, 신용하 서울대 명예교수, 배기동 국립중앙박물관장, 진덕규 이화여대 명예교수 등이 참여했다. 민세학술연구 총서 제7권『민족운동가들의 교류와 협동』도 발간되었다. 11월에는 '고덕국제신도시 안재홍 유적의 재조명'이라는 주제로 제11회 학술대회를 개최했으며 신간회 90주년을 맞아 경남 하동 쌍계사를 찾아 사적지 탐방과 표지석 건립 행사를 했다. 제8회 민세상 시상식을 열어 사회통합 부문에 김성수 성공회 대주교, 학술연구 부문에 진덕규 이화여대 명예교수가 수상했다.

2018년에는 평택 부락산 고성산에 올랐던 민세의 정신을 기억하며 전시회와 음악회 등이 열렸다. 또한 다산 정약용 선생의 문집『여유당 전서』교열·간행 80주년을 기념하여 민세 고택에서 기념 문화행사를 열었다. 다사리포럼은 유기윤 서울대 교수, 김도형 동북아역사재단 이사장, 권이종 아프리카 아시아 난민교육후원회장, 이준식 독립기념관장 등이 참여했다. 민세학술연구 총서 제8권『신간회와 신간회운동의 재조명』도 발간되었다. 제12회 민세학술대회는 '대한민국 청년외교단 애국부인회 참여인물 연구'라는 주제로 국회에서 열렸으며 제9회 민세상은 사회통합 부문에 이세중 환경재단 명예이사장, 학술연구 부문에 권영민 서울대 국문학과 명예교수가 수상했다. 안재홍기념관 건립 준비를 위한 국내 사례 답사, 관련 증언 영상 제작, 자료 수집 작업 등도 계속되었다.

2019년에는 안재홍 항일운동 첫 옥고 100주년을 맞아 다양한 사업이 추진되

었다. 『성인교육자 민세 안재홍』 출판기념회와 항일운동 100주년 기념식, 안
재홍의 국제적 민족주의·한국 농업·YMCA 운동을 주제로 한 안재홍 학당 사
업이 있었다. 다사리포럼은 서경덕 성신여대 명예교수, 윤여각 국가평생교육
진흥원장, 권영민 서울대 국문학과 명예교수, 방열 대한민국 농구협회 회장
등이 참여했다. 민세학술연구 총서 제9권 『대한민국 청년외교단·애국부인회
참여인물 연구』도 발간되었다. 제13회 민세학술대회는 '독립운동가들의 성인
교육 활동과 리더십'이라는 주제로 국회에서 열렸으며 제9회 민세상은 사회통
합 부문에 송경용 한국사회가치연대기금 이사장, 학술연구 부문에 정윤재 한
국학중앙연구원 명예교수가 수상했다. 안재홍기념관 준비 사업도 꾸준하게
이루어져 국내 사례 답사, 관련 증언영상 녹취, 기념관 포럼이 있었다.

2020년에는 2월에 코로나가 시작되어 사업 추진에 많은 어려움을 겪었다.
2000년 이후 매년 해오던 민세 3.1 추모식도 중단됐다. 10월에는 안재홍 백두
산등척 90주년을 기념하는 포럼 행사를 개최했다. 이 시기는 유튜브를 통한
비대면 홍보 활동에도 집중했다. 안재홍 홍보 유튜브 TV 제작을 통해 안재홍
연구 전문가와 함께하는 대담 프로그램 '안재홍을 말하다'를 진행했다. 다사
리포럼은 1월에 149회 하영선 서울대 명예교수 강연이 있었으며 민세 학술연
구 총서 제10권 『한국 근대성인교육자의 온정적 합리주의 리더십』도 간행되
었다.

제14회 민세학술대회는 '안재홍의 민족운동연구'라는 주제로 열렸다. 제11
회 민세상에는 사회통합 부문에 크리스챤아카데미와 기독교윤리실천운동본
부가 학술연구 부문에 하영선 서울대 명예교수가 선정됐다. 안재홍 학당 사업
이 본격적으로 실시되어 '안재홍가의 고덕사랑', '안재홍과 한국체육', '한국문
학과 안재홍', '안재홍의 조선학운동과 평택학', '안재홍의 언론활동' 등의 주제
로 열렸다. 또한 안재홍기념관 건립 준비를 위한 자료수집과 영상 촬영, 국내

사례 답사 등도 꾸준하게 추진되었다. 안재홍의 생애를 시기별 자료로 정리한 『안재홍 연보 1』도 발간했다.

2021년에는 『안재홍 연보 2』도 발간되었으며 안재홍 소개 홍보 유튜브 제작사업으로 평택 생가 소개와 서정리, 안성 고성산 일대, 서울 서대문형무소, 종로 YMCA, 옛 조선일보 사옥, 독립기념관 일대 답사가 있었다. 또한 안재홍 선생의 생애 활동 자료를 시기별로 정리해서 『민족지도자 안재홍 공식화보집』도 발간했으며 민세학술연구 총서 제11권 『안재홍의 민족운동연구 1』도 펴냈다. 찾아가는 안재홍 학당 사업으로 '안재홍과 새마을 운동', '안재홍의 어린이 운동 지원', '안재홍의 사회복지 실천', '안재홍의 독서실천과 글쓰기', '안재홍의 구호실천과 적십자운동' 등의 주제로 관련기관과 협업을 통해 진행했다. 이 해 8월에 안재홍기념관 건립 추진위원회를 발족하고 본격적인 활동에 들어가서 전 국민 참여 1만 명 추진위원 모집 작업도 시작했다. 제12회 민세상은 사회통합 부문에 한국종교인평화회의가, 학술연구 부문에 조광 고려대 한국사학과 명예교수가 수상했다. 비대면으로 진행한 제15회 민세학술대회는 '안재홍의 민족운동연구 2'라는 주제로 개최했다. 안재홍기념관 건립을 위해 평택시 문화예술과 박물관팀과 협력해 한국토지주택공사 방문 등 다양한 준비 작업이 추진되었던 때였다.

2022년 16회 민세학술대회는 '누가 백두산을 장백산이라 하는가?'라는 주제로 한경국립대 백두산연구센터와 공동으로 진행했다. 5월에는 안재홍기념관 건립 홍보대사 위촉행사가 있어 평택시 출신인 가수 박상민 씨가 홍보대사로 위촉됐다. 또한 8월에는 국회에서 안재홍기념관 건립 국회 토론회를 개최했다. 안재홍 웹툰 홍보사업도 있어 『안재홍처럼 안재홍하라』가 발간되었다. 민세학술연구 총서 제12권 『안재홍의 민족운동연구 2』도 발간되었고 홍보 유튜브 TV 제작으로 서울 천도교 중앙대교당, 종로 평동 옛집터, 돈암동 옛집터, 아산

현충사와 충무공 묘소 등 관련 지역을 답사했으며 역사 관련 연구자와 함께 민세 생가에서 대담 프로그램을 진행했다. 『안재홍 연보 3』도 간행했으며 찾아가는 안재홍 학당사업으로 '안재홍가의 고덕사랑', '안재홍과 중앙동의 인연', '안재홍과 성인문해교육', '안재홍의 사회복지 실천', '안재홍과 안재학' 등의 주제로 관련기관을 찾아 열렸다. 제13회 민세상은 사회통합 부문에 박남선 국민화합 상임이사, 학술연구 부문에 김학준 단국대 석좌교수가 수상했다.

2023년 58주기 3.1절을 맞아 민세 추모식이 뜻깊은 장소인 고덕초등학교 체육관에서 열렸다. 17회 민세학술대회는 '안재홍의 민족운동연구 3'이라는 주제로 열렸으며 『안재홍 연보 4』와 국가지정기록물 제2호 『안재홍 민정장관 문서』도 해제·발간을 준비중에 있다. 6월에는 안재홍 서훈 상향 범국민 서명운동을 전개해서 국가보훈부에 관련 서명과 자료를 전달했으며 9월에는 안재홍 학당으로 '원불교 정산 송규 종사의 건국론과 안재홍의 신민족주의 비교' 토론회와 평택지역 각급 10개교 1천5백 명을 대상으로 찾아가는 청소년 안재홍 학당을 열었다. 또한 안재홍 관련 사적지와 기념관 사례 탐방으로 서울 종로 일대, 충남 아산 예산 일대, 경북 구미 박대통령 역사자료관, 박열기념관 등을 다녀왔다. 제14회 민세상은 사회통합 부문에 이윤기 해외한민족연구소 소장과 윤기 사회복지법인 공생복지재단 이사장, 학술연구 부문에 최광식 고려대 명예교수가 수상했다.

3) 안재홍기념사업의 성과

(1) 기념사업의 목적성 유지와 민관협력 실천

안재홍기념사업회는 정관에 규정한 '민세 안재홍 선생의 일관되고 지조 있는 삶의 자세를 따르고 실천이념인 신민족주의를 계승하며 유업인 민족의 평화적 통일 및 민족정기 확립'을 목적으로 활동해 왔다. 2000년 창립 후 2001년 5월 경기도에 비영리민간단체를 등록했고, 국가보훈처에 비영리법인으로 등록했다. 일반적으로 기념사업회 결성 이후에 사업 성과의 핵심은 창립 당시의 목적사업을 충실하게 진행하고 있는가에 달려있다. 앞서 사업 진행 내용에서 보듯 안재홍기념사업회는 단계적 사업을 충실하게 진행해 왔고 목적문에 담긴 대로 안재홍이 주창한 '신민족주의를 21세기 현실에 어떻게 계승할 것인가에 대해 차분하게 고민하며 활동해 왔다. 이를 위해 안재홍이 실천한 핵심키워드 즉 통합과 개방, 교육과 문화의 창의성, 개방적 민족주의의 실천에 집중해 왔다.

조직 구성 면에서 민세사업회는 창립 당시 10명의 운영이사 조직을 바탕으로 출발했다. 2005년 김진현 회장 취임 이후 매년 2~3인씩 이사가 늘어나서 2023년 말 현재 40명의 이사가 활동하고 있다. 통상 매년 4회 이상 개최하는 이사회를 개최하고 있으며 이사 조직의 특징으로 창립 당시 30~40대 지역인사들이 주축으로 참여해서 운영되어 왔다는 점이다. 젊은 연령대 이사들의 참여로 실무 활동력이 높고 지역사회와의 네트워크 구축에도 크게 도움이 되었다.

또한 평택이라는 지역에 연고를 두고 활동하고 있지만 전국적으로 각계를 대표하는 저명인사들이 고문으로 참여하고 있다. 여기에는 안재홍의 삶과 활동을 높이 평가하는 정계, 학계, 언론계 각 분야 인사도 있고, 2010년부터 시작한 민세상 사회통합과 학술연구 부문 수상자도 참여하고 있다. 다양한 인사들의 고문단 참여는 안재홍 관련 여러 학술과 교육 사업 추진에서 다양한 인적 네트워크를 구축하고 실천하는 데 크게 도움을 주고 있다.

또한, 창립 당시 초대 회장으로 평택시장이 참여함으로써 지역사회 내에서 사업회 활동의 정당성과 안정성이 확보되었다. 또한 민세아카데미의 적극적인 지원 위에서 순차적으로 다양한 사업들이 진행될 수 있었다. 기념사업에 참여하는 다양한 집단의 상호협력도 중요한 요소다. 후손들의 자발적 모임인 민세유족회와 평택시 고덕면 등에 거주하는 순흥안씨 대종회에서도 꾸준하게 사업을 후원하고 있다. 안재홍의 고향 평택시와 국가보훈부도 꾸준하게 예산을 지원하되 간섭을 최대한 자제한 점도 이 사업이 일정한 성과를 만드는데 바탕이 됐다. 특히 평택시는 항일운동가 기념사업 지원에서 일관성을 가지고 꾸준하게 예산을 증액시켜가며 전임 시장의 사업 가운데 지속가능성이 크다고 판단한 안재홍기념사업에 지속적 관심을 보였고 담당부서와 사업회의 유기적 협력을 이끌어 냈다. 안재홍이 주필과 사장을 지낸 전국지인 조선일보도 관심을 가지고 사업 홍보에 적극 나서 전국화의 기반을 닦는 데 크게 도움을 줬다.

(2) 민세 관련 주요 계기사업의 복원과 정신 홍보

역사인물기념사업의 기본적인 목적사업은 해당 인물과 관련한 계기사업의 복원과 홍보이다. 안재홍기념사업회는 지난 16년 동안 안재홍 관련 주요 계기일인 3.1절, 6.6 현충일, 8.15 광복절, 10.9 한글날, 11.17 순국선열의 날 등에 주요 계기사업을 꾸준하게 추진해 왔다. 안재홍은 주요 국경일과 인연이 깊은 인물이다. 우선 매년 2월 15일은 일제강점하 최대 항일민족운동단체로 안재홍이 창립을 주도한 신간회 창립기념일이다. 매년 3월 1일은 전국적인 3.1 만세운동기념일이자 1965년 안재홍이 평양에서 서거한 날이다. 8월 15일은 1945년 8월 16일 민족지도자 최초로 안재홍의 해방연설이 있던 날과 관련 있다. 10월 9일 한글날은 조선어학회 회원으로 활동하다 1942년 10월 조선어학회사건으로 투옥당한 안재홍의 활동을 기억할 수 있으며 11월 17일은 1905년 을사늑약의 부끄러움을 기억하고 조국 독립에 헌신한 독립운동가를 추모하는 순국선열의 날이다. 안재홍기념사업회는 그동안 민세 정신의 계기별 의미를 복원하고 홍보하는 데 힘써왔다. 그 내용을 정리하면 아래 〈표 2〉와 같다.

〈표 2〉 안재홍 관련 주요 계기사업 추진 성과

계기일	내용	안재홍 관련 기억	주요 사업 추진 내용
2월 15일	신간회 창립 기념일	신간회 총무간사 홍명희와 함께 창립 주역	2006년부터 신간회창립 기념식 개최 2007년 "신간회기념사업회 창립" 협동사무국 운영 신간회 조명 전국지역학술대회 개최 2009년 신간회사람들 전시회 개최(금호아트갤러리)
3월 1일	3.1절	민세 안재홍 서세일	매년 평택서 추모식 개최 (평택시/고덕면주민자치회/고덕동 주민자치위원회 등 협조)
6월 6일	호국보훈의 달	호국 보훈인물 안재홍	안재홍 기획전시회 개최
8월 15일	광복절	민족지도자 최초 해방연설을 한 안재홍	8.15 기념강연회 개최 8.15 문화제 개최
10월 9일	한글날	조선어학회 수난 33인 가운데 한 사람 안재홍	한글날 안재홍 생가 문화제
11월 17일	순국선열의 날	순국선열과 애국지사의 정신 계승	순국선열의 날 기념식

역사인물기념사업의 두 번째 계기는 역사인물 자체의 주기 관련 사업의 복원과 홍보이다. 안재홍기념사업회는 23년 동안 안재홍 관련 주요 주기별 계기사업을 꾸준하게 발굴했다. 2002년 7월에는 국가보훈 지정 7월의 독립운동가 공훈선양 행사를 했다. 2007년 2월 15일에는 신간회 창립 80주년 기념식을 열었다. 2010년 7월 31일에는 1930년 7월 백두산에 올라 민족의식 고취에 힘쓴 정신을 기려 '80주년 기념 백두산 대장정'을 개최했다. 2010년 10월 21일에는 창립 10주년을 기념하며 안재홍의 『백두산등척기』를 현대어로 풀어 쓴 책을 출판했다.

2013년 8월에는 안재홍이 일본 와세다대학 졸업을 앞두고 중국 상해·남경·
제남·청도·북경·심양 등지를 여행한 지 100년 되는 해를 맞아 안재홍이 일본
유학시절 다닌 아오야마 어학원과 와세다대학을 답사했다. 2014년에는 1934년
9월 안재홍과 정인보 등이 주도한 '조선학운동' 80주년을 맞아 그해 7~8월 남
도지방의 관련 사적지를 답사하고 조선학운동 학술대회도 개최했다. 10월 9일
에는 100년을 맞이하는 안재홍 생가에서 건축 100년 문화제를 열었고 2015년
3월 1일에는 서세 50주기 추모식을 열었다. 2015년 8월 15일에는 해방연설
70주년 기념문화제도 개최했다. 2015년 10월 9일에는 한글날을 맞아 50주기
문화제도 개최했다. 그동안 추진한 개인 관련 주요 계기일 사업 추진 내용을
정리하면 아래 〈표 3〉과 같다.

〈표 3〉 민세 안재홍 관련 연중 주요 계기일 행사 추진 성과

행사일	내용	안재홍 관련 기억	주요 사업 추진 내용
2002년 7월	〈국가보훈처〉 7월의 독립운동가	독립운동가 지정	공훈선양기념식 독립기념관 특별전시
2007년 2월 15일	〈신간회〉 창립 80주년기념식	민세가 주도한 신간회 창립 80주년 계기	기념학술대회와 기념사업회 창립
2010년 7월 31일	〈백두산〉 등척 80주년기념	1939년 7월 31일 민세 백두산 등척 80년	백두산대장정 개최와 백두산 전시회, 포럼
2010년 10월 21일	창립10주년	민세기념사업회 창립 10주년 기념식	안재홍 『백두산등척기』 현대어 풀이 발간
2013년 8월 1일	중국대장정 100년	1913년 7월 민세 안재홍 중국 대장정 100년	일본 와세다대 답사 청년민세 100년 학술행사
2014년 9월 17일	〈조선학운동〉 80주년	1934년 민세가 주도한 조선 학운동 80년 기념	조선학운동 기념학술대회
2014년 10월 9일	〈민세고택〉 건축100년	고덕면 민세 고택 건축 100년 기념	한글날 민세고택 100년 기념문화제
2015년 3월 1일	민세 서세 50주기	민세 서세 50주기 추모식	50주기 추모문화제

2015년 8월 15일	민세 해방연설 70주년	1945년 8월 16일 민족지도자 최초연설	70주년 기념문화제
2015년 10월 9일	민세50주기 문화제	한글날을 맞아 민세50주기 문화행사	50주기 계기문화제
2017년 2월 15일	신간회 창립 90주년 기념식	일제 강점기 최대 항일운동 단체 신간회 창립 90주년	90주년 계기 기념행사
2017년 8월 21일	울릉도 독도 조사대 파견 70주년 탐방	해방 후 민정장관 시절 최초로 울릉도와 독도에 조사대 파견	시민 청소년 울릉도·독도 탐방
2017년 9월	신간회 창립 90주년 기념 학술대회	신간회와 신간회 운동의 재조명 주제 학술행사	6개 주제 학술발표와 단행본 발간
2018년 10월	다산 여유당 전서 간행 80주년	1938년 나온 다산 정약용 여유당 전서 교열 간행	안재홍 고택 문화행사 개최
2019년 10월	안재홍 항일운동 100주년 기념식	1919년 11월 대한민국 청년 외교단 사건 1차 옥고	기념식과 성인교육자 민세 안재홍 출판기념회
2021년 8월	안재홍기념관 건립 추진위원회 발족	평택고덕국제신도시 안재홍 기념관 건립 1만명 국민추진 위원 모집	발족식과 추진위원 모금사업
2022년 8월	안재홍기념관 건립 국회토론회	평택고덕국제신도시 안재홍 기념관 건립 필요성 토론회	기념관 건립 관련 각계 참여 협력 방안 논의

또한 안재홍기념사업회는 안재홍 관련 주요 사적지의 답사와 복원 작업에 힘썼다. 경기도 기념물이자 국가보훈처 현충시설로 지정된 민세안재홍 생가를 비롯해서 평택지역에서는 고덕면 사립진흥의숙 터, 민세가 경향 각지를 다닐 때 늘 이용했던 서정리역, 자주 올랐던 부락산과 고성산 등의 흔적과 스토리 등의 사전 조사작업을 했고 생가와 서정리역 등을 중심으로 전시와 문화 행사를 꾸준하게 열었다.

서울지역에서 안재홍의 흔적은 주로 종로지역을 중심으로 살펴볼 수 있다. 일제하 종로의 공간적 성격은 일제의 강점으로 청계천 이북 식민지 조선인의 공간을 대표하는 거리가 종로이며 일제 침략에 맞선 조선인의 저항을 보여주는 저항의 공간[46]이기도 했다. 서울 종로지역에서 안재홍과 관련이 있는 황성기독교청년학관과 신간회 창립 장소인 서울YMCA 회관, 신간회 본부터, 중앙학교, 옛 조선일보 사옥, 안재홍의 지우였던 기농 정세권이 기증한 한글학회 터, 현재는 서울 강북삼성병원에 편입된 안재홍 평동 집터 등에 대한 확인과 답사 작업도 진행했다. 일본 동경지역에도 민세가 다닌 아오야마 어학원, 와세다대학, 신간회 동경지회 창립 장소 등 민세 관련 기억을 가지고 있는 역사 공간에 대해 답사와 홍보작업을 꾸준하게 전개해 왔다. 그 내용을 정리하면 아래 〈표 4〉와 같다.

〈표 4〉 민세 안재홍 관련 주요 사적지

장소	안재홍 관련 기억	비고
안재홍 생가 안재홍 고택	안재홍이 태어나고 자란 마을	매년 생가 답사 현충시설 사업 생가보전 운동 민세역사공원 조성 홍보 사업
고덕면 율포리 진흥의숙터	안재홍이 다닌 학교	고덕신도시 조성으로 사라짐
서정리역	안재홍이 이용하던 역	한글날 서정리역 전시회 등 개최
부락산과 고성산	"부락산-덕암산-고성산"에 이르는 안재홍이 다니던 등산로	부락산 역사인물 아카데미 개최
서울YMCA 회관	안재홍이 다닌 학교 "황성기독청년회" 터	신간회 창립 기념행사
서울 중앙고등학교	독립운동가 안재홍이 하감으로 의열단을 이끈 제자 김원봉, 국어학자 이희승을 가르친 학교	민세서울지역 답사 홍보
조선일보 옛 사옥	안재홍이 주필, 사장을 지내며 항일운동에 참여	민세서울지역 답사 홍보

[46] 장규식, 『서울, 공간으로 본 역사』, 서울: 혜안, 2004.

신간회 본부터	안재홍이 창립을 주도했던 "신간회" 본부가 있던 종로2가	민세서울지역 답사 홍보
안재홍 평동 집터	안재홍이 살던 서울집으로 강북삼성병원 내 경교장 맞은편에 터가 있음	민세서울지역 답사 홍보 생가표지석 세우기 홍보
일본 동경 아오야마 어학원	일본 유학 후 어학연수를 위해 다니던 곳	동경지역 답사 홍보
일본 동경 와세다대학 신간회 동경지회 창립지	민세가 다니던 대학교와 학교 내 신간회 동경지회가 창립한 곳	동경지역 답사 홍보

(3) 민세 사상 재조명을 위한 꾸준한 학술 행사 개최

안재홍기념사업회는 창립 이후 2023년까지 23년간 17번의 민세학술대회를 개최해 안재홍의 다양한 활동과 사상을 학문적으로 재조명해 왔다. 또한 평택지역에서도 평택문화원 등과 공동으로 평택지역의 항일운동과 인물에 대한 조명도 꾸준하게 해왔다. 17회에 걸친 민세 학술대회 주제와 내용을 정리하면 아래 〈표 5〉와 같다.

〈표 5〉 민세 안재홍 학술대회 추진 현황 (2001~2023)

일시	장소	주제	주요 내용
제1회 2001. 11	평택대 대학원	안재홍의 신민족주의론	안재홍 관련 5개 주제 발표
제2회 2004. 10	고려대 LG포스코경영관	민세 선집 7권 발간 기념 학술 대회	민세 안재홍의 역사의식 언론관 등 재조명
제3회 2008. 12	한국프레스센터	민세 안재홍의 항일과 건국사상	민세 관련 5개 주제 발표
제4회 2009. 12	한국프레스센터	민세 안재홍의 통합의 정치사상	민세 관련 3개 주제 발표
제5회 2010. 11	한국프레스센터	납북민족지성의 삶과 정신	안재홍 등 납북인사 5인 추모
제6회 2012. 9	대한상공회의소	언론 구국의 국사 안재홍	민세 언론 사상 관련 5개 주제 발표

제7회 2013. 9	평택 남부문예회관 세미나실	안재홍과 일제하 국내민족운동	민세 관련 5개 주제 발표
제8회 2014. 9	고려대 서관 강의실	1930년대 조선학운동 참여인물 연구	안재홍 등 조선학 참여 5인 조명
제9회 2015. 10	평택시립도서관 시청각실	민세자료집성과 민세역사공원	민세자료집성의 의의 민세역사공원 방향
제10회 2016. 9	서울 YMCA 회관	민족운동가들의 교류와 협동	안재홍과 독립운동에 함께 하던 이상재, 정세권, 이극로, 김원봉 공동 조명
제11회 2017. 11	송탄출장소 대회의실	고덕국제신도시 안재홍 유적의 재조명	안재홍 고택과 실제 생가의 문 화재 가치와 보전
제12회 2018. 8	국회의원 회관	대한민국 청년외교단 애국부인 회 참여인물 연구	안재홍, 연병호, 김마리아, 황애 덕의 독립운동 공동 조명
제13회 2019. 8	국회의원 회관	독립운동가들의 성인교육 활동 과 리더십	이상재, 이승훈, 안창호, 조만식, 안재홍의 교육활동
제14회 2020. 8	평택안성교차로 카페 동네바보	안재홍의 민족운동연구 1	안재홍의 민족운동 관련 3개 주제 발표
제15회 2021. 11	동평택로타리클럽	안재홍의 민족운동연구 2	안재홍의 민족운동 관련 5개 주제 발표
제16회 2022. 5	평택문화원 대동관	누가 백두산을 장백산이라 하는 가?	안재홍과 백두산 연구 성과 공유 한경대 백두산연구센터 공동
제17회 2023. 8	평택문화원 대동관	안재홍의 민족운동연구 3	안재홍의 민족운동 관련 5개 주제 발표

(4) 민세 안재홍 관련 학술 자료발간

안재홍기념사업회는 창립 이후 2015년까지 민세학술연구 총서 13권을 발간, 안재홍 관련 학술 조명에 힘써왔다. 매년 꾸준하게 학술대회를 열고 그 내용을 정리하면 이후 정리작업을 거쳐 단행본으로 발간했다. 그동안 발간한 학술 조명 도서를 정리하면 아래 〈표 6〉과 같다.

<표 6> 민세학술연구 총서 발간 추진 현황(2001~2023)

출판연도	도서명	출판사
2002	『민족에서 세계로』	봉명
2005	『민세 안재홍 심층연구』	황금알
2009	『민세안재홍의 항일과 건국사상』	백산서당
2011	민세학술연구총서 1권 『남북민족지성의 삶과 정신』	선인
2012	민세학술연구총서 2권 『안재홍과 신간회의 민족운동』	선인
2013	민세학술연구총서 3권 『안재홍 언론사상 심층연구』	선인
2014	민세학술연구총서 4권 『안재홍과 평택의 항일운동』	선인
2015	민세학술연구총서 5권 『1930년대 조선학운동 연구』	선인
2016	민세학술연구총서 6권 『안재홍 자료집성과 기념사업』	선인
2017	민세학술연구총서 7권 『민족운동가들의 교류와 협동』	선인
2018	민세학술연구총서 8권 『신간회와 신간회운동의 재조명』	선인
2019	민세학술연구총서 9권 『대한민국 청년외교단과 애국부인회 참여인물 연구』	선인
2020	민세학술연구총서 10권 『한국 근대성인교육자의 온정적 합리주의리더십』	선인
2021	민세학술연구총서 11권 『안재홍의 민족운동연구 1』	선인
2022	민세학술연구총서 12권 『안재홍의 민족운동연구 2』	선인
2023	민세학술연구총서 13권 『안재홍기념관 연구』	선인

또한 안재홍의 삶을 조명하는 대중적 전기와 어린이를 위한 전기 등 2권의 전기, 일제강점기 때 안재홍이 단행본으로 출간한 『백두산등척기』를 현대어로 번역발간 했다. 또한 2000년 나온 『민세안재홍선집』 5권 이후 고려대 박물관 기증 자료를 정리해서 『민세안재홍선집』 6권, 『민세안재홍선집』 7권, 『민세안재홍선집: 자료편』 8권도 간행을 지원했다. 2019년에는 안재홍의 성인교육 활동을 정리한 『성인교육자 민세 안재홍』이 발간되었으며, 2022년에는 생애 활동을 연대별로 정리한 『민족지도자 안재홍 공식화보집』도 발간했다. 또 한국 근현대 역사 인물 최초로 안재홍 연보 발간도 2027년 8권 완간을 목표로 2023년 현재 4권 간행을 추진하고 있다. 그동안 발간한 전기 등 자료 발간 내용을 정리하면 아래 <표 7>과 같다.

<표 7> 민세 관련 전기 및 자료 발간 추진 현황(2001~2023)

출판연도	제목	출판사
2001	『민세 안재홍 평전: 다사리공동체를 향하여』/ 정윤재	한울
2007	민세 어린이 전기 『곧은 붓으로 겨레를 이끌다』/ 오민석	우리교육
2008	『민세안재홍선집』 6, 『민세안재홍선집』 7, 『민세안재홍선집』 8/ 박한용 해제	지식산업사
2010	『백두산등척기』/ 정민 풀어읽음	해냄
2019	『성인교육자 민세 안재홍』/ 황우갑 지음	선인
2020	『민족지도자 안재홍보 1』/ 황우갑 엮음	선인
2021	『민족지도자 안재홍보 2』/ 황우갑 엮음	선인
	『안재홍 공식 화보집』/ 황우갑 엮음	그림씨
2022	『민족지도자 안재홍보 3』/ 황우갑 엮음	선인
2023	『민족지도자 안재홍보 4』/ 황우갑 엮음	선인

(5) 시민·청소년 평생교육 사업을 통한 민세 정신 선양

① 다사리포럼 : 2006~2020년

안재홍의 방대한 저술과 실천 작업은 생애 전체에 걸친 평생교육 경험과도 인연이 깊다. 평생교육은 학습자의 자기 교육을 지원하고 교육제도의 개혁과 학습 환경의 정비를 강조하며 '관리'를 강조하는 개념이며, 평생학습은 학습자의 자립성·자발성과 학습자의 의욕을 강조하는 개념이다.[47] 특히 평생학습은 생애 전체에 걸쳐 꾸준한 자기학습의지를 가지고 자기계발을 통한 삶의 질 향상에 노력하는 것이다.[48] 지역사회에서 성인학습을 조직하는 데에 있어서 적합한 단위는 생활현장 자체이며, 개인의 특수한 경험은 성인학습의 가장 풍부한 자원이다.[49]

안재홍기념사업회는 안재홍의 평생학습 실천 활동을 계승하기 위해 2006년

47) 차갑부, 『평생교육론』, 서울: 교육과학사, 2014.
48) 김신일, 박부권 편저, 『학습사회의 교육학』, 서울: 학지사, 2010.
49) 김종서 외, 『평생교육개론』, 서울: 교육과학사, 2014.

9월부터 매월 두 번째 목요일 7시에 평택에서 조찬다사리포럼을 열어왔다. '일생을 일하고 일생을 읽으라'는 안재홍의 평생교육 좌우명을 실천하며 한국 사회각계 전문가를 모시고 진행하는 지역사회지도자 교육 프로그램이다. 2020년 1월까지 총 149회를 개최했다. 다사리포럼의 다사리는 안재홍 선생이 해방 후 신국가건설이념으로 제시한 정치철학으로 "다함께 말하고, 다함께 잘 산다"는 뜻을 담고 있다. 다사리포럼은 한국사회를 대표하는 다양한 전문가로 부터 정치, 경제, 사회, 문화 등 다방면에 걸친 전문지식과 폭넓은 시야를 배우 는 아침 학습모임으로 평택의 대표적인 조찬 시민교육으로 자리 잡았다. 행사 전 민세 안재홍의 어록 낭독을 하고 강사 소개와 강연 및 질의응답 형식으로 진행했다.

다사리포럼의 성과는, 지방중소도시인 평택에서 한국사회 각계를 대표하는 저명인사들이 자신의 경험을 진솔하게 이야기하는 시간을 가져왔다는 것이 다. 또한 다사리포럼은 현안에 대한 보수성향에서 진보 성향에 이르기까지 다양한 인사의 생각을 들어 지역사회 통합과 소통에도 기여해 왔다. 대개의 강사와 주제 선정이 단체의 성향에 따라 극명하게 나눠지는 경우가 많은 데 비해 다사리포럼은 평택지역사회에서 보수와 진보의 지역사회 지도자들이 함 께 모이는 대표적인 모임이었다.

그리고 다사리포럼은 평택지역사회에서 조찬학습, 인문학 강좌, 테마 강좌 를 확산시키는 데 기여했다. 다사리포럼의 직간접적 영향 속에서 평택농업희 망포럼이 2009년부터 지역 농업정책전문가와 지도자 중심으로 결성 운영되고 있다. 이런 노력이 평가를 받아 안재홍기념사업회는 행정자치부가 주관하는 2012년 전국 민관협력 우수사례 공모전에서 '장려상'을 수상했다. 다사리포럼 은 2020년 1월까지 총 149회를 진행했다. 그러나 코로나 상황 등으로 이후 4년간 중단되었으며 향후 여건이 조성되는 대로 다시 추진할 계획이다. 2006년

9월부터 2020년 1월까지 진행한 다사리포럼 내용은 아래 〈표 8〉과 같다.

〈표 8〉 다사리포럼 추진 현황(2006~2020)

구분	일시	강사	주제
제1회	2006. 9	김흥식(전 장성군수)	주식회사 장성군의 혁신이야기
제2회	2006. 10	최열(환경재단대표)	21세기 환경문제를 전망한다
제3회	2006. 11	정찬용(청와대 인사수석)	격변의 21세기 어떻게 살아갈까
제4회	2006. 12	김진현(세계평화포럼 회장)	대한민국 근대화 혁명
제5회	2007. 1	김문수(경기도지사)	경기도정의 방향과 전략
제6회	2007. 2	허영호(탐험가)	나의 삶, 나의 길
제7회	2007. 3	서상록(전 삼미그룹 부회장)	21세기 변해야 산다
제8회	2007. 4	허범도(중소기업진흥공단 이사장)	글로벌경제와 중소기업의 미래
제9회	2007. 5	이배근(한국청소년상담원장)	미래사회와 청소년의 중요성
제10회	2007. 6	김두관(전 행정자치부 장관)	나의 삶과 지역분권
제11회	2007. 7	김진애(대통령자문 건축문화선진화 위원장)	좋은 건축정책이 한국의 미래를 만든다
제12회	2007. 8	김학준(동아일보 사장)	한반도와 동북아 정세
제13회	2007. 9	구본형(변화경영연구소장)	사람에게서 구하라
제14회	2007. 10	이왕재(서울대의대 교수)	비타민C를 알면 건강이 보인다
제15회	2007. 11	조현정(비트컴퓨터회장)	1등보다 1호를 선호하는 창조경영
제16회	2007. 12	김종일(가나안농군학교 이사장)	일하기 싫으면 먹지도 마라
제17회	2008. 1	송월주(실업극복국민재단 이사장)	나눔만이 희망이다
제18회	2008. 2	오쿠무라 에추오(교과서운동대표)	한일역사문제와 동북아 평화
제19회	2008. 3	박세일(한반도선진화재단 이사장)	한반도선진화 4대전략
제20회	2008. 4	김홍신(소설가)	대발해와 민족혼
제21회	2008. 5	문용린(서울대 교수)	열살전에 사람됨을 가르쳐라
제22회	2008. 6	임수진(한국농어촌 공사 사장)	FTA와 한국농업
제23회	2008. 7	한기호(한국출판마케팅연구소장)	책은 진화한다
제24회	2008. 8	박용남(지속가능도시연구센터소장)	작은실험들이 도시를 바꾼다
제25회	2008. 9	홍세화(한겨레신문 기획위원)	한국사회와 똘레랑스
제26회	2008. 10	최윤희(행복디자이너)	당신의 인생을 역전시켜라
제27회	2008. 11	이태복(인간의 대지 이사장)	기백이 있어야 희망이 보인다
제28회	2008. 12	김정기(전 방송위원회 위원장)	전환기의 방송정책

제29회	2009. 1	김형국(대통령자문지속가능발전위원장)	국궁의 아름다움
제30회	2009. 2	김을동(백야김좌진기념사업회장)	나의 삶, 나의 길
제31회	2009. 3	최상룡(전 주일대사)	지금 다시 정도전을 생각한다
제32회	2009. 4	사사키 요시히로(YKK-KOREA 사장)	선의 순환과 기업경영
제33회	2009. 5	김지하(시인)	민세 확충사상이 오늘날에 뜻하는 것
제34회	2009. 6	김종인(전 청와대 경제수석)	글로벌 경제위기와 한국이 나갈길
제35회	2009. 7	이문영(고려대 명예교수)	겁많은 자의 용기
제36회	2009. 8	이선민(조선일보 문화부장)	지금 우리에게 민족은 무엇인가
제37회	2009. 9	김성환(시사만화가)	고바우영감의 시사만화이야기
제38회	2009. 10	서상목(경기복지 미래재단 이사장)	한국사회와 미래복지
제39회	2009. 11	최광식(국립중앙박물관장)	박물관이 문화경쟁력이다
제40회	2009. 12	안병수(후델식품연구소장)	과자 내 아이를 헤치는 달콤한 유혹
제41회	2010. 1	강지원(한국매니페스토실천본부 대표)	참공약이 지역의 미래를 만든다
제42회	2010. 2	아베 노보루(아키타대학 교수)	아키타의 교육혁명
제43회	2010. 3	유종상(전 국무조정실 차장)	중앙과 지방의 협력이 국가경쟁력이다
제44회	2010. 4	예종석(한양대 경영대학원장)	활명수 100년 성장의 비밀
제45회	2010. 5	공병호(경영연구소장)	대한민국의 성장통
제46회	2010. 6	고영(메니저 컨설턴트)	나비형 인간
제47회	2010. 7	박희권(외교통상 부본부대사)	글로벌 시대의 경쟁력
제48회	2010. 8	홍선근(머니투데이 대표)	경제미디어의 미래
제49회	2010. 9	이한우(조선일보 출판팀장)	조선사 진검승부
제50회	2010. 10	김상곤(경기도 교육감)	경기교육혁신의 방향과 전략
제51회	2010. 11	원혜영(국회의원)	아버지, 참 좋았다
제52회	2010. 12	백충렬(한국알박 대표)	글로벌 기업의 경영전략
제53회	2011. 1	김종덕(경남대 사회학과 교수)	로컬푸드와 지역발전
제54회	2011. 2	이성호(연세대 교육학과 교수)	21세기 인재의 조건
제55회	2011. 3	장회익(서울대 물리학과 명예교수)	공부의 즐거움
제56회	2011. 4	김정태(UN거버넌스센터 홍보팀장)	스토리가 스펙을 이긴다
제57회	2011. 5	김진배(한국유머센터 원장)	웃기는 리더가 성공한다
제58회	2011. 6	정재환(한글문화연대 대표)	사진으로 보는 우리말글
제59회	2011. 7	이종찬(전 국가정보원장)	아시아 시대가 오고있다
제60회	2011. 8	이배용(국가브랜드위원회 위원장)	브랜드가 국가경쟁력이다
제61회	2011. 9	이재정(전 통일부장관)	한반도 평화체제 정착의 과제
제62회	2011. 10	조광(고려대 명예교수)	한국문화의 인문학적 성찰

제63회	2011. 11	김광웅(서울대 명예교수)	21세기 창조리더십
제64회	2011. 12	박인주(청와대 사회통합수석)	사회통합과 나눔문화
제65회	2012. 1	류시문(한국사회적기업진흥원장)	사회적기업과 나눔경영
제66회	2012. 2	호사카유지(세종대 교수)	대한민국 독도
제67회	2012. 3	전병관(역도국가대표 주니어팀 감독)	세계를 들어올린 작은 거인
제68회	2012. 4	김남희(도보여행가)	세계의 걷고 싶은 길
제69회	2012. 5	조태권(광주요그룹 회장)	한식의 세계화
제70회	2012. 6	이길원(국제펜한국본부 이사장)	문학 미디어 인권
제71회	2012. 7	최운실(국가평생교육진흥원장)	평생학습 강국 코리아
제72회	2012. 9	문국현(전 유한킴벌리 사장)	사람중심 창조경제
제73회	2012. 10	정윤재(한국학중앙연구원 교수)	세종 리더십
제74회	2012. 11	염태영(수원시장)	기후변화 위기와 지방자치단체의 대응
제75회	2012. 12	김능진(독립기념관장)	대한민국 근대화와 성공요인
제76회	2013. 1	한영우(이화여대 이화학술원장)	선비정신과 뉴리더십
제77회	2013. 3	강대인(대화문화아카데미 원장)	삶의 정치, 대화의 정치
제78회	2013. 4	정성헌(한국DMZ 평화생명동산 이사장)	DMZ, 평화와 생명의 고향
제79회	2013. 5	김혜경(이화여대 국제대학원 교수)	지역개발에서 국제개발로
제80회	2013. 6	윤은기(중앙공무원교육원장)	창조경제시대와 리더십
제81회	2013. 7	김인섭(법무법인 태평양 명예대표 변호사)	법치주의와 민주시민교육
제82회	2013. 9	고승덕(변호사)	꿈으로 돌파하라
제83회	2013. 10	이혜화(박사)	독서로 삶을 경영하라
제84회	2013. 11	곽상욱(오산시장)	혁신교육으로 지역을 마케팅하라
제85회	2013. 12	한형조(한국학중앙연구원 교수)	원효가 해골물을 마시고 깨달은 것
제86회	2014. 1	조관일(창의경영연구소장)	21세기 인재의 조건, 멀티어십
제87회	2014. 2	이부영(몽양기념사업회장)	동북아평화공동체와 북방경제
제88회	2014. 3	김형오(전 국회의장)	술탄과 황제
제89회	2014. 4	인명진(우리민족서로돕기운동 상임대표)	사회양극화해소와 남북교류의 중요성
제90회	2014. 5	이형용(거버넌스센터 이사장)	협력적 사고가 창의성을 키운다
제91회	2014. 6	윤명철(동국대 교양교육원 교수)	생각의 지도를 넓혀라
제92회	2014. 7. 10	김영란(전 국민권익위원장)	부패방지와 김영란법
제93회	2014. 9. 18	윤여준(전 환경부장관)	변화의 시대 지도자의 리더십
제94회	2014. 10. 16	유경숙(세계축제연구소장)	꼭 가보고 싶은 세계의 대표축제

제95회	2014. 11. 13	최창섭(서강대 명예교수)	지식을 넘어, 지혜를 향해
제96회	2014. 12. 11	박상증(민주화운동기념사업회 이사장)	나의 삶, 나의 길
제97회	2015. 1. 15	이금룡(코글로닷컴 회장)	무한경쟁시대의 창조적 리더십
제98회	2015. 2. 12	원대연(한국패션협회장/전 제일모직 사장)	가치를 디자인하라
제99회	2015. 3. 12	정운찬(동반성장연구소 이사장)	함께 가는 길, 동반성장
제100회	2015. 4. 9	김기협(역사학가) 정윤재(정치학자) (대담)	내일의 민족주의를 생각한다
제101회	2015. 5. 7	이동건(부방그룹 회장)	나눔경영과 사회공헌
제102회	2015. 9. 10	조용진(얼굴연구소장)	얼굴로 보는 한국인과 한국문화
제103회	2015. 10. 8	이계안(2.1 연구소 이사장)	한반도의 미래에 관한 대담한 생각
제104회	2015. 11. 19	박희태(전 국회의장)	통일의 길, 통일의 지혜
제105회	2015. 12. 10	주대환(사회민주주의연대 대표)	일생에 한번은 논어에 미쳐라
제106회	2016. 1. 14	이철호(한의사)	체질대로 삽시다
제107회	2016. 2. 18	문형남(코리아잡스 회장)	한국의 실업과 일자리 정책
제108회	2016. 3. 10	박선규(영월군수)	박물관 고을 영월의 장소마케팅
제109회	2016. 4. 14	한민호(문화체육관광부 미디어기획관)	문화융성과 공공디자인
제110회	2016. 5. 12	이인석(이랜드서비스 대표)	변화경영과 혁신리더십
제111회	2016. 6. 9	이진한(고려대 한국사학과 교수)	고려시대의 무역과 서해
제112회	2016. 7. 14	원제무(한양대 도시대학원 명예교수)	문화가 도시를 살린다
제113회	2016. 9. 8	강지원(변호사)	다사리 공동체의 정책 방향
제114회	2016. 10. 13	박승준(인천대 초빙교수)	차이나 트렌드
제115회	2016. 11. 10	김동휘(여원미디어 대표)	물고기를 잡으려면 물고기처럼 헤엄 쳐라
제116회	2016. 12. 8	손봉호(나눔국민운동본부 대표)	사회정의와 나눔문화
제117회	2017. 1. 9	박성희(공주대 외래교수)	독일교육, 왜 강한가
제118회	2017. 2. 9	홍기원(인천광역시 국제관계대사)	중국 바로알기
제119회	2017. 3. 9	조맹기(서강대 명예교수)	민주공화주의와 언론
제120회	2017. 4. 13	신용하(서울대 명예교수)	대한민국 독도
제121회	2017. 5. 18	신상진(커리어멘토스 대표컨설턴트)	4차산업혁명과 직업의 이동
제122회	2017. 6. 15	박세훈(UN 미래포럼 사무총장)	미래 대예측 : 메가트렌드 2030
제123회	2017. 7. 13	최은수(숭실대 평생교육학과 교수)	진정한 리더의 조건
제124회	2017. 9. 14	이동희(한국학중앙연구원 책임연구원)	인문학적 상상력의 중요성
제125회	2017. 10. 19	김기태(한국협동조합연구소장)	자본주의 4.0: 사회적 경제와 협동조합
제126회	2017. 11. 9	배기동(국립중앙박물관장)	박물관이 지역의 문화경쟁력이다

제127회	2017. 12. 19	진덕규(이화여대 명예교수)	다문화시대와 열린 민족주의
제128회	2018. 1. 18	권기술(한국능률협회 교수)	이타협 협력과 갈등관리
제129회	2018. 2. 8	박영도(전국야학협의회장)	나눔실천과 이타적 헌신이 아름답다
제130회	2018. 3. 8	유상조(국회통일외교위원회 전문위원)	늦은 불혹의 다릿돌
제131회	2018. 4. 12	이준식(독립기념관 관장)	민주공화국99년, 독립운동가들이 꿈꾼 나라
제132회	2018. 5. 10	김남권(시인, 동국대평생교육원 교수)	4차 산업혁명과 포노사피엔스
제133회	2018. 6. 21	김도형(동북아역사재단 이사장)	한일간 역사문제의 해결방안
제134회	2018. 7. 19	유기윤(서울대 건설환경공학부 교수)	2050 미래사회 보고서
제135회	2018. 9. 13	권이종(아프리카아시아난민교육후원회장)	나눔교육과 봉사가 인생을 바꾼다
제136회	2018. 10. 18	진규동(다산박물관 다산전문교육관)	다산 정약용이 꿈꾼 나라
제137회	2018. 11. 8	윤대식(한국외대 교수)	건국을 위한 변명
제138회	2018. 12. 13	오석환(조선민화박물관장)	생각을 바꾸면 새로운 것이 보인다
제139회	2019. 1. 10	박종평(이순신장군 연구가)	이순신, 이기는 원칙
제140회	2019. 2. 14	서경덕(성신여대 교양학부 교수)	세계를 향한 무한 도전
제141회	2019. 3. 14	윤여각(국가평생교육진흥원장)	평생학습이 대한민국의 미래다
제142회	2019. 4. 11	조선희(소설가/전 서울문화재단 대표)	근대 지식인의 초상
제143회	2019. 5. 16	박종위(팜에이트 대표)	4차 산업혁명과 스마트농업의 미래
제144회	2019. 6. 13	권영민(서울대 국문학과 명예교수)	한국문학 세계화의 길
제145회	2019. 7. 18	백승훈(한국외대 중동문제연구원)	갈등을 알면 중동이 보인다
제146회	2019. 9. 19	방열(대한농구협회 회장)	승리는 100% 인화에서 온다
제147회	2019. 11. 14	정윤재(한국학중앙연구원 명예교수)	안재홍의 국제적 민족주의
제148회	2019. 12. 19	강대규(영화감독)	영화, 소통과 희망의 메시지
제149회	2020. 1. 16	하영선(동아시아연구원 이사장)	21세기의 민세 안재홍

② 청소년 다사리역사학교와 안재홍 학당(2009~2023년 현재)

안재홍기념사업회는 국가보훈부와 평택시 등의 지원을 받아 2009년부터 매년 청소년 다사리 역사학교를 개최해 왔다. 형식은 안재홍 관련 평택과 서울 등 전국 각지의 사적지를 찾아다니며 현장학습을 하는 답사 형태의 정기 프로그램, 평택의 독립운동과 지역사를 배우는 강좌형 교육, 지역 내 초·중·고를 방문해서 안재홍 선생의 삶과 활동을 학생들에게 교육하는 찾아가는 다사리 역사학교 프로그램이 있었다. 매년 4회 강좌가 정기적으로 열려 그동안 5,000명의 지역 학생들이 민세의 삶과 정신에 대해 배우는 기회를 가졌다.

또한 안재홍 학당은 지난 2019년 시작해서 다양한 분야에서 활동한 안재홍 관련 주제를 가지고 기관과 단체를 방문해서 민세의 삶과 활동을 소개하고 논의하는 형식으로 진행하고 있다. 2022년부터는 청소년 대상 교육으로 확대하여 2022년에는 시범으로 지역 내 2개 학교에서 실시했으며 2023년에는 평택 관내 10개 학교 학생을 반별 혹은 단체별로 50여 개 강좌를 운영 2,500명의 학생들이 교육을 받았다. 그동안 진행한 주요 프로그램은 다음과 같다.

  ○ 제1회 안재홍 학당
  - 주제 : 안재홍의 국제적민족주의와 국제대학교의 미래
  - 일시 : 2019년 11월 26일 (수) 오전 11시
  - 장소 : 국제대학교 강당

  ○ 제2회 안재홍 학당
  - 주제 : 안재홍의 농업육성활동과 평택농업의 미래
  - 일시 : 2019년 12월 13일(금) 오전 11시
  - 장소 : 평택농업기술센터 강당

  ○ 제3회 안재홍 학당
  - 주제 : 안재홍의 YMCA 활동과 한국YMCA의 미래
  - 일시 : 2019년 12월 27일(금) 저녁 5시 30분
  - 장소 : 평택YMCA 회관 강당

  ○ 제4회 안재홍 학당
  - 주제 : 민세 안재홍가(家)의 고덕사랑
  - 일시 : 2020년 11월 4일(수) 오후 1시

- 장소 : 고덕면 대디팜

○ 제5회 안재홍 학당
- 주제 : 안재홍가와 한국체육이야기
- 일시 : 2020년 11월 12일(목) 오전 11시
- 장소 : 평택시체육회 사무국(소사벌 레포츠공원 내)

○ 제6회 안재홍 학당
- 주제 : 근대문인 안재홍과 한국문학이야기
- 일시 : 2020년 12월 4일(금) 오전 11시
- 장소 : 문화 공간 숲(평택시 탄현로 321 자혜한의원 2층)

○ 제7회 안재홍 학당
- 주제 : 안재홍의 조선학운동과 평택학
- 일시 : 2020년 12월 9일(수) 오전 11시
- 장소 : 평택학연구소(평택남부문예회관 3층)

○ 제8회 안재홍 학당
- 주제 : 속필의 대기자 안재홍의 언론활동
- 일시 : 2020년 12월 16일(수) 오전 11시
- 장소 : 평택학연구소(평택남부문예회관 3층)

○ 제9회 안재홍 학당
- 주제 : 민세 안재홍과 농촌계몽운동과 새마을운동
- 일시 : 2021년 12월 1일(수) 오전 11시
- 장소 : 평택시새마을회관 3층 세미나실

○ 제10회 안재홍 학당
- 주제 : 안재홍과 방정환, 어린이 운동에 뜻을 모으다
- 일시 : 2021년 12월 1일(수) 오후 2시 30분
- 장소 : 한국방정환재단 경기지부 사무국

○ 제11회 안재홍 학당
- 주제 : 안재홍의 사회복지 실천과 복지사상
- 일시 : 2021년 12월 8일(수) 오후 2시
- 장소 : 평택시사회복지협의회 강당

○ 제12회 안재홍 학당
- 주제 : 민세 안재홍의 독서 실천과 글쓰기
- 일시 : 2021년 12월 14일(화) 오전 11시
- 장소 : 배다리 도서관 세미나실

○ 제13회 안재홍 학당
- 주제 : 민세 안재홍의 구호실천과 적십자 운동
- 일시 : 2021년 12월 15일(수) 오전 11시
- 장소 : 평택시 중앙동청소년공부방 강당

○ 제14회 안재홍 학당
- 주제 : 안재홍가(家)의 고덕 사랑 - 고덕에 학교를 세우고, 나눔을 베풀다
- 일시 : 2022년 11월 1일(화) 오전 11시
- 장소 : 고덕동 주민자치센터 대회의실

○ 제15회 안재홍 학당
- 주제 : 안재홍과 중앙동의 인연 - 안재홍과 서정리역, 서정리초등학교
- 일시 : 2022년 11월 7일(월) 오후 6시 30분
- 장소 : 중앙동주민자치센터

○ 제16회 안재홍 학당
- 주제 : 안재홍과 성인문해교육
- 일시 : 2022년 12월 20일(화) 오후 1시
- 장소 : 평택시민아카데미

○ 제17회 안재홍 학당
- 주제 : 안재홍의 사회복지 실천
- 일시 : 2022년 11월 16일(수) 오전 11시
- 장소 : 고덕동 주민자치센터 회의실

○ 제18회 안재홍 학당
- 주제 : 평택을 빛낸 안재홍가(家)의 인물조명
　　　　- 한국 최초 독일연구소 유학 과학자 안재학(민세 동생)
- 일시 : 2022년 11월 16일(수) 오후 5시
- 장소 : 평택문화원 대동관

○ 제19회 안재홍 학당
- 주제 : 원불교 정산 송규 종사의 건국론과 민세 안재홍의 신민족주의론
- 일시 : 2023년 9월 18일 오후 5시
- 장소 : 원불교 평택교당

○ 찾아가는 청소년 안재홍 학당
- 주제 : 민족지도자 안재홍의 삶과 정신
- 대상 : 평택지역 관내 초중고 청소년
- 강사 : 안재홍 홍보전문가
- 내용 : 2022년 평택 종덕초, 고덕초 학생 총 800명
　　　　2323년 평택지역 현화초, 민세중, 청북고 학생 등 총 2,500명 교육 실시

(6) 민세상 시상을 통한 안재홍의 사회통합 실천 홍보

안재홍기념사업회는 2010년부터 평택시의 적극적인 후원과 조선일보의 특별후원으로 안재홍의 사회통합정신과 한국학 진흥 실천 정신을 선양하기 위해 매년 안재홍 탄생일인 11월 30일 전후 민세상 시상식을 개최한다. 2015년까지 심사위원은 김진현 세계평화포럼 이사장, 이세중 환경재단 이사장, 남시욱 세종대 석좌교수, 강천석 조선일보 고문, 송희영 조선일보 주필, 강지원

변호사, 김후란 문학의 집 서울이사장, 양상훈 조선일보 주필, 손봉호 나눔국민운동본부 상임대표, 조동일 서울대 명예교수, 한영우 서울대 명예교수, 조광 고려대 명예교수, 신용하 서울대 명예교수, 정윤재 한국학중앙연구원 교수, 이진한 고려대 한국사학과 교수, 김기철 조선일보 학술전문기자 등 해당 분야 각계 전문가와 석학 등이 맡았다. 회가 거듭될수록 국내에서 독립운동가 정신을 기리는 대표적인 상으로 성장했으며, 특히 이념·계층·세대·지역 간 갈등해소에 노력하는 사회지도인사에게 수상하는 사회통합 부문 시상은 특별한 의미를 가지고 있다. 2010년 제1회부터 2023년 14회까지 수상자는 아래 〈표 9〉와 같다.

〈표 9〉 역대 민세상 수상자 현황(2010~2023)

구분	일시	사회통합 부문 수상자	학술연구 부문 수상자
제1회	2010. 11. 30	송월주(지구촌공생회 이사장)	정옥자(서울대 국사학과 명예교수)
제2회	2012. 11. 30	김지하(시인)	조동일(서울대 국문과 명예교수)
제3회	2013. 11. 29	정성헌(한국DMZ평화생명동산 이사장)	한영우(서울대 국사학과 명예교수)
제4회	2013. 11. 30	인명진(우리민족서로돕기운동 상임 대표)	한형조(한국학중앙연구원 교수)
제5회	2014. 11. 28	박상증(민주화운동기념사업회 이사장)	김윤식(서울대 국문학과 명예교수)
제6회	2015. 11. 30	주대환(사회민주주의연대 공동대표)	손세일(청계연구소장)
제7회	2016. 11. 30	손봉호(나눔국민운동본부 대표)	신용하(서울대 명예교수)
제8회	2017. 11. 30	김성수(성공회 대주교)	진덕규(이화여대 명예교수)
제9회	2018. 11. 30	이세중(환경재단 명예이사장)	권영민(서울대 명예교수)
제10회	2019. 11. 30	송경용(사회가치연대기금 이사장)	정윤재(한국학중앙연구원 명예교수)
제11회	2020. 11. 30	크리스챤아카데미/기독교윤리실천 (단체 공동)	하영선(동아시아연구원 이사장)
제12회	2021. 11. 30	한국종교인평화회의(단체)	조광(고려대 명예교수)
제13회	2022. 11. 30	박남선(국민화합 상임이사)	김학준(단국대 석좌교수)
제14회	2023. 11. 30	이윤기(해외한민족연구소장) 윤기(공생복지재단 회장)	최광식(고려대 한국사학과 명예교수)

(7) 신간회운동 재조명 활동

신간회는 1927년 2월 15일 창립한 일제강점하 최대의 항일민족운동단체이다. 안재홍은 조선일보 주필로 신간회 총무간사를 맡아 초기 신간회 전국 조직 결성에 크게 힘썼다. 민세기념사업회는 민세의 신간회운동 참여 정신을 계승하기 위해 2016년 2월 15일에 1931년 5월 16일 신간회해소 이후에 처음으로 창립 79주년 기념식을 서울YMCA 회관에서 개최하면서 신간회재조명 운동을 시작했다.

안재홍기념사업회 김진현 회장은 갈등과 혼돈의 위기에서 극진하고 경건한 자정의 눈물과 땀을 통하여 새로운 주류가 나와야 하고, 79주년전 신간회의 주류를 '21세기 신간회'로 만들어나가야 한다고 강조했다.[50] 창립 79주년 만의 첫 기념식은 언론과 학계의 주목을 받았다. 이날 기념식과 함께 신간회기념사업회조직 활동의 필요성에 참석한 많은 사람들이 공감했다. 이후 1년간의 준비를 거쳐 2007년 2월 15일 한국프레스센터에서 80주년을 맞아 신간회기념사업회 창립총회와 학술대회를 개최했다. 초대회장은 김진현 안재홍기념사업회 회장이 겸임했다.

신간회기념사업회 창립발기인에는 김진현 회장을 비롯해서 박재창(고당 조만식기념사업회 상임위원장), 허근욱(허헌 선생 후손), 홍기영(홍명희 선생 후손), 이달순(수원대 명예교수), 이문원(전독립기념관장), 박규채(월남장 증정위원회장), 이택휘(한양대 석좌교수), 김종인(국회의원), 김문순(조선일보 발행인), 김재홍(경희대 교수), 김관태(단재신채호기념사업회부회장), 정윤재(한국학중앙연구원 교수) 등 신간회 활동 역사인물의 유가족과 관련 학자 등이 참여했다.

---

50) 김진현, 『민세후답』, 민세안재홍선생기념사업회, 2016.

또한 80주년 기념학술대회는 '신간회 창립과 민족단일당화'(김인식, 중앙대 교수), '신간회운동과 민족주의 좌파세력'(성주현, 부천대 교수), 'ML당계 사회주의자들의 민족통일전선론과 신간회'(이현주, 국가보훈처 연구관), '신간회운동과 여성활동'(이달순, 수원대 명예교수), '신간회운동의 국제적 맥락과 해소 과정'(유병용, 한국학중앙연구원 교수), '신간회와 21세기 한국'(정윤재, 한국학중앙연구원 교수) 등의 주제 발표가 있었다.

이후 신간회기념사업회는 안재홍기념사업회와 공동으로 매년 2월 15일 창립기념식을 개최하고 있다. 2009년 6월에는 '신간회 사람들'이라는 주제로 서울 금호아트갤러리에서 기획전시회를 열었다. 이 전시회는 신간회 참여 역사 인물 관련 자료와 활동 사진, 유품 등을 소개한 최초의 행사로 언론의 주목을 받기도 했다. 2010년 창립 83주년 기념식에는 한국동양정치사상사학회와 함께 '신간회의 정치사상사적 재고찰'이라는 주제로 학술회의도 함께 개최했다. '신간회에 참가한 민족주의 세력의 현실인식과 민족통일전선'(한상구, 역사문제연구소), '신간회에 참여한 사회주의 세력의 현실인식과 민족통일전선론'(이현주, 국가보훈처), '안재홍과 신간회'(윤대식, 충북대), '홍명희와 신간회'(장세윤, 동북아역사재단), '이승복과 신간회'(김인식, 중앙대) 등의 발표가 있었다.

또한 신간회 전국 각 지회에 대한 관심을 가지고 2010년 8월 15일에는 성남문화원과 공동으로 '신간회 경기광주지회' 재조명 학술행사를 열었다. 그해 11월에는 강원도 양양문화원과 함께 '신간회 강원 양양지회' 관련 학술회의를 열었다. 이 밖에도 안재홍기념사업회는 신간회기념사업회의 협동사무국으로 신간회 회보 발간, 충남 서산, 대구광역시, 경남 통영, 경남 하동, 전남 나주, 전남 목포 등지의 신간회 관련 사적지 등의 조사 및 보전 등 기초 작업에도 나섰다.

또한 2017년에는 신간회 창립 90주년을 맞이하여 조선일보와 방일영문화재단의 지원으로 기념학술대회를 개최하고 전국에 남아있는 신간회 관련 사적지 가운데 대구 교남YMCA 회관, 경남 하동 청년회관, 전남 목포 청년회관, 충남 서산 종리원 등 4곳에 표지석도 세웠다.

3. 안재홍기념관 건립 운동

1) (사) 민세안재홍선생기념사업회 현황(2023년 12월 현재)

(1) 조직 현황

- 창립 : 2000년 10월 21일
- 사단법인 등록 : 2001년 5월 15일(국가보훈처 제2001-27호)
- 사무실 : 경기도 평택시 송탄로 90, 이충현대상가 내
- 회장

    초대 :   김선기(평택시장) (2000~2004년)

    2대~4대 : 김진현(前 과기처 장관, 한국경제신문·문화일보 회장,

    대한민국역사박물관 건립추진위원장 등 역임)

    (2005~2015년)

    5대~7대 : 강지원(변호사, 초대 국가청소년보호위원장, 푸르메 재단 이

    사장) (2015~2023년 현재)

(2) 조직구성

□ 고문

    권영민(서울대 국문학과 명예교수), 공재광(전 평택시장), 김경희(지식

    산업사 사장), 김선기(전 평택시장), 김성수(대한성공회 주교), 이보선

(평택문화원장), 유승영(평택시의회 의장), 김정기(전 방송위원장), 김학준(단국대 석좌교수), 남시욱(세종대 석좌교수), 박남선(국민화합 상임이사), 박상증(원로목사), 방상훈(조선일보 사장), 손봉호(나눔국민운동본부대표), 송경용(사회가치연대기금 이사장), 송명호(전 평택시장), 신용하(서울대 사회학과 명예교수), 조광(고려대 명예교수), 오용원(전 한국문화원연합회장), 원유철(전 국회의원), 원행(한국종교인평화회의 대표회장), 용을식(남덕물산 대표), 우제항(전 국회의원), 유의동(국회의원), 윤기(공생복지재단 이사장), 이세중(환경재단 명예 이사장), 이윤기(해외 한민족연구소 소장), 이홍구(전 국무총리), 인명진(원로목사), 정성헌(한국DMZ 평화생명동산 이사장), 정옥자(서울대 국사학과 명예교수), 정장선(평택시장), 조동일(서울대 국문학과 명예교수), 주대환(사회민주주의연대 공동대표), 최광식(고려대 명예교수), 정수일(평택 3.1운동선양회장), 진덕규(이화여대 명예교수), 하영선(동아시아연구원 이사장), 한형조(한국학중앙연구원 교수), 홍기원(국회의원)

□ 작고 고문

강원룡(크리스찬아카데미 이사장), 송월주(전 조계종 총무원장), 김윤식(서울대 국문과 명예교수), 한영우(서울대 명예교수), 김지하(시인)

□ 명예회장

김진현(세계평화포럼 이사장/ 전 과학기술처 장관)

□ 이사회

○ 회장 : 강지원(변호사)

○ 부회장 : 서경덕(전 연암대 학장), 안영돈(대한약품 전무), 김향순(평택교차로 회장)

○ 자문위원 : 최선자(평택시의회 의원), 정일구(평택시의회 의원)

○ 전문위원 : 구태익(연암대 환경조경학과 교수)

○ 이사 : 정윤재(한국학중앙연구원명예교수/학술위원장), 강길복(변호사), 고인정(평택국제교류협회장), 김일(은혜중교사), 김기수(평택시민신문 발행인), 김덕일(평택지속가능발전협의회장), 미영(전 국제로타리 3750 지구 총재), 김민태(고덕파머스마켓 대표), 김방(전 국제대 총장), 김인식(중앙대 교수), 김현종(강토건설 대표), 김형원(전 경찰공무원), 박성복(평택시사신문 사장), 박성제(도란도란 대표이사), 백남추(예당종합건설 대표이사), 심재걸(국제로타리 3750지구 교수), 안영민(고덕면순흥안씨 종친회장), 안영진(GLC코리아대표 대표), 안영운(온누리국제법인 대표), 양동석((주) 청암회장), 오경택(아진엔터테인먼트 대표), 오중근(굿모닝 병원 이사), 윤일진(한국안전방송 대표이사), 이명숙(경기대 명예교수), 이상권(신간회 이사), 이상헌(고덕동주민자치위원장), 이한칠(민세아카데미 교장), 이정재(남서울대 교수), 이영숙(고덕동지역사회보장협의체 회장), 이석화(고려대 평택교우회장), 이정재(남서울대 교수), 이진한(고려대 한국사학과 교수), 이충우((주)온샘 대표), 장순범(연세기획 대표), 장순범(연세기획 대표), 최성일(평택당진항발전협의회장), 최호열(한솔 유치원 이사장), 한상회(국제로타리 3750 총재), 허길((주) 더블에이치 대표), 황찬규(전 신한중고 교장)

○ 사무국장 : 황우갑(민세아카데미 대표/상임이사)

(3) (사) 민세안재홍선생기념사업회 활동 약사

○ 1999년 4월 21일　제1회 민세아카데미 개최(평택시민아카데미 사무실)
　　　　　　　　　　　　김인식 중앙대 초빙교수 '안재홍의 삶과 행동' 강연회
○ 1999년 12월 4일　민세안재홍기념사업회 발기인대회 개최(송탄출장소

대회의실)

준비위원장 : 조기홍 평택대 총장

○ 2000년 3월 1일   민세 안재홍 선생 35주기 추모식 첫 개최(안재홍 선생 생가) (이후 매년 3월 1일 추모식 개최)

○ 2000년 10월 21일 민세안재홍기념사업회 창립대회 개최(송탄문예회관 소공연장)

초대 회장 : 김선기 평택시장

○ 2001년 10월   제1회 민세학술대회 개최(평택대학교 사회과학연구소 공동 주최) (이후 2023년까지 17회 개최)

○ 2001년 11월   안재홍 평전 『다사리공동체를 향하여』 발간
(저자: 정윤재 한국학중앙연구원 교수)

○ 2002년 7월   국가보훈처 지정 7월의 독립운동가 공훈 선양기념식
(송탄문예회관 소공연장)

○ 2002년 10월   다사리문화학교 개최(이후 매년 개최)

○ 2003년 5월   민세 민정장관 공문서 고려대 기증식 개최

○ 2004년 10월   민세 기획전시회 개최

○ 2006년 2월   신간회기념사업회 발족 및 협동사무국 운영

○ 2006년 9월   제1회 조찬다사리포럼 개최(2020년 1월까지 149회 개최)

○ 2008년 6월   안재홍 민정장관 공문서 국가기록물 2호 지정

○ 2009년 10월   독립기념관 시어록비 공원 민세어록비 제막
안재홍 홍보 문화제 개최

○ 2009년 12월   청소년 안재홍 전기 발간 『곧은 붓으로 겨레를 이끌다』

○ 2010년 7월   안재홍 백두산 등척 80주년 기념 백두산 답사(북파)

○ 2010년 11월   제1회 민세상 시상식 개최(2023년까지 14회 개최)

○ 2011년 7월　　　청소년 나라사랑 다사리문화학교 개최(이후 매년 개최)

○ 2012년 9월　　　6.25 전쟁 남북 인사 정부 공식 인정(국무총리실)

○ 2012년 10월　　한글날 나라사랑 문화제(이후 매년 생가 등 개최)

○ 2014년 10월　　안재홍 생가 건축 100주년 기념문화제

○ 2017년 8월　　　안재홍 독도 조사대 파견 70주년 기념 울릉도·독도
　　　　　　　　　탐방

○ 2017년 7월　　　안재홍기념관 건립 추진준비위원회 발족(한국프레스
　　　　　　　　　센터)

○ 2019년 11월　　안재홍 항일운동 100주년 기념문화제

○ 2020년 9월　　　찾아가는 안재홍 학당 개최(이후 매년 행사 개최)

○ 2021년 8월　　　안재홍기념관 건립 추진위원회 발족
　　　　　　　　　(공동대표: 강지원 회장·정장선 평택시장)

○ 2022년 8월　　　안재홍기념관 건립 국회 토론회 개최

○ 2023년 6월　　　안재홍 건국훈장 대통령장 서훈 상향 범시민서명운동
　　　　　　　　　발대식

○ 2023년 10월　　청소년을 위한 찾아가는 안재홍 학당 개최
　　　　　　　　　(지역 청소년 1,500명 대상 안재홍 관련 교육)

2) 안재홍기념관 건립추진위원회 활동

안재홍기념관 건립 추진위원회는 2006년 '민세공원연구회'(회장: 김준배 평택시의원)라는 이름으로 발족했다. 이후 매년 꾸준한 연구모임과 답사와 홍보 활동을 해왔다. 2017년 7월 안재홍기념관 건립추진준비위원회가 조직되어 활동하다가 2021년 8월 안재홍기념관 건립추진위원회가 발족되어 현재까지 꾸

준하게 활동하고 있다. 그간의 중요 활동을 정리하면 다음과 같다.

(1) 안재홍역사공원 지정 노력 성공

2006년 6월 초기에는 한국토지공사가 추진 중인 고덕평화도시 내의 안재홍 생가 주변을 보전하고 이곳을 공원지구로 만드는 시민운동을 벌였다. 이를 위해 평택시와 경기도청, 한국토지공사 성남 본사 등을 방문해서 역사공원 지정의 필요성을 요청하였다. 이에 경기도와 한국토지공사(후에 한국토지주택공사)는 생가 주변 지역을 역사공원 지구로 지정했다.

(2) 지속적인 국내외 사례 답사 활동

안재홍기념관 건립추진위원회는 2006년부터 매년 국내외 각지의 관련 기념관과 박물관, 문화시설을 시민·청소년 등과 함께 꾸준하게 답사해 왔다.

2006년 : 백담사 만해마을, 김유정 문학촌, 루쉰 기념관(중국 상해)
　　　　　홀로코스트 추모관(독일 베를린), 해이리 예술마을, 다산즈 798
　　　　　(중국 북경)
2007년 : 이효석 문학관, 춘천 인형극 박물관, 남이섬
2008년 : 이육사 문학관, 안동독립운동기념관, 장욱진 미술관, 박수근 미술관
2009년 : UM 평화공원, 울산대공원, 부산시민공원, 임진각 평화누리
2010년 : 구로베 발전소 미술관, 가나자와 21세기 미술관
2011년 : 토지문화관, 청주문화제조창
2012년 : 윤이상 문학관, 박경리 문학관
2013년 : 한국DMZ 평화생명동산

2014년 : 기타규슈 환경박물관

2016년 : 이응노 미술관, 반기문기념관

2017년 : 독도기념관, 신동엽 문학관, 혼불문학관

2018년 : 백범기념관, 도산기념관

2019년 : 허백련기념관, 광주학생독립운동기념관,

2021년 : 안중근의사기념관, 서울 역사박물관, 배어크리파크

2022년 : 윤봉길 기념관, 이회영 기념관, 상하농원, 심훈기념관,

　　　　 이동녕기념관

2023년 : 추사기념관, 명례성지,

　　　　 수당기념관, 박열기념관, 박정희 대통령 역사자료관

(3) 지속적인 연구 홍보 활동

안재홍기념관 건립추진위원회는 매년 1회씩 안재홍기념관 포럼을 개최하면서 국내외 사례에 대한 지역사회 공유와 참고 사례를 학습하고 안재홍고택 주변의 역사성에 대한 연구를 꾸준하게 해왔다.

(4) 안재홍기념관 건립추진위원회 활동

2017년 7월 17일 한국프레스센터에서 유족과 각계인사 등이 참여해 추진준비위원회를 발족했다. 또한 2021년 8월 평택에서 건립추진위원회를 조직해서 2023년 12월 말 현재까지 모금사업과 홍보 활동을 해오고 있다. 2022년 8월 안재홍기념관 건립 국회토론회를 개최했으며 매주 평택시민신문과 평택시사신문에 안재홍기념관 건립 응원메시지를 내보내고 있다.

① 평택 고덕국제신도시 안재홍기념관 건립 추진위원은 2023년 12월 말 현재, 1,125명으로 조직은 다음과 같다.

☐ 고문 (가나다순)

공재광(전 평택시장), 권재일(한글학회 회장), 권영민(서울대 명예교수), 김동훈(한국기자협회 회장), 김민태(평택시주민자치협의회장), 김선기(전 평택시장), 김성수(대한성공회 대주교), 김경희(지식산업사 사장), 김정기(한국외대 명예교수), 김영종(종로구청장), 김원웅(광복회장), 김일윤(헌정회 회장), 김현제(평택시보훈협의회장), 김지하(시인), 류경표(한진 대표), 박상증(전 민주화운동기념사업회 이사장), 손봉호(나눔국민운동본부 상임대표), 손세일(청계연구소장), 손의영(평택시지속가능발전협의회장), 송경용(한국사회가치연대기금 이사장), 신용하(서울대 명예교수), 신세훈(국제펜 한국본부 이사장), 여상규(변호사), 오희동(원로목사), 유의동(국민의 힘 국회의원), 이건봉(헌정회 이사장), 이동일(대한민국순국선열유족회장), 이동훈(평택시발전협의회장), 이보선(평택문화원장), 이보영(평택상공회의소 회장), 이종영(전 평택시사회복지협의회장), 이병호(CR리더십연구원장), 이세중(환경재단 명예이사장), 이용주(평택교육지원청 교육장), 이윤우((주)대한약품 대표이사), 이장섭(단재신채호선생기념사업회 상임대표), 이재정(경기도 교육감), 이진환(평택시체육회장), 인명진(갈릴리교회 원로목사), 조광(고려대 명예교수), 조광한(남양주시장), 정성헌(한국DMZ 평화생명동산이사장), 정수일(평택 3.1운동선양회장), 정양모(백범김구선생기념사업회 회장), 정옥(서울대 명예교수), 정윤재(한국학중앙연구원 명예교수), 정해창(다산학술문화재단 이사장), 조동일(서울대 명예교수), 주대환(조봉암선생기념사업회 부회장), 진덕규(이화여대 명예교수), 최광식(고려대 명예교수), 최시영(평택시새마을회장), 최은수(숭실대 명예교수), 하영선(동아시아연구원 이사장), 한시준(독립기념관 관장), 한영우(서울대 명예교수), 한형조(한국학중앙연구원 교수), 홍기원(더불어민주당 국회의원), 홍선의(평택시의회 의장), 허범도(전 국회의원)

□ 홍보대사 : 박상민(가수)

□ 명예건립추진위원장 : 김진현(세계평화포럼 이사장/ 전 과기처 장관)

□ 건립추진위원장 : 강지원(변호사), 정장선(평택시장)

□ 건립추진위원회 부위원장 : 서경덕(전 연암대 학장), 안영돈(대한약품 전무), 김향순(평택안성교차로 회장)

□ 운영위원장 : 서경덕(전 연암대 학장)

□ 전문위원 : 구태익(연암대 환경조경학과 교수)

□ 자문위원 : 김상곤·김재균·서현옥·윤성근·이학수·김근용(이상 경기도의원), 이관우·최재영·정일구·김승겸·이기형·김영주·김혜영·강정구·이윤하·최선자·소남영·김순이·김명숙·이종원·최준구·류정화·김산수(이상 평택시의원)

□ 운영위원(가나다순)

강길복, 고인정, 김일, 김기수, 김덕일, 김미영, 김민태, 김방, 김인식, 김현종, 박성복, 박성제, 백남추, 심재걸, 안영민, 안영운, 안영진, 양동석, 오경택, 오중근, 윤일진, 이명숙, 이상권, 이석화, 이상헌, 이영숙, 이정재, 이진한, 이충우, 이한칠, 장순범, 정주휘, 최성일, 최호열, 한상회, 황찬규, 허길, 황우갑

□ 실행위원 : 백남추, 김방, 이상권, 이한칠

□ 사무국장 : 황우갑

□ 추진위원

강경복 강경숙 강기석 강대일 강동오 강명규 강서일 강석대 강성숙
강순덕 강신장 강영철 강원희 강월신 강은영 강인규 강인하 강정민
강정숙 강충복 강하늘 강현중 강호선 고건　 고순복 고승환 고영화
고현숙 공다현 공승택 공은주 공일영 공재오 공종택 곽철은 구은영
권기홍 권덕주 권민정 권춘식 권태면 권혁기 권혁민 권현미 권홍엽
금범수 김경현 김경화 김계수 김관숙 김광수 김구경 김규형 김기두
김기수 김기식 김기원 김나영 김나윤 김나형 김당귈 김대진 김도영
김동성 김동수 김동우 김두희 김래구 김만식 김명겸 김명순 김명식
김명영 김문식 김미경 김미란 김미옥 김미자 김민성 김민우 김민준
김민지 김병림 김병오 김병태 김병훈 김상근 김상기 김상섭 김상원
김선경 김선태 김성류 김성은 김세곤 김세웅 김세윤 김세한 김수경
김수경 김수헌 김승준 김신　 김연숙 김연진 김영근 김영기 김영기
김영락 김영락 김영란 김영민 김영섭 김영임 김영자 김용기 김용범
김용식 김용식 김운형 김원태 김윤식 김윤호 김은유 김은자 김은희
김재균 김재연 김재용 김재철 김재훈 김정기 김정대 김정태 김정현
김정희 김종분 김종수 김종승 김종필 김종필 김종화 김지학 김지현
김지형 김진수 김진혁 김창원 김철배 김철회 김충수 김태민 김태선
김태영 김태영 김태환 김학언 김해규 김해민 김혁성 김현곡 김현구
김현기 김현란 김현우 김현주 김형국 김형섭 김형자 김혜란 김혜순
김혜중 김홍균 김홍래 김효정 김훈　 김희상 나기철 나도삼 나준식
나태홍 나환열 남궁효 남기택 남순우 남유리 노명희 노성래 노승관
노연주 노은숙 명예찬 문경선 문덕신 문영관 문영일 문영준 문준석
문현식 문희철 민병훈 민서진 민유경 민은미 민춘식 박경민 박경민

박경숙 박경진 박경태 박교식 박규성 박규순 박기순 박대수 박미연
박병운 박상규 박서희 박성숙 박성용 박소영 박승진 박승철 박영식
박영태 박용돈 박월순 박윤진 박은화 박일춘 박정곤 박정근 박정민
박정섭 박정아 박정자 박정호 박종명 박종수 박종율 박종필 박주일
박준서 박준호 박준화 박진수 박천애 박춘자 박태수 박태환 박환석
박희주 반재오 방유미 배선철 배옥희 배지만 배창회 백소정 백수정
백운기 백운삼 백인정 백지연 백지웅 변문석 변원섭 변재호 빅환석
서고은 서동길 서승모 서은숙 서인교 서한석 서현수 서현철 서화경
서훈　 설윤형 성민경 성민아 성재혁 성지은 성해용 소남영 손경려
손창완 송기호 송길순 송명환 송옥화 송인호 송현기 수정　 신건우
신금영 신동호 신상아 신용자 신용조 신재근 신찬덕 신창희 신현백
심재걸 심재근 안도현 안도현 안동규 안민식 안병무 안복수 안성훈
안순희 안승용 안영준 안용선 안윤희 안정옥 안주호 안지원 안창균
안치수 안태용 안형준 안혜광 안혜덕 안혜초 안홍　 안홍식 안홍준
양관모 양미숙 양호남 양희숙 엄재호 엄한정 여종구 염복수 오미화
오병창 오성자 오세우 오세진 오영철 오옥순 오주환 오지영 오진영
오철　 오필근 오현절 우다은 우순덕 우정한 원득재 원옥상 원유경
원준섭 위수환 유광후 유근회 유동희 유병준 유병호 유병화 유승영
유영희 유인경 유재익 유제경 유주호 유준혜 유현미 윤건노 윤대식
윤무예 윤상식 윤성식 윤수은 윤식　 윤영노 윤영로 윤영조 윤영종
윤영호 윤용로 윤정옥 윤종구 윤한택 윤홍구 윤화현 윤효　 윤흥섭
이경봉 이경옥 이경희 이계선 이관옥 이광섭 이광우 이광우 이광혁
이근혁 이금주 이기봉 이기운 이기웅 이당열 이덕재 이동구 이동민
이동열 이동윤 이동일 이동주 이두환 이명승 이명한 이명헌 이봉준

이미소 이미자 이범희 이보훈 이삼형 이상권 이상균 이상막 이상민
이상영 이석균 이선미 이선미 이선애 이선희 이성교 이성만 이성문
이성수 이성욱 이성희 이세권 이송련 이수남 이수빈 이수연 이수일
이승근 이승영 이양임 이영준 이영화 이영화 이예음 이용남 이용문
이용인 이용중 이우용 이우학 이웅배 이윤복 이은우 이은우 이은자
이은주 이은희 이인애 이재덕 이재성 이재웅 이재원 이재줄 이재희
이종원 이종천 이주연 이주영 이주하 이주홍 이준수 이지연 이진기
이진호 이창선 이창재 이태연 이현규 이현숙 이형우 이형주 이혜경
이혜민 이혜영 이호진 이휘재 이희기 이희윤 임규호 임덕화 임명균
임방호 임봄 임산하 임수지 임순자 임시홍 임완숙 임윤규 임재무
임종원 임춘근 임해빈 임해숙 임호 장기진 장명진 장인석 장인원
장인화 장현 장현식 전갑찬 전경식 전대운 전선희 전송자 전연화
전유림 전은희 전혜정 전희태 정경영 정규현 정대훈 정덕수 정득웅
정미희 정민수 정병철 정석현 정선도 정선영 정수웅 정승원 정승채
정연옥 정용훈 정욱 정윤목 정윤서 정의철 정정호 정종분 정종술
정종학 정찬영 정하일 정형민 정호상 조구형 조기호 조당호 조미진
조민식 조병옥 조수정 조수지 조양일 조용노 조혜미 주남석 지명준
진명애 진윤선 차수영 차정우 차지현 차홍균 채영훈 채원옥 채창현
채현수 천사빈 천정봉 최강숙 최경신 최경훈 최공필 최기원 최대호
최만영 최명석 최병인 최봉식 최상현 최서림 최성민 최신용 최예원
최우영 최우진 최의정 최재영 최정순 최정우 최진우 최창목 최치선
최해숙 최행식 최현주 최홍성 최희용 태은미 표진홍 하문용 하준철
한근영 한상범 한상회 한용희 한인희 한주희 한진호 함기수 함미영
함주현 허미연 허윤주 허종 허환무 현운수 현정호 홍우리 홍은미

홍정유 홍정의 홍진표 홍혜경 황규택 황민서 황민진 황상철 황선화
황성혜 황수영 오병두 이익영 천석기 김시배 이규만 김선홍 이광우
최희봉 이근복 장경진 장영수 김동현 김병섭 김상욱 박문희 류태석
손동진 김수우 김영임 안순임 김은경 김경희 이홍연 오민정 김경호
박환우 유영삼 정태원 박종선 이강희 함재학 유태호 박창식 맹주성
김연구 안혜초 안혜옥 박미자 이동훈 김현수 원성숙 김수현 김지현
김창옥 정윤석 김소정 홍경표 김주필 김숙현 이영화 이동수 이동성
정선숙 양용동 김남두 김철수 원치은 김중권 김효권 김정기 심상옥
강추자 이명환 안영준 박정자 황의숙 황인규 황재성 황지수 (2021년)
최유지 윤승만 안영민 백남추 이권범 조광원 김경철 양선모 성백세
정병화 김명수 권상성 남범우 김학길 지영애 장용덕 김우태 안영철
안소율 안희숙 안광용 안준식 이순기 조민자 양건모 이재복 안귀용
강현희 박민경 안충용 박문근 남성준 안승용 이창재 박현숙 안석용
김인배 이경희 이숙현 장영자 김준성 이오분 우제호 이금훈 김중동
김기환 양현화 천기선 이종영 김헌규 최순임 송종현 안영애 박용하
류광복 손효신 강양자 류민봉 이희선 박하영 임경숙 김태홍 조재현
김형선 박종서 안홍기 이우영 김준섭 오세호 안유미 유인식 최명옥
조인진 김문영 김영화 전경배 최영규 임남재 김성호 임재오 이동훈
한명숙 신현국 김준배 한지성 한지완 장성환 한미라 김응규 이계은
최경훈 공미경 유홍주 서명숙 서경숙 한기원 김순근 정우열 배은숙
김진옥 이인숙 신경자 전갑찬 김기화 최영자 문영서 남성숙 김미희
류찬열 김용래 허종석 윤희진 이운규 이은옥 김금주 신상식 파크원
신상진 강순옥 오기승 조병준 김순근 정수일 인효환 이근종 공병인
홍세기 최원길 진덕규 류경표 미래건축 우예본 김명숙 박정희 신진

이윤석 김형규 권영희 김수웅 문창호 이종원 황민호 최민석 오중근
우인규 장인수 유병주 송근종 김흥로 양동우 김서하 이효은 김규민
김하연 김찬희 김우태 전진섭 김광수 이종영 윤봉남 정성헌 지영애
최승삼 정용하 엄금희 최시영 정윤재 김규남 최덕희 이요한 장원진
김하슬 이안　공성경 이영숙 이정관 이미숙 정인기 고복수 김종선
김현주 박정희 박정자 안태규 김미희 (2022년)
양춘길 최길자 최중호 김소영 정영권 박정희 강정자 권동안 구학분
정옥란 유숙자 박정자 (2023년)
단체 : ㈜에이디켐테크, ㈜우성볼트, ㈜대한약품, 평택시문화관광해설사
회, 평택시청소년단체협의회, 평택YMCA, 고려대평택교우회, 고덕면주
민자치회, 평택시지속가능발전협의회, 광복회, 평택시지회, 전몰군경유
족회, 평택시지회, ㈜한국티알, 농협평택시지부

② 안재홍기념관 건립 응원릴레이 기고는 2021년 9월 22일부터 2023년 11월
현재까지 평택시민신문, 평택시사신문에 매주 나가고 있으며 주요 릴레이 기
고자는 아래와 같다.

강지원(변호사), 정장선(평택시장), 유승영(평택시의장), 유의동(국회의원),
홍기원(국회의원), 조광한(남양주시장), 서경덕(전 연암대 학장), 이진한(고
려대 한국사학과 교수), 한형조(한국학중앙연구원 교수), 신용하(서울대 명
예교수), 정윤재(한국학중앙연구원 교수), 조광(고려대 명예교수), 최광식
(고려대 명예교수), 손봉호(서울대 명예교수), 정성헌(DMZ 평화생명동산
이사장), 진덕규(이화여대 명예교수), 김학준(단국대 석좌교수)

(5) 안재홍선생 서훈상향 범시민추진위원회 활동

2023년 6월 30일 평택시청 대회의실에서 민세기념사업회, 평택시와 지역 각계인사, 유족 등이 참여해 추진위원회를 발족했다. 7~8월 2개월 동안 온라인과 오프라인 집중 서명을 벌여 1차로 11,552명의 서명을 받아 국가보훈부 공훈 심사과에 자료를 제출했다. 2023년 6월 국가보훈처가 국가보훈부로 승격하면서 보훈국민공감위원회를 구성, 보훈 훈격 상향을 위해 국민의견을 수렴하고 있다. 그동안 보훈 훈격 상향 관련해서 이회영, 김상옥, 나철, 최재형, 김가진 선생 등에 대한 사회적 논의가 있어 왔으며 2022년 천안시는 이동녕 선생 서훈 상향 범시민운동을 추진하고 있다. 안재홍 선생 서훈상향 범국민 서명운동 시민추진위원회 조직은 아래와 같다.

□ 고문 : 정계, 학계, 언론계 전국·경기도·평택 지역 각계 원로(민세상 역대
　수상자 등), 민세안재홍기념사업회 및 안재홍기념관 건립추진위원회 고문
□ (명예)자문위원 : 경기도 의회 의원·평택시의원, 관련분야 전문가
□ 학술자문위원 : 정윤재(한국학중앙연구원 명예교수), 김인식(중앙대 교
　수), 이진한(고려대 한국사학과 교수)
□ 명예 공동대표 : 김진현(안재홍기념사업회 명예회장), 정장선(평택시장),
　유의동(국회의원, 국민의 힘), 홍기원(국회의원, 더불어민주당)
□ 상임 공동대표 : 강지원(안재홍기념사업회 회장/변호사), 원유철(평택시
　민회장), 이종민(경기도 평택교육지원청 교육장)
□ 공동대표(가나다순)
　곽동희(6.25참전자지회장), 김덕일(평택시지속가능발전협의회장), 김민
　서(평택시여성단체협의회장), 김성환(평택시청소년지도자협의회장), 김
　현제(평택시보훈협의회장), 김현정(민주당평택을 당협위원장), 박동수

(특수임무유공자회지회장), 박종근(평택시체육회장), 박종선(자유총연
맹평택시지회장), 서강호(평택예총회장), 신희철(평택시주민자치위원협
의회장), 오중근(평택YMCA 이사장), 오치성(고덕동주민자치위원장), 윤
영순(평택YWCA 회장), 이권현(국제대 총장), 이동현(평택대 총장), 이
동훈(평택시발전협의회장), 이보선(평택문화원장), 이보영(평택상공회
의소 회장), 이상균(평택시문화재단 대표이사), 이영태(평택시사회복지
협의회장), 이은숙(전몰군경미망인회 지회장), 이익영(광복회지회장),
이익재(대한노인회 평택시지회장), 이종한(바르게살기평택시협의회장),
임명표(월남전참전자회지회장), 정병화(전몰군경유족회 지회장), 정수
일(평택 3.1운동 선양회장), 조군호(평택시통리장연합회장), 최호(국민
의 힘 평택갑 당협위원장), 최상규(무공수훈자회 지회장), 현광수(고덕
면주민자치회장), 현채문(고엽제전우회 지회장)

□ 운영위원장 : 서경덕(안재홍기념사업회 부회장)
□ 부위원장 : 안영돈·김향순(안재홍기념사업회 부회장)
□ 운영위원
강길복(변호사), 고인정(평택국제교류협회장), 김일(은혜중교사), 김기
수(평택시민신문 발행인), 김미영(전 국제로타리 3750지구 총재), 김민
태(고덕파머스마켓 대표), 김방(전 국제대 총장), 김헌종(강토건설 대표),
김형원(전 경찰공무원), 류광후(변호사), 박성복(평택시사신문 사장), 박
성제(도란도란 대표이사), 백남추(예당건설 대표이사), 심재걸(국제로타
리 3750지구 교수), 안영민(고덕면순흥안씨종친회장), 안영진(GLC코리
아대표 대표), 안영운(온누리국제법인 대표), 양동석((주) 청암회장), 오
경택(아진엔터테인먼트 대표), 윤일진(한국안전방송 대표이사), 이명숙
(경기대 명예교수), 이상권(신간회 이사), 이상헌(임마누엘가구 대표),

이한칠(평택시민아카데미 교장), 이정재(남서울대 교수), 이영숙(고덕동 지역사회보장협의체 회장), 이석화(고려대 평택교우회장), 이정재(남서울대교수), 이충우((주)온샘 대표), 이한칠(민세아카데미 교장), 장순범(연세기획 대표), 정주휘(푸른날개합창단지휘자), 장순범(연세기획 대표), 최성일(평택당진항발전협의회장), 최호열(한솔유치원 이사장), 한상회(국제로타리 3750 총재), 허길((주) 더블에이치 대표), 황찬규(전 신한중고 교장)

□ 실행위원 : 김방(전 국제대 총장), 백남추(예당건설 대표이사), 이상권(신간회 이사), 이한칠(민세아카데미 교장)

□ 사무국장 : 황우갑(민세아카데미 대표)

(6) 안재홍기념관 건립 추진 향후 일정

2023년 말 현재까지 민관협력으로 추진 중인 안재홍기념관 건립 진행 상황은 아래와 같다. 2021년에는 건립추진위원회 결성과 추진위원 모집, 모금 사업에 집중했다. 이후 안재홍기념관 건립 시나리오는 크게 3가지로 검토가 됐다. 첫째, 안재홍기념관은 LH가 평택고덕국제신도시 내 안재홍역사공원을 조성해서 평택시에 기부채납하는 만큼 LH가 역사공원 내에 안재홍기념관도 짓는 것이 타당하다는 의견이 있었다. 이와 관련해서 LH가 다른 신도시에 유사한 기능의 공원 내 기념관을 건립한 사례도 있어 긍정적으로 검토가 되었으나 LH의 예산 집행상 어려움과 LH가 짓는다 해도 기념관 규모가 소형으로 건립되어 제 기능을 하지 못할 수 있다는 문제점도 제기되었다. 둘째, 안재홍기념사업회가 건립 주체가 되어 추진위원회를 구성해서 자체 모금에 국가보훈처의 국비 지원 30%, LH의 부지 제공과 건립 예산 일부 지원, 평택시와 경기도의 예산 지원 등으로 기념관을 건립하여 평택시에 기부하는 방식도 검토가 되었다.

그러나 이 경우 국가보훈처와 평택시 등은 안재홍기념관 건립 추진위원회에 직접 예산 지원을 할 수 있으나 LH가 건립추진위원회에 무상 부지 제공과 건립 예산의 일부 지원은 불가함이 확인되었다. 셋째, 최종적으로 평택시가 건립 주체가 되어 LH무상 부지 제공과 건립 예산의 일부 지원에 경기도비 등을 지원받아 건립하는 방향으로 정리되었다.

그래서 안재홍기념관 건립은 평택시 박물관팀이 건립 담당 주무부서가 되어 안재홍기념사업회의 소장 자료 제공 등 민관협력에 바탕을 두고 추진하고 있다. 2022년 8월 국회에서 각계 전문가가 모여 안재홍기념관 건립 토론회를 개최했다. 2022년 12월에 평택시는 안재홍기념관 건립 구상 용역(윤현기획)을 실시했고 2023년에는 안재홍역사공원 건립 구상 용역과 타당성 용역(YO2)도 마무리했다. 이제 2024년 이후 문화체육관광부의 박물관 사전평가 심사를 거쳐 경기도 투융자 심사를 완료하며 그 이후에 본격적인 기념관 설계가 안재홍 역사공원 조성 시기에 맞춰서 진행될 수 있을 것이다.

4. 안재홍기념관 건립의 필요성과 방향

1) 안재홍기념관 건립의 필요성

(1) 9번에 7년 3개월 감옥간 민족지도자 안재홍의 정신 선양

평택고덕국제신도시 안재홍역사공원 내에 안재홍기념관이 필요한 이유는 다음과 같다. 첫째, 민세 안재홍은 독립과 통일에 헌신한 민족지도자라는 것이다. 민세 안재홍은 독립운동가로, 언론인으로, 사학자로, 정치가이자 정치사상 가로, 교육자로, 체육인으로 다방면에 걸쳐 큰 업적을 남긴 인물이다. 민세는 일제강점기 국내 독립운동을 이끌며 1919년 11월 대한민국 청년외교단 사건을 시작으로 조선일보 필화로 2차례, 신간회 광주학생운동민중대회, 재만동포 옹호동맹, 군관학교 사건, 흥업구락부 사건, 조선어학회 사건 등으로 9차례 옥고를 치렀다. 주요 독립운동가 중에 투옥횟수가 가장 많으며, 특히 일제강점기 최대 독립운동 단체였던 신간회(1927년) 창립을 이끈 인물이며 1934년 이후에는 조선학운동도 주도했다. 또한 시대일보 논설기자를 시작으로 조선일보 주필·사장, 해방 후 한성일보 사장으로 활동한 언론인이자, 해방 후 통일국가 수립에 힘쓰며 신민족주의를 주창한 정치가이자 정치사상가였다. 또한 국가교육이념으로 홍익인간을 제시한 교육자이자 축구, 농구, 역도 등 한국 근대 체육발전에도 기여한 인물이다. 정부는 1989년 민세의 독립운동 공적을 높이 평가하여 건국훈장 대통령장을 추서했다.

일제 강점기에 자의반 타의반으로 많은 지식인들이 일제에 협력했다. 그러나 해방 이후에 이런 반민족적인 지식인들에 대한 단죄는 매우 미미했다. 어떤 변명을 하더라도 특히 당대 주류 지식인들의 변절과 일제에 대한 협력은 비판을 받아 마땅하다. 민세와 같은 인물도 여러 유혹이 많았을 것이다. 그러나 민세는 9차례의 수난에도 불구하고 끝까지 비타협민족주의자로서 자신의 원칙을 지키고 일제에 맞섰다. 한국의 경우는 근현대사의 왜곡으로 인해 국가보훈의 특수성이 존재한다. 독립·호국·민주라는 3개의 보훈 선양 영역이 일관성을 가진 상호 존중이 아니라 이념적 편향성이 여전히 존재한다. 특히 호국과 민주는 그 독특한 역사적 경험에서 호국이 보수적 역사 경험의 결과라면 민주는 진보적 역사 경험의 결과물이다. 이 서로 다른 2개의 보훈테마 사이에서 통합적 성격을 가지는 것이 독립이라고 생각한다.

그런 면에서 독립운동에 대한 다양한 계기 선양사업은 한국사회의 갈등을 해소하는 측면에서도 가장 소중하게 다루고 추진해야 할 필요가 있다. 독립이라는 것은 한 국가의 건국에 있어서 그 근본을 만든 사람들에 대한 예우이다. 과거 봉건제 국가에서도 개국공신과 그 가족은 왕조 대대로 으뜸으로 예우해 왔다. 지금이라도 국가가 독립유공자와 그 가족에 대한 예우에 더욱 신경을 써야 하는 이유이다. 그러나 현실은 그렇지가 않다. 항일이니 친일이니 하며 정치적 갈등을 벌이기 전에 우선 독립운동가 예우에 대한 전향적 지원이 필요하다. 안재홍기념관이 건립되어야 할 첫 번째 이유는 독립운동가로서 일제에 맞서 절대독립에 노력한 안재홍의 치열한 항일 정신을 후대에 알려주어야 한다는 것이다.

앞서 언급한 것처럼 안재홍은 일제강점기에 9번에 걸쳐 7년 3개월이라는 경이적인 투옥 기록을 가졌다. 비타협민족주의의 상징과도 같은 인물로 절대독립에 헌신했다. 민주화 이후인 1989년 3월 1일 대한민국 정부는 민세에게 건국훈장 대통령장을 추서했다. 1949년 법적 근거가 만들어져 2023년 12월 말 현재까지 정부는 총 14,801명에게 건국훈장을 수여했다.[51] 1등급 대한민국장, 2등급 대통령장, 3등급 독립장, 4등급 애국장, 5등급 애족장, 6등급 건국포장, 7등급 대통령장으로 구분되어 있다. 이 가운데 1등급 대한민국장은 총 30명, 2등급 대통령장은 90명으로 1·2등급을 합하면 전체 서훈 독립운동가의 0.68%로 채 1%가 안된다. 건국훈장 1·2등급 서훈자는 아래와 같다.

안중근, 윤봉길, 김구, 이승만, 이시영, 안창호, 김좌진, 조만식, 허위, 강우규 서재필, 이강년, 최익현, 유관순, 여운형, 조소앙, 홍범도, 손병희, 이승훈 조만식, 김규식, 한용운, 신익희 등 (대한민국장)

권동진, 나석주, 김동삼, 노백린, 박은식, 신규식, 신채호, 신돌석, 양기탁, 오세창 이동녕, 이상설, 지청천, 주시경, 이동휘, 박열, 이상재, 이봉창, 안재홍 (대통령장)

51) 국가보훈부 공훈전자사료관 홈페이지(https://e-gonghun.mpva.go.kr) 참조.

대한민국을 위해 헌신한 독립·호국·민주 관련 유공자들의 정신을 선양해 온 국가보훈부는 2005년 국가보훈기본법을 제정하고 향후 전 국민이 참여하고 공감하는 국가보훈 정책의 기본방향을 정립했다. 이 법의 제정은 국가보훈 관련 단체 및 비영리 법인 등에 대한 지원의 법적 근거를 제공했을 뿐 아니라 종래 국가보훈정책이 보훈 대상자에 대한 시혜적 보상 위주였다면 향후에는 보훈 대상자의 명예를 국민들에게 널리 알리고 후손들에게 자부심을 주는 방향으로의 정책의 전환을 의미한다.

국가보훈기본법의 주요 골자는 국민, 국가와 지방자치단체의 책무를 강화하고, 다양한 공훈 선양사업의 추진 근거와 공공기관, 민간단체 등에 대한 지원을 강화하는 것이다. 또한 공항·항만·도로, 거리·광장·공원 등에 희생자·공헌자의 이름과 명칭을 부여하며, 기타 다양한 시설물의 설치가 가능하도록 법적 근거를 명시하고 있다. 국가보훈기본법의 주요 조항을 정리하면 아래 〈표 10〉과 같다.

〈표 10〉 국가보훈기본법의 주요 내용

조항	법규 내용
제5조 (국가와 지방자치단체의 책무)	① 국가와 지방자치단체는 희생·공헌자의 공훈과 나라사랑정신을 선양하고, 국가보훈대상자를 예우하는 기반을 조성하는데 노력하여야 한다. ② 국가와 지방자치단체는 제2조의 규정에 의한 기본이념을 구현하기 위하여 필요한 시책을 수립·시행하여야 한다.
제23조 (공훈선양사업의 추진)	① 국가와 지방자치단체는 희생·공헌자의 공훈과 나라사랑정신을 선양하기 위하여 다음 각 호의 사업을 추진하여야 한다. 1. 추모사업 및 기념사업 2. 희생·공헌자의 공훈과 나라사랑정신을 선양하기 위한 시설(이하 "공훈선양시설"이라 한다)의 설치·관리 3. 국민의 나라사랑정신 함양교육 4. 국가보훈대상자의 위로 및 격려 5. 그 밖에 희생·공헌자의 공훈과 나라사랑정신을 기리는 사업 ② 국가와 지방자치단체는 제1항의 규정에 의한 사업을 공공기관·민간단체 등과 공동으로 추진하거나 위탁하여 시행할 수 있다. 이 경우 공공기관·민간단체 등에 대하여 재정적·행정적인 지원을 할 수 있다.

제25조 (기념일·추모일 지정 등)	① 국가와 지방자치단체는 희생·공헌자와 관련된 특정지역·시기·사건 등과 연계하여 기념일 또는 추모일을 지정하고 희생·공헌자를 기리는 각종 관련 행사를 실시할 수 있다. ③ 국가와 지방자치단체는 희생·공헌자의 공훈과 나라사랑정신을 기리기 위하여 필요하다고 인정하는 때에는 공항·항만·도로·거리·광장·공원·철도역 및 지하철역 등에 대하여 희생·공헌자의 이름 등을 명칭으로 부여할 수 있다.
제26조 (공훈선양시설의 건립 등)	① 국가와 지방자치단체는 희생·공헌자의 공훈과 나라사랑정신을 기리기 위하여 희생·공헌자와 관련되는 건축물·조형물·사적지나 일정한 구역 등에 대하여 관계 법령이 정하는 바에 따라 공훈선양시설로 지정하여 보존할 수 있다. ② 국가와 지방자치단체는 희생·공헌자의 공훈과 나라사랑정신을 기리기 위한 기념관·전시관·조형물의 건립을 위하여 노력하여야 하고, 공공기관 등의 주요 건축물 등에 희생·공헌자의 흉상 등 상징물을 설치하도록 권장할 수 있다. ③ 국가와 지방자치단체는 제1항의 규정에 의하여 공훈선양시설로 지정하여 보존하거나 제2항의 규정에 의하여 기념관·전시관·조형물을 건립할 경우 희생·공헌자의 이름 등을 명칭으로 부여할 수 있다. ④ 국가보훈부장관은 민간단체 등이 제2항의 규정에 의한 기념관·전시관·조형물 또는 상징물 등을 건립하거나 설치하는 경우에는 국가보훈관계 법령이 정하는 바에 따라 그 건립에 소요되는 비용의 일부를 보조할 수 있다.

국가보훈기본법의 제정으로 국가 차원에서 독립운동 관련 역사인물 선양에 대한 법적 근거가 마련되었다. 독립운동 기념사업의 필요성에 대한 근거가 만들어지고 국가와 지방자치단체의 의무를 규정하여 향후 기념사업의 활성화에 많은 도움을 줄 것으로 예상된다. 특히 2016년부터 시행하고 있는 지방재정법은 지방자치단체가 민간단체에 예산을 지원할 때 지원의 법적 근거를 명시하도록 하고 있다. 항일독립운동 관련 기념사업단체는 이 법에 의해 지원 받을 수 있는 근거를 가지게 되었다.

특히 제26조에 "제2항의 규정에 의하여 기념관·전시관·조형물을 건립할 경우 희생·공헌자의 이름 등을 명칭으로 부여할 수 있다"고 명시한 점과 "국가보훈부장관은 민간단체 등이 제2항의 규정에 의한 기념관·전시관·조형물 또는 상징물 등을 건립하거나 설치하는 경우에는 국가보훈관계 법령이 정하는 바에 따라 그 건립에 소요되는 비용의 일부를 보조할 수 있다"고 명시한 것은 기념시설 건립 등을 통한 항일운동 인물 선양 관련해서 상징적 보훈정책 활성화에 기여할 것이다. 안재홍기념관 건립에 대한 국가나 지자체의 예산 지원의 법적 근거도 바로 이 국가보훈기본법에서 찾을 수 있다.

(2) 안재홍 고택·생가의 장소정체성

고덕국제신도시 내 안재홍 생가는 1992년 경기도지정문화재로, 2003년 국가보훈처 지정 현충시설로 지정되었다. 이곳은 민세가 1930년대 초반 고향으로 낙향해서 한국 고대사연구에 몰두하며 『조선상고사감』, 『조선통사』 등을 집필하고 위당 정인보와 함께 다산 정약용 선생의 문집 『여유당전서』를 교열하며 조선학 심층연구의 필요성을 제기하고 조선문화운동을 실천한 조선학운동의 산실이다. 이곳은 안재홍이 태어나고 자란 고향의 소중한 기억이 묻어나는 곳이다. 본가에서 1914년 분가 이후 고향 평택에서 부인 이정순 씨와 정용·민용·서용 등 2남 1녀가 계속 거주했다. 1944년 모친 남양홍씨 별세 전까지 2주 1회 늘 평택에 내려와 가족과 함께 한 곳이다. 9번에 걸쳐 7년 3개월 옥고 사이에 내려와 가족의 도움 속에 요양을 했던 곳이며 천문학에 관심을 가지고 사계절 별이야기 '별의 나라 조선'을 집필하던 곳으로 외동딸 서용과 함께 별을 바라보며 다정하게 이야기를 해주던 곳이다. 안재홍의 자녀 이름에도 별과 빛 관련 한자가 사용되었다. 이곳은 안재홍의 조선정치철학, 즉 민세주의, 신민족주의와 대한민국 국가교육이념 홍익인간 등을 구상하던 곳이다. 주변에 있는 미군 알파탄약고, 진위 만기사, 고성산 운수암, 아산만, 서정리역, 서정리초교 등도 민세 관련 기억이 남아있는 곳이다.

안재홍 생가의 문화재 가치에도 주목할 필요도 있다. 우선 이 생가는 경기

도 문화재로 지정되어 있다. 1914년 건립되었으니 안채는 이제 지은지 110여
년 넘는 한옥이다. 이 집은 건축적으로도 실용성이 높게 평가 받는다. 예를
들어 안채는 부엌에서 마루로 바로 이어지는 쪽문이 나 있다. 당시 경기도
지방 한옥의 경우는 부엌에서 대청으로 나와 마루로 올라가는 것이 일반적이
었다. 이는 이동상 매우 불편하다. 특히 밥상을 가지고 안방 등으로 이동할
때 상을 엎을 수도 있다. 이런 한옥의 단점을 보완한 당시 새로운 가옥의 모습
을 보여준다. 또한 초가집으로는 이는 민세의 검소한 성품을 보여준다. 선친
안윤섭은 민세가 유학을 마치고 돌아온지 3년 후인 1917년 봄에 사망했다.
당시 두릉리 중농 집안이었던 경제력을 보면 기와로 집을 지을 수도 있었을
것이다. 그러나 20세의 나이에 민중의 세상이라는 의미로 호를 민세(民世)라
고 지었던 만큼 그 검소함이 이 110년된 초가집에 반영되어 있다. 여기에는
현재도 민세가 사용했던 우물이 남아있다. 우물의 간지를 보면 1927년에 개축
한 것을 알 수 있다. 이 우물은 실제생가와 붙어있는 작은아버지 안윤섭댁(안
영호 가옥)의 우물 간지와도 같다. 둘 다 1927년 봄에 개축한 것을 알 수 있다.
그리로 수령이 150년을 훨씬 넘는 향나무도 한그루 안채 오른편에 서 있다.
민세가 1891년생이니 그 이전부터 있던 나무로 민세가 늘 아꼈던 기품이 있는
나무였다.

　민세의 큰며느리로 2000년 초부터 2019년까지 이곳을 관리했던 故 김순경
씨의 증언에 의하면 1970년대 중반에 안재홍의 일본 와세다대 후배였고, 장남
안정용과 사업상의 인연도 있던 이병철 삼성그룹 회장이 이 생가를 방문했다
고 한다. 이때 유족들에게 금일봉을 전달한 이 회장이 이 향나무를 용인 에버
랜드에 가져가서 키우고 싶다고 하면서 거금을 제안했으나 유족들이 민세가
아꼈던 나무라서 거절했다는 일화도 있다. 사랑채는 1932년 조선일보 경영에
서 물러나면서 집필 등을 위해 추가로 지은 집이다. 안채가 사적 공간으로

민세와 부인 이정순 여사, 가족들의 소중한 추억을 담고 있다면 사랑채는 공적 공간으로 일제 식민사학에 맞서 민세가 조선문화운동론을 주창하고 실천했던 소중한 공간으로 그 장소의 상징성이 매우 크다.

(3) 꾸준한 민관협력을 통한 안재홍기념사업의 학술 연구 교육 성과

2000년에 창립한 안재홍기념사업회는 현재까지 평택시의 지속적인 지원, 전국과 지역네트워크 구축 속에 목적사업을 충실하게 해왔다. 대개의 기념사업회는 창립과 함께 바로 기념관 건립에 집중하는 경우가 일반적이다. 그러나 민세기념사업회는 안재홍의 민족정기 선양이라는 목적 사업에 충실하기 위해 꾸준하게 노력해 왔다. 그리고 '조명을 먼저, 후에 기념관 건립'이라는 원칙을 지켜왔다. 가장 먼저 한 일은 2000년 3월 1일 안재홍 생가에서 열린 35주기 추모식을 처음 연 것이다. 이후 2023년까지 매년 3월 1일에 평택에서 열리는 대표적인 지역독립운동가 추모행사로 자리 잡고 있다. 또한 다양한 계기 기념사업을 추진해 왔다. 2009년 10월 독립기념관 시어록비 공원 내 민세 어록비 제막을 비롯해서 2010년 안재홍의 백두산등척 80주년을 기념하는 백두산대장정, 2014년 조선학운동 기념행사와 안재홍 생가 100주년 기념사업, 2017년 민세 울릉도·독도 학술조사대 파견 70주년 기념 독도탐방, 2019년 민세항일운동 100주년 기념사업 등 다양한 사업을 꾸준하게 추진해 왔다.

특히 학술 연구와 자료발간에 힘써왔다. 2001년 제1회 민세학술대회를 시작으로 2023년까지 17회까지 민세학술대회가 매년 열리고 있다. 그리고 학술대회의 성과를 정리해서 다음 해에는 민세학술연구 총서를 발간 2023년 현재까지 17권의 학술연구 자료집이 발간되었다. 이 밖에도 안재홍 전기발간, 어린이 전기 발간, 『백두산등척기』현대어 번역 발간, 안재홍 연보 발간, 안재홍 공식 화보집 발간 등이 꾸준하게 이루어지고 있다. 이 밖에도 시민 청소년을 위한 다사리포럼, 다사리역사학교, 안재홍 생가 문화제, 안재홍 인문학아카데미, 안재홍 기획전, 안재홍 학당, 민세상 제정 및 시상 등을 통해 민세 정신 선양과 자료 정리에 힘썼다.

(4) 접근성이 좋은 신도시 내에 위치해 많은 방문객 유치가 가능

안재홍의 고향인 평택시 인구는 2019년을 기점으로 50만을 넘었다. 2023년 말 60만에 이르고 있지만, 유사 규모의 인구를 보유한 타 지자체에 비해 문화시설이 부족한 편이며 평택박물관('26년 개관 예정)이 유일한 박물관 시설이므로 평택시의 역사적 정체성을 알릴 수 있는 시설이 매우 부족한 상황이다. 현재 경기도 내 시군구별 인구비례 박물관 공급면적(건축연면적)을 비교한 결과 평택시의 1인당 공급면적(0.012㎡/인)은 경기도 1인당 공급면적(0.038㎡/인)에 비해 낮은 수준이다.

안재홍기념관은 우리나라 26개 신도시 중 3번째 규모(5,240,000평) 고덕국제신도시에 안재홍 생가(경기도 기념물)와 연계하여 시민의 여가·교육을 목적으로 88,006㎡(26,489평) 규모의 안재홍역사공원 조성 추진 중이다. 안재홍은 1947년 2월 미군정청 민정장관으로서 한국인 행정기관 최고 책임자로 미군정과 협조하여 과도정부를 운영한 인연도 있다. 현재 평택시는 동아시아 최대 미군기지가 위치한 지역으로 신장동 일대에 '오산 에어베이스(K-55)', 팽성읍 지역에 '캠프 험프리스(K-6)'가 주둔 중이며 한미관계의 최일선으로서 상호 협력체계를 구축하고 있다. 민세의 미군정기 활동도 미군 관련 기억으로 활용할 만한 역사적 상징성을 가지고 있다.

또한 안재홍기념관은 고덕국제화도시 북서부에 입지하며, 민세가 아침마다 등산했던 알파탄약고 부지는 문화공원으로 주변에 국제교류단지도 계획하고 있다. 고덕 국제신도시에 평택시의 새로운 시청사가 들어설 예정이고 신도시 중심부에는 함박산중앙공원과 수변공원, 중앙도서관·평화예술의 전당·평택시립박물관·어린이창의체험관 등 다양한 문화시설 건립 추진 중이다. 현재 고덕국제화도시 내 대규모 주거타운이 조성되어 다수의 시민 거주 중이며 경부선 동쪽으로는 송탄 구도심 위치, 평택 브레인시티 및 영신지구 도시개발사업이 진행이다. SRT 평택지제역, 수원발 KTX 개통, 평택-오송 간 복선철도 착공 및 경부고속도로, 평택제천고속도로 등 다양한 교통시스템을 갖추고 있어 접근성이 매우 우수하다.[52] 세계 최대 규모의 삼성반도체 평택캠퍼스와 인접해있으며 2023년 3월 부근에 민세 안재홍 선생의 정신을 기억하고 청소년들에게 바른 가치를 심어주고자 그 호를 딴 민세중학교가 개교했고, 2024년 9월에는 민세초등학교가 개교 예정이다. 또한 고덕국제신도시 내에 향후 신설하는 고등학교도 민세고등학교로 예정되어 있다. 경기도 평택교육지원청에서는 대한민국의 국가교육이념으로 홍익인간을 제시한 평택 출신 민세 안재홍의 다사리정신을 계승하여 지역 내 학교 간 통합교육 프로그램으로 다사리공동교육과정을 운영하고 있다.

2) 안재홍기념관 건립의 기본 방향

(1) 민세 안재홍의 정신을 배우고 느낄 수 있는 공간

첫째, 안재홍기념관은 '민족공동체를 위한 헌신'을 기억하고 배우는 공간이다. 9번에 걸쳐 7년 3개월이라는 안재홍의 수난은 자신과 가족 그리고 이웃이 속한 민족공동체가 일본에 의해 강제로 점령당하자, 운명공동체인 민족의 독립과 통일을 위해 온몸을 바쳐 헌신했다는 것을 보여준다. 이곳을 방문하는

---

52) 평택시, 『안재홍기념관 건립 기본 구상용역 보고서』, 윤현기획, 2022.

시민·청소년들은 그 헌신에 다양한 전시관람과 교육활동을 통해서 순도자(殉道者)적 희생을 기억하고 그 훈기를 느끼며 전환학습의 경험을 하게 될 것이다.

둘째, '협동과 연대로 통합'이다. 민세는 평생을 좌와 우, 전통과 근대, 이론과 실천 사이에서 고민하며 민족의 통합을 위해 협력하고 연합하였다. 일제강점기에는 총무간사로 최대 항일운동단체 신간회[53] 창립을 주도했으며 해방 후에도 조선건국준비위원회 참여, 좌우합작 운동 등을 통해 좌우에 편향되지 않는 초계급적 통합민족국가 수립에 매진하여 진정한 자주적 통일국가 수립에 노력했다. 특히 민세는 다른 민족을 억압하는 폐쇄적 민족주의를 비판하며 민족에서 세계로의 열린민족주의를 주창하고 삶 속에 실천했다. 이는 안재홍 생가를 방문하는 사람들에게 한국사회에 추구해야 하는 바람직한 통합과 협력, 소통과 공감의 가치를 일깨우기에 충분하다.

셋째, '모두의 참여'이다. 정치사상가 안재홍은 민족주의와 신민족주의의 이론가이자 실천가로 일관된 삶을 살았다. 안재홍은 정치(政治)를 다사리로 정의했다. 이는 모두 다 말하게 하여 정치에 참여케 하고, 복지를 증진시켜 모두를 다 살리자는 '다사리이념'이다. 또한 이를 확대하면 민족·문화적 다양성과 정치적 자율성을 바탕으로 한 건강한 지구 공동체로 나아가는 '열린사고'의 표현이다. 21세기의 기후변화 등 전 지구적 문제는 시민들의 참여와 소통 속에서 가능하다. 안재홍기념관은 그 건축과 전시, 교육에서 참여의 가치를 배우고 느끼는 공간이 되어야 할 것이다.

넷째, '삶을 중심으로 한 교육'이다. 국가의 방향을 정하는 3가지 요소는 정치체제, 경제구조와 교육제도이다. 안재홍은 일제강점기 중앙학교 교사로 첫

---

[53] 1927년 1월 신간회 창립을 위해 뜻을 모은 곳이 서울 평동 안재홍 집에서였으며 그해 2월 15일 저녁 서울중앙YMCA 회관에서 창립대회를 개최했다.

사회 생활을 시작하며 인재육성에 힘썼고 해방 후에도 서울중앙농민학교 학장으로 농업인재 육성에 노력했다. 또한 안재홍은 민족공동체가 침체되고 혼란한 시기에 문화운동으로 민력을 강화하고, 우리의 전통과 역사 속에서 민족의 정체성을 찾고, 실사구시와 지행합일의 관점에서 삶을 중심으로 한 배움을 강조했다. 해방 후 대한민국의 국가 교육이념으로 홍익인간을 제시한 것도 안재홍이다. 안재홍기념관은 이런 안재홍의 삶을 중심으로 한 지행합일(知行合一)의 인간, 원진미선(圓眞美善)의 인간상을 구현하는 공간이어야 한다.

(2) 전시와 교육, 연구 등이 어우러진 복합 문화공간

안재홍기념관의 프로그램 운영을 위해서는 전시와 유물자료 관리, 시민과 청소년 교육, 학술 연구 등에 필요한 공간이 적절하게 배치되어야 한다. 상설전시는 기념관의 중요한 공간이지만 관람객의 재방문을 위해서는 다양한 기획전시와 시민들의 참여 전시를 이끌어낼 수 있는 기획전시실이 필요하다. 여기에 기념관에서 그 중요성이 커지고 있는 다양한 평생교육 프로그램 운영을 위해서는 가칭 안재홍 다사리 홀을 다목적 공간으로 만들어야 활용해야 한다. 붙박이 의자를 사용하지 말고 소형 무대에 빈 공간을 두어 원탁이나 다양한 이동형 탁자를 쓸 수 있도록 하면 좋을 것이다. 동시에 100명 정도는 사용이 가능하며 강연, 학술행사, 주제포럼 등에 유용하게 쓰일 것이다. 소규모 20인 정도가 들어가는 소규모 학습실로 2개 정도 필요하다. 이 공간은 리더십 학교, 역사학교, 청소년 교실, 동아리 활동 등에 사용될 수 있다. 그리고 휴게 공간을 겸해 수십 명 정도 수용 가능한 북카페도 있으면 상시 방문객 유치에도 크게 도움을 줄 수 있다. 여기에는 안재홍 선집 8, 단행본 도서 100여 권, 기타 연구 자료 등을 비치하고 역사특화 작은 도서관으로 꾸미면 좋을 것이다. 기념관은 로비가 생명이다. 입구에서 관람객을 위한 모든 서비스가 시작되기에 넓은 공간을 확보하고 개방형 사무를 볼 수 있도록 하면 기념관 활성화에도 도움을 줄 수 있다. 또한 안재홍기념관은 문화재 지구에 있어서 저층이라 옥상 활용도 검토해 볼 필요가 있다. 옥상정원 형식으로 하고 능소화 등 안재홍이 좋아했던 꽃나무를 심고 쉼터를 마련하면 좋겠다. 무엇보다 아이들이 많은 오는 공간이 되기 위해서는 장애인과 유모차 이동이 가능하고 화장실은 여성이 남성의 2배가 되도록 고려해서 설계하는 것이 좋겠다. 또한 기념관 운영에서 사무공간과 함께 꼭 배려할 것이 자원봉사자들을 위한 공간 마련도 꼭 필요하다.

(3) 시민·청소년들이 함께하고 자원봉사자의 도움으로 운영하는 참여 진행형 기념관

안재홍기념관을 위한 지난 20년이 넘는 준비 과정은 대표적인 민관협력의 사례이다. 향후에도 진행형 기념관으로 민관이 협력하면서 안재홍 기념사업이 실질적으로 이루어지는 모범적인 기념관으로 발전해야 한다. 안재홍 기념사업회와 평택시의 협력과 소통은 절대적이다. 기념관 운영 활성화를 위해서는 시민과 청소년들의 적극적인 참여를 이끌어내야 한다. 기념관 후원 조직을 활성화하는 것도 필요하다. 소식지도 발행하고 다양한 행사도 안내하며 적극 홍보하고 지역사회 네트워크 구축에도 나서야 한다. 또한 안재홍기념관 전시 해설을 담당할 책임있는 자원봉사자를 양성하고 관리하는 것도 중요하다. 기념관 입구에는 건립추진위원회에 뜻을 모은 많은 시민들을 기억하기 위한 명예의 전당도 마련되어야 한다.

제3장
안재홍기념관 건립과 자료수집

1. 안재홍 연구 관련 기본 자료

1) 안재홍 선집 전 8권

안재홍이 쓴 자료 가운데 가장 중요한 것은 안재홍 선집 전 8권이다. 1978년 『창작과 비평』 겨울호에 천관우가 「안재홍 연보」를 발표했다. 1981년 선집 1권 이 나왔다. 이후 2004년 선집 8권 자료편이 먼저 나오고 2008년 선집 7권이 마지막으로 정리돼 나오면서 전 8권으로 완간됐다. 이 선집 발간에는 안재홍 자료 정리에 힘쓴 김부례 여사, 천관우 선생, 김경희 지식산업사 사장의 열정 과 고려대 박물관, 평택시 등의 지원이 함께했다.

안재홍 선집 8권의 목차는 아래와 같다.

○ 안재홍선집간행위원회 편, 『민세안재홍선집』 1(지식산업사, 1981. 6. 30)
○ 안재홍선집간행위원회 편, 『민세안재홍선집』 2(지식산업사, 1983. 2. 10)
○ 안재홍선집간행위원회 편, 『민세안재홍선집』 3(지식산업사, 1991. 12. 30)
○ 안재홍선집간행위원회 편, 『민세안재홍선집』 4(지식산업사, 1992. 9. 9)
○ 안재홍선집간행위원회 편, 『민세안재홍선집』 5(지식산업사, 1999. 12. 3)
○ 고려대박물관 편, 『민세안재홍선집-일제하 논설과 자료』 6(지식산업사, 2005. 8. 15)
○ 고려대박물관 편, 『민세안재홍선집-해방후 논설과 자료』 7(지식산업사, 2008. 3. 1)

○ 고려대박물관 편, 『민세안재홍선집-자료편(국·영문 공문과 서한)』 8(지식산업
사, 2004. 10. 15)

천관우는 해방 직전인 20세의 젊은 나이에 우연한 인연으로 잠시 안재홍을
만나 한국 역사 관련해서 큰 감화를 받았던 인연이 있다.

해방이 되던 해 일찍부터 나는 흥남에 있던 군수화학공장에 학도근로동원으
로 가 있었는데, 미공군의 B-29폭격기가 연일 흥남 상공을 정찰하러 오는 어수선
한 분위기가 몹시 불안해서 그해 6월 말께에 칭병(稱病)을 하고 서울로 되돌아
왔다. 아프다는 핑계가 먹혀 들어간 것이 참으로 다행이었다. 이때 내가 서울서
본래 기거하던 일가집 육첩방(六疊房)에 안재홍선생이 한발 먼저 와 계셨던 것이
다. 선생의 연보를 보면, 이 무렵은 일본인들의 암살 위협으로, 고향 평택을 떠나
서울에서 이집저집 피신을 다니던 중으로 되어 있다. 선생에게는 잊지 못할 추억
이 하나 있다. 한번은 불쑥 "조선에도 고유의 철학체계가 있었을까요" 하고 주제
넘은 질문을 했더니, 뜻밖에도 "아암, 있구 말구" 하는 자신 있는 대답이 떨어졌
다. 뿐만 아니라 이튿날에는 "그 방면에 흥미가 있다면 대충 일러줄 테니 필기도
구를 준비해 두게" 하는 데까지 이야기가 진전이 되었다. 이후 참고서적도 없이
줄줄 이어져 나오는 구술을 받아쓰기 하루 한두 시간씩, 한 열흘은 걸렸던 것
같다. 칩거 생활과 감옥 생활을 오래 반복하는 동안에 읽고 생각하고 하면서 스스
로 터득한 것이라고 했다. 하나는 하늘(天)이요, 둘은 들(野·地)이요, 셋은 씨앗
(種)이요…. 하는 데서 시작되는 이 독대의 강의는, 내가 이해를 하고 못하고 혹
은 내가 공명(共鳴)을 하고 아니고는 둘째로, 어디서고 비슷한 이야기를 전혀
듣지 못했던 신기로움과, 그것이 이분의 사색과 체험을 통해 창출되었다는 한
인간의 무게가, 완전히 나를 압도했다. 이 강의와 동일한 줄거리가 해방 직후에
『신민족주의와 신민주주의』라는 소책자의 일부분으로 활자화되고, 그것이 그대
로 『안재홍 선집』 제2권에도 수록이 되어, 지금은 뜻만 있으면 누구라도 펼쳐
볼 수 있게 되어 있다. 나는 이 필기 노우트를 보물처럼 간직하다가 6·25 난리통
에 잃고 말았지만, 태평양전쟁의 막바지, 당신께서 언제 어떻게 될지 모르는 상황
에서, 어쩌다가 만난 젊은 학도 한사람에게나마 요령을 전해 두면 혹시 줄거리라
도 후일에 남을까 하는 처절한 배려가 아니었을까. 여러 해 뒤에 나는 나대로

상상을 해 본 일도 있다, 선생은 그해 8월 10일께 홀연히 나의 육첩방을 떠나 가셨고, 그 며칠 뒤부터는 저 역사적인 전환기라, 신문에서나마 소식을 듣는 딴 세계의 분이 되어 있었다.[54]

이런 소중한 인연이 있어 천관우는 민주화운동의 과정에 참여하면서 박정희 정권의 가택 연금 속에서 안재홍 선집 발간을 총괄했다. 생전에 2권까지 나왔고 나머지는 그 이후에 순차적으로 간행됐다. 이 선집은 안재홍 연구를 심화시키는 데 기반을 마련했으며 기념사업의 다양한 계기사업 기획과 자료 발간에도 많은 도움을 주었다. 2000년 3월 1일 민세의 35주기 공식 추모식이 생가에서 처음 열렸다. 이날 뜻깊은 것은 1977년부터 2000년까지 민세안재홍 선집 5권 간행에 힘써온 김경희 지식산업사 사장이 민세 안재홍 선집 간행기를 낭독해서 참석한 많은 사람들의 가슴을 뭉클하게 했다. 민세 안재홍 선집 간행기 전문은 아래와 같다.

민세 안재홍 선집 간행기[55]

우리 나라 근현대사에 우뚝 솟은 애국자요 언론인이며 학자이자 정치가이신 민세 선생의 선집 간행을 맡아 일을 시작한지 20여 년 만에 완간을 마친 오늘 저는 참으로 민세 선생의 혼백 앞에 엎드려 절하며 부끄럽고 부끄럽기 그지 없습니다. 제가 선생님의 선집 간행을 부탁 받은 것은 1977년 여름 천관우 선생님 댁에서였습니다. 천관우 선생님의 말씀이 우리 나라 굴지의 명문출판세에서 몇 년 전에 선집을 내기로 하였으나 뜻하지 않은 일로 선집 간행이 어려우니 맡아 간행해 주지 않겠느냐는 말씀이셨습니다. 고등학교 때 민세 선생의 글 한편을 감명 깊게 읽고 그 높은 문화의식과 겨레 사랑에 눈 뜬 터라 몇 해에 걸쳐 나누어 내기로 하고 천 선생님으로부터 원고를 인수하여 1981년 6월 1권을 간행하고

54) 김인식·황우갑, 『안재홍 자료집성과 기념사업』, 서울: 선인, 2016. 김인식 글에서 재인용.
55) 민세안재홍선생기념사업회, 『민세 안재홍 선생 35주기 추도식 자료집』, 2000.

2권은 1983년 1월에 펴냈습니다. 그런데 1983년 겨울 저의 무능으로 회사가 거액의 부도를 내는 파산 사태에 몰리자 민세의 미망인이신 김부례 여사께서 원고를 되찾아 가시게 되었습니다.

그런지 몇 해가 흘러 실제로 책임 편집을 맡으신 천관우 선생도 타계하셨습니다. 1988년 여름 어느날 김부례 여사가 원고 보퉁이를 다시 가져 오셔서 "아무리 생각해도 선집을 내줄 사람은 김사장 밖에 없는 것 같소" 하시며 "당장은 어렵더라도 내가 살아있는 동안에만 내주면 되니 당신이 다시 맡아 주시기를 바라오" 하시는 것이었습니다. 1990년 6월 14일 김부례 여사께서 전화를 하셔서 "김사장 별 일 없소" "아닙니다, 실은 별일이 있습니다" "사실은 간밤에 꿈에 민세 선생이 나타나셔서 내 원고는 무사하니 걱정 마오" 하시기에 전화를 했다는 것입니다. 그런데 하루 전날 저희 회사에 불이 나서 저의 형님이 찾아오셨다가 변을 당해 목숨을 잃고 직원 여러 명이 입원하는 사태가 있었습니다. 제3권은 1991년 12월에 간행되고, 이듬해 1992년 9월 제4권을 펴냈습니다. 제5권은 1995년 조판을 완료하고 출판경기기 좀 나아지면 낸다고 하다가 마침내 1999년은 넘기지 않겠다고 인쇄하는 가운데 김부례 여사가 간행 일주일 전에 영면하시고 말아 안타까움이 몹시 큽니다.

민세 선집 간행에 가장 큰 공로자는 고인 김부례 여사이시고 그 다음이 고인이 되신 천관우 선생이십니다. 편집위원 안호상, 이은상, 이인, 이선근, 이희승, 김을한, 이관구, 송지영, 유광렬 선생도 이제 타계하셨습니다. 지금 살아계신 여러 편집위원도 음양으로 도우셨지만 민세 만손녀이신 안혜초 여사가 지극 정성으로 저를 격려해주셨습니다. 그리고 한국문예진흥원, 국가보훈처의 지원도 밝혀둡니다. 또 꼭 밝혀 둘 것은 1991년 김부례 여사가 노환으로 서울시립 강남병원에 입원하셔서 입원비로 고생하실 때 편집위원이신 조동걸 선생의 귀뜸으로 당시 청와대 대변인이셨던 김학준 박사의 주선으로 상당 액수의 입원비를 국비와 시비에서 지원 받아 이 기회에 감사를 드립니다. 이제 민세 선생과 김부례 여사, 천관우 선생과 고인이 되신 여러 편집위원의 명복을 삼가 빌어마지 않으며 다섯 권의 선집을 선생의 영전에 바칩니다.

2000년 3월 1일
지식산업사 대표 김경희

2) 민세 안재홍 전집 자료집성 및 DB화

이 사업은 2012년부터 2015년까지 김인식, 이진한, 윤대식, 김형목, 박영준 교수 등이 참여해서 완성한 안재홍 관련 자료 정리와 DB화 사업이다. 이 사업 에는 민세 학술연구에 초석을 놓은 한국학진흥연구원 정윤재 교수의 지원도 큰 힘이 되었다. 안재홍 선집이 인쇄 자료라는 한계를 가지고 있기에 개별 검색이 가능한 DB하 작업으로 기존 선집에 포함되지 않은 다수의 도서, 잡지, 신문 자료 등이 새로 발굴·수록되어 안재홍 연구에 획기적인 자료이다.

이미 『민세안재홍선집』 1~8권이 출간되었지만, 여기에 누락된 민세 관련 자료들이 곳곳에 산재한 상태이며, 민세의 언론과 언행이 국가 기록 및 지인들 의 글에 단편적으로 남아 있기에 이와 같은 자료들 역시 민세 연구에 매우 중요하다. 이러한 자료들도 모두 일정한 원칙에 의거하여 수집·정리해야 한 다. 또한 현재 민세로 추정되는 저자들의 논설 및 글 또한 정밀하게 검증하여 수집·정리함으로써 온전한 '민세안재홍전집'을 집성할 수 있다. 따라서 이 DB 화사업은 기존 선집과 단행본 저작물과 달리 민세 연구의 정본(正本) 확립을 목표로 한다. 그 결정적인 이유로 안재홍에 대한 연구가 아직도 미개척 분야가 많다는 사실을 거론할 수 있다. 언론인으로서 안재홍의 활동은 더욱 진전되어 규명될 필요가 있으며, 더욱이 한국 최초의 언론사가로서 안재홍의 위상은 전혀 언급조차 되지 못하였다. 한국 고대사를 전공한 안재홍의 고대사가로서 의 모습도 충분히 해명되지 못하였다. 대종교인으로서의 안재홍의 종교 사상 과 종교 활동도 전혀 미개척 분야이다. 문필가로서 안재홍의 문체와 사상 등을 분석하는 작업도 완전히 새로운 연구 영역이다. 더욱이 세계화의 흐름 속에 한국학의 독자적 위상과 방법론의 독창성은 보편적 학문과 세계 속에서 그 존재가치를 인정받아야 할 당위적 과제를 안고 있다.[56] 안재홍 관련 자료를

전문가들이 참여해 최초로 정리한 것이나 분류 체계 문제점, 신문과 잡지에
중복 등 몇 가지 문제점은 추후 전집 발간 작업 때 보완되어야 할 내용이다.
현재 이 자료에는 총 2,001건의 방대한 자료가 실려 있으며 그 목록은 아래
〈표 11〉과 같다.

〈표 11〉 안재홍 전집 자료집성 목록

자료유형	내용
신문	경향신문, 동아일보, 매일신보 새한민보, 시대일보, 조선일보, 조선지광, 중외신보, 한성일보, 미상(신문)
잡지	개벽, 농민, 동광, 동명, 민성, 민주경찰 별건곤, 부인, 삼천리, 새교육, 신경향, 신동아, 신민, 신생, 신조선, 신천지, 신태양, 조광, 조선농민, 조선지광, 주간서을, 철필, 청년, 태양, 평화와 자유, 학등, 현대평론, 미상(잡지)
문서류	청년외교단 관결문 증인신문조서, 부루신도와 불함문화론 민정장관 공문서 외 다수, 주한미군정보 일지
단행본	『중국의 금일과 극동의 장래』, 『조선통사』 『조선상고사감』 『신민족주의와 신민주주의』, 『한민족의 기본진로』
수고	「강도일지」, 「독서초존」

3) 조선뉴스 라이브러리 100

조선일보는 2020년 3월 창간 100주년을 맞이해서 수십억 원의 예산을 들여
1920년부터 1999년까지 조선일보가 기록한 295만 건의 기사를 다양한 검색
키워드를 통해 볼 수 있는 '조선뉴스 라이브러리 100'을 공개했다. 안재홍이라
는 키워드로 검색하면 1920년 6월 10일자 대한애국부인단과 대한청년단 제1
회 공판부터 1999년 12월 30일 20세기 결산-사상편에 이르기까지 1,326건이

검색된다. 여기에는 안재홍 전집 자료집성 DB에도 실려있지 않은 다수의 안
재홍 관련 자료도 실려있다. '조선뉴스 라이브러리 100'은 향후 안재홍 전집
발간에도 유용한 자료가 될 것이다.

　'조선뉴스 라이브러리 100'은 그대로 한국 근현대사 관련 자료의 보배이다.
안재홍뿐 아니라 한글 신문이 간행된 1920년 이후 지난 20세기 우리 역사와
관련한 모든 내용들이 담겨있다. 한 시대의 역사 기록에서 언론의 중요성과
그 무게를 느낄 수 있다. 안재홍 관련 자료 정리에서도 선집 8권, 자료집성과
함께 앞으로도 가장 중요한 가치를 지니는 소중한 내용들이 담겨있다. 특히
안재홍이 조선일보에서 1924년부터 1935년까지 주필과 부사장, 사장, 객원으
로 많은 글을 연재했기에 그 가치가 매우 크다.

2. 안재홍 연구 자료

1) 단행본

　안재홍 관련 1차 자료에 바탕을 두고 그동안 역사학계, 정치학계, 언론학계,
교육계, 철학계 등에서 100여 권이 넘는 단행본을 발간했다. 황우갑은 2020년
4월부터 2023년 12월까지 평택시민신문에 '안재홍파워독서 100'이라는 제목으
로 신문연재를 했다. 그 내용을 표로 정리하면 아래 〈표 12〉와 같다.

〈표 12〉 안재홍 관련 출간 단행본 목록

번호	저자	간행연도	제목	출판사
1	송건호	2009	역사에 민족의 길을 묻다	한길사
2	김재명	2003	한국 현대사의 비극:중간파의 이상과 좌절	선인
3	김성환	1998	한국사 천년을 만든 100인	오늘의 책

4	이이화	2008	빼앗긴 들에도 봄은 오리니	김영사
5	하영선	2011	역사속의 젊은 그들	을유문화사
6	역사문제연구소	1991	한국 현대사의 라이벌	역사비평사
7	이지원	2007	한국 근대문화사상사연구	혜안
8	이문영	2008	겁 많은 자의 용기	삼인
9	진덕규	2011	권력과 지식인	지식산업사
10	정윤재	2002	다사리공동체를 향하여:민세 안재홍 평전	한울
11	김인식	2007	중도의 길을 걸은 신민족주의자	역사공간
12	이태준	2005	문장강화	창비
13	조맹기	2006	한구언론인물사상사	나남출판
14	문일평	2008	문일평:1934년	살림
15	안재홍	2010	정민교수가 풀어읽은 백두산등척기	해냄
16	민세안재홍선생 기념사업회	2010	안재홍의 항일과 건국사상	백산서당
17	박찬승	2007	민족주의의 시대	경인문화사
18	김경민	2017	건축왕 경성을 만들다	이마
19	이선민	2018	민족주의, 이제는 버려야하나	삼성경제연구소
20	정윤재 외	2002	민족에서 세계로	봉명
21	박해현	2020	의사 김범수 연구	선인
22	김인식	2005	안재홍의 신국가건설운동	선인
23	안재홍	2007	고원의 밤	범우사
24	윤대식	2018	건국을 위한 변명	신서원
25	조정래	2018	나에게로 가는 길	지식과 교양
26	김덕형	2013	한국의 명가	21세기 북스
27	하성환	2017	진실과 거짓, 인물한국사	살림터
28	박정규	2012	세상을 바꾸는 위인 그리고 명언	글모아출판
29	조동걸 외	1994	한국의 역사가와 역사학(하)	창비
30	황우갑	2019	성인교육자 민세 안재홍	선인
31	오민석	2009	곧은 붓으로 겨레를 이끌다	우리교육
32	이신철	2008	북한민족주의운동연구	역사비평사
33	김일권	2014	한국근현대 100년과 민속학자	한국학중앙연구원
34	한영우선생 정년기념논총 간행위원회	2008	한국사인물열전 3	돌베개
35	김인식 외	2016	안재홍 자료집성과 기념사업	선인

36	이문영	2011	3.1운동에서 본 행정학	고려대출판부
37	안재홍	2014	조선상고사감	우리역사연구재단
38	조맹기	2017	제헌헌법의 정신과 공영방송	패러다임
39	정영훈 외	2014	한국의 민족주의와 탈민족주의	한국학중앙연구원
40	한영우	2010	한국선비지성사	지식산업사
41	박용규	2014	조선어학회 33인	역사공간
42	이민희	2011	춘풍천리	지식을 만드는 지식
43	정윤재	2018	안재홍 평전	민음사
44	성북문화원	2019	이야기하다 보면 생각이 나	학연문화사
45	민세안재홍선생 기념사업회	2012	안재홍과 신간회의 민족운동	선인
46	이선이	2012	동아시아 근대한국인론의 지형	소명출판
47	민세안재홍선생 기념사업회	2012	안재홍 언론사상 심층연구	선인
48	정병준	2010	독도 1947	돌베개
49	민세안재홍선생 기념사업회	2017	민족운동가들의 교류와 협동	선인
50	김인식	2008	광복 전후 국가건설론	독립기념관 한국독립운동사 연구소
51~60	김기협	2011	해방일기 1~10권	너머북스
61	그래고리 핸더슨	2021	소용돌이의 한국정치	한울
62	한국학 중앙연구원	2005	안재홍 심층연구	황금알
63	박용규	2012	조선어학회 항일투쟁사	한글학회
64	장준하	2021	돌베개	돌베개
65	류시현	2017	한국근대역사학의 성립과 발전	선인
66	강원룡	2003	역사의 언덕에서 2	한길사
67	동북아역사재단 북방사연구소	2018	고조선의 언어계통연구	동북아역사재단
68	문제안 외	2005	8.15의 기억	한길사
69	최경봉	2019	우리말의 탄생	책과 함께

70	윤민재	2004	중도파의 민족주의운동과 분단국가	서울대 출판부
71	독도사전 편찬위원회	2019	독도사전	한국해양수산 개발원
72	민세안재홍선생 기념사업회	2014	안재홍과 평택의 항일운동 심층연구	선인
73	연세대 역사문화학과BK 21 플러스사업팀	2015	식민지 조선의 근대학문과 조선학 연구	선인
74	안재홍	2017	안재홍 수필 선집	지식을 만드는 지식
75	박찬승	2010	민족 민족주의	소화
76	김명구 외	2021	안재홍의 민족운동 연구 1	선인
77	선안나	2021	일제강점기 그들의 다른 선택	피플파워
78	민세안재홍선생 기념사업회	2011	납북민족지성의 삶과 정신	선인
79	신문박물관	2004	한국의 신문만화 100년	한컴닷컴
80	김인식 외	2019	대한민국 청년외교단 애국부인회 참여인물 연구	선인
81	김진현	2022	대한민국 성찰의 기록	나남
82	고정휴 외	2009	대한민국 임시정부의 현대사적 성찰	나남
83	조선일보 100년사 편찬실	2020	민족과 함께 한 세기	조선일보
84	최은수 외	2020	한국 근대성인교육자의 온정적 합리주의 리더십	선인
85	민세안재홍선생 기념사업회	2022	민족지도자 안재홍 공식화보집	그림씨
86	강정인 외	2020	한국 현대정치사상의 흐름	아카넷
87	박걸순	2009	국학운동	독립기념관 한국독립운동사 연구소
88	박용규	2016	식민지 시기의 언론과 언론인	소명출판
89	류시현	2014	한국근대와 문화감성	전남대출판부
90	신채호	2006	조선상고사	비봉출판사
91	오영섭	2007	한국근현대를 수놓은 인물들(1)	경인문화사
92	국가보훈처	2013	태평양잡지 1	역사공간
93	조선일보 사료연구실	2015	조선일보 사람들: 일제시대	랜덤하우스 중앙

94	오문환 외	2013	국가건설사상	인간사랑
95	김인식 외	2022	안재홍의 민족운동연구 2	선인
96	황우갑	2020	민족지도자 안재홍 연보 1	선인
97	황우갑	2021	민족지도자 안재홍 연보 2	선인
98	황우갑	2022	민족지도자 안재홍 연보 3	선인
99	민세안재홍선생 기념사업회	2015	1930년대 朝鮮學운동 심층연구	선인
100	한국사학회	1987	한국현대인물론 1	을유문화사

그중 몇 권 도서를 소개하면 아래와 같다.

(1) 김성환 지음,『한국사 천년을 만든 100인』, 오늘의 책, 1998

이 책은 서울대 국사학과를 졸업하고 민족문제연구소 간사, 말지 편집국장 등을 역임한 역사연구가 김성환 씨가 1998년 출간했다. 100대 인물 선정에는 신용하, 서중석, 이만열, 이태진, 임형택, 정양모, 진덕규 등 당시 저명한 각계 지성 10명이 참여했다. 선정에 참여한 학자들은 안재홍의 항일·통일 운동의 역정과 열린 민족주의 창시, 해방 후 대표적인 국가건설론인 신민족주의를 높게 평가했을 것이다.

(2) 김재명 지음,『한국 현대사의 비극』, 선인, 2003

이 책에서 필자는 안재홍을 일관되게 좌우합작을 주장한 비타협 민족주의 자로 평가했다. 안재홍의 삶 전체를 개괄하면서 일제 강점기 언론과 역사 연구 작업을 통한 민족정기 세우기와 해방 후 다양한 정치활동 참여 과정을 여러 일화와 함께 소개하고 있다. 필자는 안재홍은 한마디로 민족애를 실천했던 온건파 지식인이었다고 정의했다. 긴 투옥에도 불구하고 민족의 자존을 지키려했던 흔치 않은 지도적 인물로 안재홍의 삶에 주목하고 있다.

(3) 이이화, 『빼앗긴 들에도 봄은 오리니』, 김영사, 2008

이 책은 2020년 3월 세상을 떠난 재야 역사학자 이이화가 쓴 인물로 읽는 한국사 시리즈의 하나이다. 여기에는 국내외를 누비며 민족독립의 길에 몸 바친 대표적인 독립운동가 17명이 소개되고 있다. 안재홍을 비롯해서 널리 알려진 안중근, 홍범도, 이상재, 김구, 이동휘, 김창숙, 조소앙, 김규식, 여운형, 신돌석, 허위, 김원봉 등의 항일활동을 개괄하고 있다. 또한 세간에는 낯선 인물이지만 형평운동을 주도 장지필, 조선의용군 출신 여성독립운동가 이화림 등도 소개하고 있어 이념과 계층을 뛰어넘어 민족운동에 헌신한 지도자들의 삶을 통합적 관점에서 제시하고자 했다. 이 책에서 필자는 나라 잃은 백성을 깨우치기 위해 역사를 통해 민족혼을 불어넣기 위해 힘쓴 안재홍의 삶에 주목하고 있다.

(4) 하영선, 『역사속에 젊은 그들』, 을유문화사, 2010

이 책은 북핵문제와 전쟁, 평화 등을 연구해 온 한국의 대표적인 국제정치 학자인 하영선 서울대 명예교수가 2011년 쓴 책이다. 하 교수는 한반도를 둘러 싼 4대 강국의 협력 속에 남북문제의 효과적 해결을 위한 복합외교, 그물망 외교를 강조해 왔다. 이 책에서 필자는 급변하는 국내외 정치 경제 상황 속에 서 낡은 관념에 사로잡힌 미래 속의 늙은 우리를 넘어서자고 호소한다. 그리고 그 대안으로 18세기에서 20세기까지 숨가쁜 한국사의 전개 속에서 현실에 함 몰되지 않고 꿈을 실천했던 7명의 선각자의 삶을 탐색하고 있다. 특히 실학파 박지원의 중국 바라보기, 정약용의 좌절한 정치개혁, 복합파 박규수의 개화파 사랑방, 유길준의 삼중 어려움, 김양수의 식민지 국제정치학, 안재홍의 실패한 20세기 복합론, 이용희의 한국 국제정치학 등을 소개하고 있다. 안재홍은 1930년 대 엄혹한 일제강점기에 폐쇄적 민족주의를 비판하고 민족에서 세계로의 열린 민족주의, 국제적 민족주의를 주창했다. 또한 해방 이후 이를 발전시켜 신민족주의와 신민주주의를 제시하며 통일민족국가 수립에 진력했다. 그러나 민족주의와 국제주의, 좌와 우를 아우르며 소통했던 안재홍의 복합주의 실천은 당대에 권력을 얻는 데는 실패했다. 그러나 필자는 21세기 성공하는 복합주의 모델 찾기에 민세의 고민은 여전히 시사하는 바가 크다고 주장한다.

(5) 역사문제연구소 편, 『한국현대사의 라이벌』, 역사비평사, 2010

강연 원고를 바탕으로 1991년 역사문제연구소가 펴낸 이 책은 한국 근현대 정치 지성사의 주요 라이벌에 대한 재조명에 초점을 맞추고 있다. 안재홍과 송진우를 비롯해 김구와 김원봉, 여운형과 이승만, 정인보와 백남운, 박헌영과 김일성, 장준하와 박정희 등 한국현대사의 라이벌을 소개하고 있다.

안재홍과 송진우는 타협이나 비타협이냐라는 주제로 서중석 성균관대 교수가 발표했다. 송진우는 뚝심있고 뱃심이 강한 정치가였다. 그와 달리 안재홍은 온화하고 선비적 기질이 강한 성찰적 지식인이었다. 안재홍과 송진우는 일본 와세다대 동창이다. 일제강점기 송진우는 자치론을 지지한 동아일보 사장으로 안재홍은 일제에 대한 비타협을 주장하며 신간회운동을 실천한 조선일보 주필과 사장으로 활동했다. 해방 후에는 송진우가 친일세력이 중심이 된 한민당을 기반으로 정치활동을 펼친 반면 안재홍은 중경임시정부를 지지하며 좌우합작에 헌신했다.

(6) 이지원, 『한국근대문화사상사연구』, 혜안, 2010

안재홍이 1930년대 한국근대문화사상사에서 선구적 인물이었다는 것을 일깨운다. 역사학자 이지원 대림대 교수가 자신의 서울대 역사교육과 박사학위 논문을 정리해서 단행본으로 발간했다. 필자는 한국근대 민족국가 건설과정에서 형성 발전된 민족문화 인식을 문화사상사 연구차원에서 검토했다. 이 책은 한말 일제 초기 국수적 민족문화 인식을 소개하고 1920년대 문화주의 민족문화론과 비판적 민족문화론, 1930년대 문화혁신론과 조선학 수립운동 등을 비교하고 비판적으로 분석했다. 이 시기 최남선과 이광수로 상징되는 문화주의나 문화혁신론은 결국 일제 파시즘 지배문화론에 동화되어 타협의 길을 걸어갔다. 반면 안재홍과 정인보로 상징되는 비판적 민족문화론과 조선학 수립운동은 식민 체제에 맞서 저항문화론으로 끝까지 비타협의 길을 걸어갔다.

안재홍은 1936년 1월 1일 조선일보에 '국제연대성에서 본 문화특수과정론'이라는 한국문화사상사에 길이 남을 기념비적인 글을 발표했다. 군관학교 사건으로 6번째 옥고를 치르기 불과 5개월 전이었다. 흔히 민족에서 세계로의 민세주의를 주창한 것으로 널리 알려진 이 글은 민족적 주체성과 세계성을 어떻게 양립하는 것이 좋은지에 대한 민세 자신의 치열한 고뇌를 담고 있다. 이런 안재홍의 열린 민족주의는 이 시기 이미 조선학운동으로 실천되고 있었다. 아울러 민세는 현재의 문화재단과 유사한 '조선문화건설협회'의 필요성을 강조했다.

(7) 진덕규, 『권력과 지식인』, 지식산업사, 2010

저자는 지식인이 주도한 해방 정국에서 좌우의 극심한 대립은 구체적 분석보다 감성적 논의에 치중하는 대중 추구, 사색과 성찰보다 지지나 반대를 전제로 하는 행동의 유도, 비교론적 평가보다 저항적 주장에 높은 가치를 부여하는 특성을 지니고 있다고 봤다. 그러나 이 시기 김규식, 안재홍, 조소앙 등으로 상징되는 중도파 지식인들은 민족의 단합과 국권 회복을 최우선 과제로 내세우고 실천했다.

소앙과 민세 두 사람의 민족주의를 살펴보면서 깨닫게 된 것이 있다. 그들은 계급보다 민족을 소중히 여겼으며 외세 의존에서 벗어난 민족적 독자성을 주장했으며 이는 기존의 특정 이데올로기적 지향이 아니라 민족의 전통성에 발판을 둔 새로운 지향이었다. 민족구성원으로 무엇보다 먼저 민족의 단합을 이룩하고 국권을 회복하는 일에 진력해야 했고 민족지도자라면 이러한 열망에 바탕을 두고 서로 손잡고 민족발전을 모색해야 마땅했기 때문이다.

(8) 정윤재, 『다사리공동체를 향하여 민세 안재홍』, 한울, 2002

이 책은 안재홍 연구의 권위자인 정윤재 한국학중앙연구원 명예교수의 역저이다. 1978년 『창작과 비평』 겨울호에 민세선집 발간을 준비 중이던 후배 언론인이자 사학자 천관우가 안재홍 연보를 발표했다. 이후 안재홍에 대한 본격적인 학계의 연구가 시작됐다. 1980년대 초 정 교수는 서울대 정치학과 대학원에서 안재홍 정치사상 연구로 최초 석사학위를 받았다. 이후 미국 하와이대로 유학, 세계적인 비폭력 정치사상 전문가 글렌 페이지 교수의 지도 아래 안재홍의 정치리더십 연구로 박사학위를 받았다. 안재홍기념사업회는 2002년 평택시와 경기문화재단의 지원을 받아 이 책의 출간을 지원했다. 정 교수는 안재홍이 제시한 민세주의와 다사리이념을 평생 천착하면서 근현대 한국 정치사상사의 정립에 힘썼다. 이 책은 정치학자이자 리더십전문가의 관점에서 안재홍의 삶과 사상을 재조명했다. 저자는 줏대를 가지고 당대 현실문제 해결을 위해 자신의 식견을 제시한 안재홍의 삶과 사상에 주목했다.

(9) 이선민, 『민족주의 이제는 버려야하나』, 삼성경제연구소, 2008

이 책은 학술전문기자인 조선일보 이선민 선임기자가 집필했다. 필자는 문화다양성에 대한 사회적 관심이 커지는 21세기 다문화사회에서 한국의 민족주의는 여전히 유효한가라는 문제의식을 가지고 이 책을 썼다. 필자는 21세기 한국민족주의의 미래와 관련해서 특히 열린 민족주의에 주목하고 있다. 남북 통일과 한민족공동체의 번영을 이룩하려면 세계사의 진전에 촉각을 곤두세우면서도 자기 줏대를 가지고 민족적 정체성을 지켜나가야 하기 때문이다. 그런 의미에서 엄혹한 일제강점기에 치열한 지적 사유를 통해 안재홍이 정립한 민세주의는 한국민족주의의 오래된 새길을 제시한 것이라고 볼 수 있다. 세계와 함께 호흡하는 한국의 열린 민족주의와 관련하여 우리는 일제 강점기 국내에서 활동한 대표적인 민족주의자 안재홍에게 주목할 필요가 있다. 안재홍의 신민족주의는 우리 민족이 20세기에 만들어 낸 열린 민족주의의 대표적인 사상적 성과다. 세계사의 흐름과 민족주의를 연결시키려고 한 안재홍의 정신은 21세기에도 여전히 소중하다.

(10) 박찬승, 『민족주의의 시대』, 경인문화사, 2007

이 책은 근현대사 전문연구자인 박찬승 한양대 사학과 교수의 역저이다. 필자는 한국의 20세기는 민족주의의 시대였다고 단언한다. 그도 그럴 것이 지난 100년 강대국에 둘러싸여 수난을 겪은 한국의 현실에서 민족주의는 독립과 통일이라는 역사 과제 해결에 가장 의미 있는 시대정신이었다. 덕분에 한국은 1945년 이후 독립한 국가 중 유일하게 산업화, 민주화, 정보화를 동시에 이룩하며 대한민국 근대화 혁명을 이뤘다. 그 바탕에 강인한 민족주의가 있었음은 물론이다. 이 책은 한국 근대사상사 100년의 핵심 화두인 '민족주의'의 사적 흐름을 깊이 있게 다뤘다. 이 책은 3.1운동과 민족주의의 형성, 실력양성론과 신간회 운동의 민족주의적 특성을 분석했다. 또한 여운형의 진보적 민족주의, 안재홍의 민세주의와 신민족주의, 민족주의 세력의 신국가 건설 구상 등을 살펴봤다.

이 책에서 필자는 민족주의 시대였던 20세기를 넘어 21세기에도 통일국가 수립, 강대국 사이에서의 자주권 유지와 같은 한국이 처한 시대적 과제 해결에 민족주의는 여전히 유효하다고 본다. 다만 배타적, 국가주의적 특성을 넘어서야 하는 과제를 안고 있다고 봤다. 그 대안으로 필자는 개방적 민족주의, 특히 안재홍이 제시한 '민족주의와 세계주의의 공존'을 가장 현실적인 대안으로 제시하고 있다. 그런 의미에서 안재홍은 한국의 민족주의를 가장 세련되게 발전시키며 21세기 국제 협조, 국제연대의 시대를 선구적으로 전망한 인물이다.

(11) 김인식 외, 『안재홍의 항일과 건국사상』, 백산서당, 2010

이 책은 2008년 12월 대한민국 정부수립 60주년을 기념해서 개최했던 제3회 민세학술대회의 연구 성과를 책으로 묶어낸 것이다. 김인식 중앙대 교수는 민족운동가로서 안재홍이 식민지 시기와 해방공간에 걸쳐 '좌익', '중간', '우익'의 용어로 자신의 이념 정향을 어떻게 규정했는가를 밝혔다. 윤대식 한국외대 교수는 신간회운동 시기 안재홍의 관조의 삶과 활동의 삶을 대비하면서 그 사유와 실천의 정합성을 분석했다. 이진한 고려대 한국사학과 교수는 안재홍의 자필 『독서초존』 분석을 통해 민세가 유물사관의 논리를 일부 수용하면서도 계급투쟁을 비판하고 자신의 신민족주의론을 옹호하고자 했음을 증명했다. 황우갑 민세사무국장은 안재홍의 1930년 백두산답사와 『백두산등척기』 출간은 일제 강점기 민족혼 고취와 민중계몽 의지의 실천이라는 기행문학적 성과가 있음을 밝혔다.

(12) 이신철, 『북한민족주의운동 연구』, 역사비평사, 2008

이 책에는 특히 '전쟁 이후 안재홍의 통일국가 수립운동'이라는 주제로 납북 이후 안재홍의 활동을 분석한 논문도 실려 있다. 이신철 성균관대 연구교수는

1950년 납북 이후에도 안재홍이 좌우합작의 의지를 놓지 않고 재북평화통일촉진협의회 활동을 통해 남북체제 공존의 국가연합론을 제기했다고 분석했다.

안재홍은 1965년 3월 죽는 순간까지 평화통일에 대한 신념을 버리지 않는 삶을 살았다. 최태규는 안재홍이 3월 1일 숨을 거둔 것은 자신들이 독립을 기념하는 그날 돌아가셔달라고 부탁했기 때문이라고 했다. 그만큼 그의 통일·독립정신이 뛰어났다는 것을 의미하는 것이다. 안재홍은 전쟁의 와중에 고난을 겪으면서도 좌우합작에 대한 의지를 놓지 않았다. 정치재개와 재북평통활동 과정에서도 그는 좌우합작의 정신을 살려 국가연합론을 제기했다. 안재홍은 남과 북에서 수미일관하게 자신의 주장을 견지했다.

(13) 안재홍 지음, 정민 풀어 읽음, 『백두산등척기』, 해냄, 2010

민세 안재홍은 1930년 여름 백두산 기행을 다녀왔다. 이 책은 안재홍의 첫 단행본이며 가장 대중성이 있는 글이기도 하다. 민세는 일제강점기에 『백두산등척기』(1931), 『중국의 금일과 극동의 장래』(1935)를 해방 후에는 『신민족주의와 신민주주의』(1945), 『조선상고사감』(1947), 『한민족의 기본진로』(1949) 등 5권의 단행본을 출간했다. 민세는 1930년 7월 24일 서울을 떠나 함경도 주을온천, 무산읍, 신무치를 거쳐 31일 오전 11시에 백두산 정상에 올랐다. 민세의 백두산행은 조선과 청나라의 국경을 정한 백두산정계비를 마지막으로 현장에서 실측한 역사적 의의도 크다. 민세는 그해 9월 조선일보에 백두산 기행문을 연재하고 이듬해 단행본으로 발간했다. 안재홍기념사업회는 2010년 민세 백두산행 80주년을 기념해 평택시 지원으로 이 책을 재출간했다.

(14) 조맹기, 『한국언론사상 심층연구』, 나남, 2006

이 책은 한국언론사 전문 연구자인 조맹기 서강대 명예교수가 집필했다.

이 책에는 안재홍과 함께 서재필, 윤치호, 장지연, 신채호, 이광수, 홍명희 등 구한말·일제강점기 활동했던 근대 언론인과 천관우, 최석채, 장준하, 송건호 등 산업화·민주화 시기 언론인들의 언론사상이 소개되고 있다. 민세는 선배 신채호로 상징되는 지사적 언론인의 맥을 잇고 있으며 이런 정신은 천관우, 장준하, 송건호 등 후배 언론인에게도 큰 영향을 끼쳤다.

1948년 6월 24일 조선언론협회가 창립되었다. 이때 명예회장으로 추대된 사람이 서재필과 안재홍이다. 해방공간에서 당시 언론계 후배들도 안재홍의 항일언론 활동을 높이 평가했다는 것을 알 수 있다. 안재홍은 일생을 직업 언론인으로 시대의 불의에 맞서 고군분투했다. 일제 강점기인 1924년 시대일보 논설기자를 시작으로 글쓰기를 시작해서 조선일보 주필, 부사장, 사장을 지냈다. 이 시기 민세는 경영에 어려움을 겪은 조선일보를 살리기 위해 고급 기와집 10채 값을 날렸다. 민세는 조선일보 시절에만 필화와 신간회 운동 등으로 4차례 옥고를 겪는다. 총 9번으로 일제강점기 언론인 중 가장 많은 옥고를 치른 사람도 민세였다. 해방 후에는 1946년 2월 한성일보를 창간, 사장으로 통일국가 수립 관련한 많은 명문을 남겼다. 언론인 안재홍을 당대 후배 기자들은 '속필의 대기자', '장강대하의 명문장', '문웅'이라고 높게 평가했다. 저자는 이 책에서 특히 안재홍의 신민족주의 언론사상에 주목했다. 일상생활의 관점에서 안재홍의 신민족주의 언론사상은 앞으로 언론의 정론지 방향의 논쟁과 맞물려 중요한 쟁점이 될 수 있다고 평가했다. 안재홍은 나와 나라와 누리가 고루 소통하는 언론의 자유를 강조하고 일제 강점기와 해방공간에서 적극 실천했다.

(15) 김인식, 『중도의 길을 걸은 신민족주의자』, 역사공간, 2007

이 책은 「안재홍의 신민족주의 사상과 행동」으로 1997년 민세 관련 역사학계 1호 박사학위를 받은 김인식 중앙대 교양학부대학 교수가 쓴 안재홍 전기이다. 당시 독립기념관 한국독립운동사연구소가 기획한 한국의 대표 독립운동가 100인 시리즈의 하나로 출간됐다. 김 교수는 안재홍의 항일운동 역정과 신간회, 조선학운동, 해방 후 신국가건설운동 등에 대해 수십 편의 논문을 쓴 안재홍 연구 권위자이다. 지난 20년간 부지런히 안재홍 관련 다양한 주제의 연구 논문을 계속 발표하고 있다. 김 교수는 2015년 한국학중앙연구원 지원으로 안재홍 전집자료집성 DB사업의 책임을 맡아 민세 자료정리에도 크게 기여했다. 또한 1999년 4월 평택에서 처음으로 열린 안재홍 관련 강연회에 강사로 와서 민세선양사업 시작에 힘을 보탰던 인연도 있다. 김 교수는 이 책에서 민중의 세상을 꿈꾸며 민세로 아호를 짓고 신간회운동, 생활개선운동, 조선학운동을 실천하고 해방 후 좌우합작운동에 헌신하며 우리 민족의 나아갈 길로 신민족주의를 제시하고 초계급적 통합민족국가 수립에 전력한 안재홍의 역정을 소개하고 있다. 김 교수는 특히 안재홍의 신민족주의론에 주목하고 민세를 행동하는 실천가이자 민족운동의 이론가로 평가하고 있다.

(16) 김덕형, 『한국의 명가: 근대편 2』, 21세기북스, 2013

이 책은 조선일보 논설위원을 역임한 김덕형 씨가 1972년부터 2년간 잡지에 연재한 글을 단행본으로 묶어서 발간한 것이다. 1976년 처음 출간했고 2013년 자료를 수정해서 다시 간행했다. 한국 근현대사를 수놓은 165인의 이야기를 생애와 일화를 중심으로 정리했다. 이 책의 매력은 인물 관련 가족과 지인들의 생생한 증언을 잘 정리하고 있는 점일 것이다. 안재홍편만 해도 1970년대 초 유가족에 대한 취재를 통해 자손들의 상황을 상세하게 정리했다. 또한 외동딸 안서용 씨의 아버지에 대한 추억, 사위 이태호 씨의 장인에 대한 기억, 일본 와세다대 후배로 언론인 시절 많은 도움을 받았던 이선근 동국대 총장의 귀중한 증언 등을 담고 있다.

　또한 이 책에는 기존에 잘 알려지지 않았던 사실도 담고 있어 추후 자료 확인이 필요한 대목도 있다. 14세 때부터 고향 진위 서당에서 민세를 가르친 스승이 박재대(朴齋大)라는 분이고, 17세 때 서울로 올라와 황성기독교청년회 중학부에 다니는 동안에 서북협성학교에 있는 농림강습소에서 7개월간 수학했다는 것, 1927년 신간회 동경지회 창립 때 동경을 방문했다는 증언 등이다. 민세는 9차례 걸쳐 7년 3개월 수난을 당했기에 가족과 함께할 시간이 많지 않았다. 이 책에서 외동딸 안서용 씨는 아버지 민세에 대해 몇 가지 귀중한 증언도 하고 있다.

(17) 윤대식, 『건국을 위한 변명: 전통과 근대 이념과 민족의 경계인』, 신서원, 2018

　이 책은 윤대식 한국외대 교수가 2018년에 썼다. 안재홍 전문연구자인 필자는 현실 정치의 좌우대립을 조정하고 협력을 강조했던 민족주의자 또는 민족주의 세력을 재조명해야 할 필요성이라는 문제의식에서 이 책을 집필했다. 저자에게도 큰 영향을 준 정치학자 한나 아렌트는 나치 전범 아이히만 재판과정에 대한 분석을 통해서 사유하지 않는 인간의 위험성을 발견했다. 이 책은 생각하는 삶의 중요성을 강조한 아렌트의 인간다운 삶의 두 가지 요소인 정신의 삶과 활동의 삶이라는 분석틀을 활용해서 정신과 활동의 삶을 정합시킨 동시에 현실문제를 해결하려고 노력했던 열린 민족주의자 안재홍의 치열한 삶을 면밀하게 분석했다. 특히 이 책은 경계의 삶이라는 별도 항목을 통해 민세주의, 중앙노선, 순정우익 등의 이론 제시와 고군분투 속에 특징지어지는 경계성도 살펴보고자 했다.

　저자는 이 책에서 좌우의 경계에서 양자의 협력과 융합을 도모했던 세칭

중도파 지식인 안재홍의 삶과 활동을 경계인의 관점에서 바라보고 있다. 이 책은 우선 민세주의에서 신민족주의로 이어지는 안재홍의 정신의 삶을 분석했다. 또한 비타협적 민족주의와 신간회, 『조선상고사감』 집필로 이어지는 현실저항과 지적 투쟁의 실천의 삶을 꼼꼼히 들여다봤다. 해방 후 민세의 최대 관심은 나라세우기였다. 건준과 민정장관 참여, 좌우합작운동의 실천을 통해 건국과 공동체의 청사진 만들기에 분주했던 삶이다.

(18) 안재홍 지음, 구중서 해설, 『고원의 밤』, 범우사, 2007

이 책은 민예총 이사장을 역임한 문학평론가 구중서 수원대 명예교수가 엮은 안재홍의 수필집이다. 범우사 한국문학전집의 하나로 2007년 출판됐다.

다양한 분야에서 활동한 르네상스 지식인 안재홍의 내면세계를 살펴보는데 특히 남아있는 다수의 수필이 큰 도움이 된다. 민세는 특히 기행수필을 다수 남겼다. 이후 일제강점기에만 14차례 국내외 각지 답사를 다니고 양과 질 면에서 독보적인 수필을 발표했다. 북녘땅 구월산, 백두산, 평양, 원산에서 속리산, 문경새재, 지리산, 무등산 등 전국을 돌며 역사 현장과 민초들의 고단한 삶을 기록하고 민족 정기를 고취하고자 힘썼다.

민세의 수필에는 우리 민족을 억압하는 일제에 맞서 싸우려는 순도자(殉道者)의 열정과 치열한 대결 의지가 당당하게 표현되고 있다. 식민지에서 벗어나기 위한 영원한 전투에서 민족 구성 각자가 병사라는 마음 가짐이 필요함을 역설했다.

(19) 김인식, 『안재홍의 신국가건설운동』, 선인, 2005

이 책은 안재홍 연구자인 김인식 중앙대 교수의 역저이다. 현재 민세 안재홍에 대한 다양한 연구서가 출간돼 있다. 이 가운데 대표적인 책 세 권을 고르라면 정윤재 교수의 『안재홍 평전』, 윤대식 교수의 『건국을 위한 변명』과 함께 이 책을 꼽을 수 있겠다. 이 세 권의 책에는 해당 분야 전문가답게 연구 시간의 대부분을 안재홍에 매진했던 저자들의 땀과 열정이 담겨있다.

이 책은 필자의 중앙대 박사학위논문 「안재홍의 신민족주의 사상과 운동」을 민세의 해방 후 정부수립운동에 초점을 맞춰 수정한 것이다. 이 책에는 건국준비위원회와 민공협동운동, 중경임시정부 영립보강운동, 좌우합작운동, 민주역량강화와 순정우익집결운동으로 이어지는 해방 이후 안재홍의 국가건설운동을 치밀하게 분석하고 있다.

저자는 안재홍이 신국가 건설운동의 이념으로 제시한 신민족주의론이 특히 민족주의 이념을 새로이 해석하고 고양했다고 봤다. 안재홍은 계급과 이념의 대립을 뛰어넘어 초계급적 통합민족국가의 꿈을 그렸고 이를 풀어나갈 현실적 대안으로 신민족주의를 창안했다. 민세는 남북 분단이 역사적 현실이 된 단계에서도 순정우익의 진보민족주의를 강조하며 통일국가 수립의 꿈을 포기하지 않았다.

(20) 한영우선생정년기념논총 간행위원회 엮음, 『한국사 인물열전 3』, 돌베개, 2008

이 책은 역사학 분야 전문 연구자들이 참여해 한국사에 뚜렷한 자취를 남긴 역사적 인물 63인을 선정, 그들의 생애와 활동을 종합 정리한 인물 평전이다. 3권은 주로 근현대 인물을 소개하고 있다. 개화사상의 아버지 박규수, 무궁화 운동의 선구자로 안재홍의 황성기독교청년회 학관 시절 스승이었던 남궁억, 절대적 자유를 꿈꾼 영원한 혁명가 신채호, 민세와 함께 신간회 창립을 주도했던 소설가 홍명희, 안재홍의 신민족주의를 학문적으로 계승한 손진태 등 21명의 간략한 삶과 활동을 정리하고 있다. 또한, 이 책에는 민세의 고향 평택 고덕면과도 깊은 인연이 있고 일제강점기 동양척식회사 이사, 한성은행 총재 등을 지내며 대표적인 친일경제인으로 활동했던 한상룡의 삶과 활동도 비판적 관점에서 소개하고 있다.

안재홍 편 집필은 박찬승 한양대 사학과 교수가 맡았다. 부제는 '민족운동과 신민족주의의 이론가'이다. 안재홍은 일제 강점기와 해방 시기에 걸쳐 민족주의 진영의 대표적인 이론가로 활동했다. 9번의 투옥, 독거 방에서 안재홍은 민세주의를 구상했고, 해방 후에는 이를 심화시켜 통일 민족국가 수립의 방략인 신민족주의로 발전시켰다. 민세는 조선민족의 정당한 발전을 억압하는 일제에는 철저한 비타협을, 민족 내부의 이념적 대립에는 협력과 소통을 강조했다. 이런 원칙과 상식은 일제 강점기에는 신간회 운동으로 해방 후에는 좌우합작의 실천으로 구체화되었다.

(21) 오민석, 『곧은 붓으로 겨레를 이끌다』, 우리교육, 2009

이 책은 어린이를 위한 안재홍 전기로 2009년 우리인물 이야기 시리즈의 하나로 청소년교육 전문 출판사인 우리교육에서 출판했다. 이 시리즈는 평생 한 가지 일과 뜻에 매달린 우리 시대 할아버지·할머니 이야기라는 주제로 한글점자 훈맹정음을 만든 박두성, 성자가 된 옥탑방 의사 장기려, 생태농업을 실천한 원경선, 전 재산을 사회에 환원한 기업인 유일한 등의 전기도 발간하였다. 경기도 출신의 대표적인 독립운동가인 안재홍의 정신을 초등학생들에게 널리 알릴 필요성이 제기되어 김문수 경기도지사의 관심으로 도비 지원도 받았다. 안재홍은 평생 독립과 통일에 헌신했다. 1950년대 중반까지 중·고등학교 국정국어 교과서에 민세가 쓴 '목련화 그늘에서', '대백두에서', '민족문화의 진로' 등 다수의 글이 실려 청소년들의 사랑을 받았다.

이 책의 매력은 무엇보다 친근한 대화체로 초등학생들이 쉽게 이해할 수 있게 안재홍의 삶을 소개하고 있다는 점이다. 또한 20여 장의 배경 삽화를 그려넣어 시기별 중요 활동에 대한 내용 이해도 돕고 있다. 필자는 서문에서 자라나는 청소년들이 안재홍의 다사리 정신을 소중한 가치로 기억하면 좋겠다고 집필 동기를 밝혔다.

(22) 황우갑, 『성인교육자 민세 안재홍』, 선인, 2019

이 책은 안재홍 항일운동 100주년을 기념해 2019년에 출판됐다. 안재홍에 대한 기존 연구는 독립운동가, 언론인, 사학자 정치가, 정치사상가 등에 집중됐다. 이 책은 성인교육의 관점에서 안재홍의 교육활동과 리더십을 집중 조명했다. 민세는 1915년 유학시절 친구인 인촌 김성수의 권유를 받아 중앙학교 학감으로 교육활동을 시작했다. 그러다가 1917년 일제의 압력으로 이 학교를 그만두고 잠시 자신의 모교였던 중앙기독교청년회(현 서울YMCA) 간사로도 활동했다.

안재홍은 일제강점기 80%에 가까운 조선인 문맹 현실을 해소하기 위해 문자보급운동에도 힘썼다. 민세는 1930년대 중반 고향에서 마을 주민들을 위해 야학을 열기도 했다. 특히 여성교육의 중요성을 강조하고 여자의학전문학교 설립에도 발 벗고 나섰다. 민세는 농민교육의 필요성을 제기하고 방학을 이용해 젊은 지식인들이 고향으로 돌아가 농촌계몽에 힘써줄 것을 강조했다. 해방 후에는 1948년 서울 돈암동에 중앙농림대학을 세우고 학장으로 농업인재양성에도 힘썼다.

이 책에는 그동안 잘 알려지지 않았던 민세와 관련 다양한 일화를 담고 있다. 민세와 가까이했던 가족, 지인들의 회고담과 증언을 통해 인간 안재홍의 진솔한 모습도 담았다. 민세는 '일생을 일하고 일생을 읽으라'를 좌우명으로 삼고 평생 많이 읽고 많이 쓰고 많이 생각하고 실천했다. 민세는 형식, 비형식,

무형식 학습을 통해서 독거(獨居)의 감옥에서나, 평동 서재에서나 부단히 학습에 힘썼다. 그리고 민족을 일깨우기 위해 기고, 강연, 학습조직 구축 등 다양한 성인교육 방법을 활용했다.

(23) 조동걸·한영우·박찬승 엮음, 『한국의 역사가와 역사학』, 창작과 비평사, 1994

이 책은 1994년 창작과 비평에서 상하권으로 출판했다. 여기에서 안재홍은 정인보, 문일평, 백남운, 이청원, 전석담, 손진태 등과 함께 민족국가 건설기의 주요 역사가의 한 사람으로 소개 되고 있다. 안재홍의 다양한 지적 활동 가운데 역사학, 특히 조선학에 대한 관심과 다양한 실천은 특별히 주목할 필요가 있다. 민세는 1932년 4월 자신이 8년간 재직했던 조선일보에서 물러났다. 이 해에 낙향해서 평택 고덕면 두릉리에 사랑채를 건립했다. 본격적인 역사서 집필을 위한 공간을 마련한 것이다. 이후 이곳에서 1934년부터 1938년까지 일제강점기 최대 출판사업의 하나인 다산 정약용의 『여유당전서』 교열작업이 위당 정인보와의 교대 작업으로 이루어졌다. 또한 일제 식민사관에 맞서 역사 관련 역저인 『조선상고사감』과 『조선통사』를 집필했다. 그런 의미에서 평택시 고덕면의 두릉산방은 조선학운동의 산실이다. 안재홍의 민세주의, 신민족주의 구상도 이곳에서 구체화되었다.

역사학계에서는 안재홍의 역사학을 이전 민족주의 사학과 구분해서 신민족주의 사학이라고 칭하고 있다. 해방 이후의 바쁜 정치활동 속에서 학문적으로 구체화하지는 못했지만 한국역사학의 새로운 지평을 연 것은 높이 평가하고 있다. 특히 일제의 한국 고대사 왜곡에 맞서 고조선과 단군, 고구려·백제·신라의 역사 등 고대사의 복원과 재해석에 힘쓴 점도 긍정적으로 평가하고 있다.

(24) 조맹기, 『제헌헌법의 정신과 공영방송』, 패러다임, 2017

저자는 민주공화주와 언론에 대한 관심을 가지고 한국 근현대 언론발전에 기여한 이승만, 안재홍, 이관구 등의 활동과 사상을 되짚어봤다. 공화주의 정신은 제헌헌법의 큰 골격을 형성했다. 이승만은 1904년 감옥에서 독립정신이라는 책을 집필했다. 여기에 근간이 되는 정신이 공화주의다. 각자가 스스로를 다스리는 정신이 독립정신이며 이는 공화주의 정신의 핵심이다. 청년 안재홍은 1912년 4월 6일 동경에서 이승만의 송별회에 함께했다. 이날 민세의 친구인 김병로, 송진우, 현상윤, 이인, 최두선 등 훗날 국내민족운동의 핵심인물로 참여한 청년 지식인들이 다수 참석했다. 제헌헌법의 공화주의 정신에 토대를 놓은 인물로 안재홍이 있다.

1947년 2월 민세는 미군정청 민정장관에 임명됐다. 이 시기 제헌헌법에 대한 조직이 만들어지고 논의가 본격화한다. 민세는 한성일보에서 함께 일했던 언론인 이관구와 함께 이 작업에 참여했다. 민세는 1948년 5.10 선거가 끝나고 같은 해 6월 민정장관을 사임했다. 7월 17일 제헌절로만 기억되는 제헌헌법은 민주공화주의 정신에 바탕을 두었다. 민세는 제헌헌법에 이런 염원을 담고자 힘썼다.

(25) 안재홍 지음, 김인희 역주, 『조선상고사감』, 우리역사연구재단, 2014

『조선상고사감』은 1937~1942년 사이에 안재홍이 자신의 고향 평택에서 집필했다. 민세는 1932년 4월 경영난으로 조선일보 사장을 그만뒀다. 그리고 일제의 억압이 심해지자 고향 평택으로 낙향했다. 신간회 해소 이후 민세는 정치투쟁을 하는 것은 절망적인 상황으로 조선 역사를 깊이 연구하여 민족정기를 영원히 남겨두는 것이 자신의 사명이라고 여겼다. 소년기에 조선의 사마천을 꿈꿨던 안재홍은 한국 역사 특히 단군과 고조선 등 고대사에 남다른 관심을 가졌다. 민세가 이 책을 쓸 당시는 일제가 단군을 부정하고 그 정신을 말살하던 때였다. 또한 조선과 일본은 같은 민족이라는 일선동조론을 통해 식민지배를 정당화하고자 했다. 민세는 이에 맞서 단군의 고조선 건국을 뚜렷한 역사사실로 밝히고 싶었다. 이 책은 기자조선, 고구려와 신라의 건국상황과 관직, 삼한과 가야, 부여조선, 백제사, 조선의 고대 지리문화에 대한 분석 등 상고사를 다루고 있다. 민세는 우리가 민족정기를 잃지 않으면 언젠가 독립을 이룰수 있다고 생각했다. 민세에게 닥쳐오는 수난의 멍에는 쉽게 벗을 수 없었지만뜻은 더욱 굳세졌다. 이 책의 서문에서 민세는 자신을 옥바라지하다가 먼저떠난 아내 이정순 여사에 대한 고마움을 적고 있다.

(26) 민세안재홍선생기념사업회, 『안재홍과 신간회의 민족운동』, 선인, 2012

일제 강점기 최대의 항일운동단체는 신간회였다. 신간회는 1927년 2월 15일서울 중앙기독교청년회관(현 서울YMCA)에서 전 민족의 뜻을 모아 창립했다.이후 1931년 5월 16일까지 활동했던 신간회는 전국 120여 개 지역에 지회를설립, 5만여 명이 넘는 회원을 확보했다. 또한 여성 중심의 자매단체인 근우회도 함께 활동해 일제 식민통치에 커다란 타격을 입혔다. 신간회는 자치운동을비판하고 문맹퇴치운동을 비롯해, 노동·농민운동 지원, 여성권익 향상, 소작쟁의 지원, 지방열 단체 비판 등 다양한 운동을 통해 민족운동의 품격을 크게높였다. 신간회 운동은 1929년 11월 3일 일어난 광주학생운동의 전국화에도조직적으로 영향을 미쳤다. 이 신간회 창립의 주역 가운데 한 사람이 민세안재홍이다. 민세는 조선일보 주필로 벽초 홍명희, 우창 신석우, 평주 이승복등과 함께 신간회 창립을 이끈 핵심 인물이다. 또한 창립 이후에는 경북 문경·상주와 대구, 경남 하동·진주, 전남 나주 등 각 지역을 순회하며 강연회를 통해신간회 운동의 전국 조직화에 힘썼다.

민세는 일평생 신간회의 통합 정신을 마음에 새기고 일관된 삶을 살았다. 신간회 해소 이후에는 다산 서세 99주년을 계기로 조선학 운동에 분투했고 해방 후에는 통일국가 수립운동에 힘썼다. 이 책은 2007년 신간회 창립 80주년 기념 학술대회의 성과를 모은 것이다. 윤대식 교수는 '안재홍과 신간회'에서 안재홍의 신간회 참여는 자신의 삶의 일관성을 보여준 중요한 실천의 장이었다고 분석했다.

(27) 한영우, 『한국선비지성사』, 지식산업사, 2010

이 책은 한국사학계의 원로 한영우 서울대 국사학과 명예교수가 썼다. 필자는 한국인의 무서운 생존능력 가운데 하나로 선비지성, 선비문화에 주목했다. 이 책은 단군신화에서 시작해 삼국, 고려, 조선, 근대시기에 걸쳐 선비정신과 관련 인물을 통시적으로 소개하고 있다. 여기에서 민세는 조소앙, 손진태 등과 함께 근대의 대표적인 선비지성으로 평가되고 있다.

(28) 김기협, 『해방일기』 1~10권, 너머북스, 2011

이 책은 역사학자 김기협 박사가 썼다. 필자는 원칙과 상식을 중시하는 중도적 정치노선이 힘을 키우기 바라는 마음에서 이 책을 집필했다. 이 책은 해방 직전인 1945년 8월 1일에서 대한민국 정부가 수립된 1948년 8월 13일까지 3년간의 정치 사회상을 가상일기 형식으로 써 내려가고 있다. 2011년 간행을 시작해 2015년까지 총 10권으로 나눠 출간했다. 필자는 6.25 당시 북한군 치하 서울의 생생한 경험을 일기형식으로 쓴 『역사 앞에서』의 저자 김성칠 교수가 부친이다. 이 책에는 중간 중간에 당시 상황 이해를 위해 안재홍 선생에게 묻는다라는 필자와 민세의 가상 대화를 싣고 있어 흥미를 끈다. 해방 3년의 정치, 사회 상황 관련해서 가장 많은 글을 쓴 사람이 민세였다. 해방일기 구상과 집필에도 민세의 자료가 큰 도움을 주었다. 또한 필자의 중도파 지식인에 대한 남다른 관심도 한몫을 했다.

『해방일기 1』은 1945년 8월 1일부터 10월 29일까지의 일기이다. 이 시기 안재홍은 8월 15일 여운형과 함께 조선건국준비위원회를 결성했다. 민세는 건준이라는 이름을 직접 짓기도 했다. 8월 16일에는 경성방송국(현 KBS 전신)에 나가 첫 해방연설 해내 해외 삼천만 동포에게 고함이라는 방송연설을 했다. 9월에는 건준을 탈퇴하고 국민당을 창당했으며, 자신의 건국비전을 담은『신민족주의와 신민주주의』를 출간했다.

(29) 민세안재홍선생기념사업회,『민족운동가들의 교류와 협동』, 선인, 2017

안재홍은 1913년 여름 일본 동경 와세다대 유학중 70여 일간 중국을 여행하고 돌아왔다. 그리고 평생 국내에서 민족운동을 하기로 다짐했다. 이후 1945년 8월 해방의 그날까지 9차례 옥고를 치르면서 이 약속을 지켰다. 언론인으로 국내에서 활동했기에 민세는 다양한 사람들과 폭넓은 교류를 했고 인연을 맺었다. 이 책은 일제 강점기와 해방 공간에서 안재홍과 교류하며 활동했던 민족운동가 이승복·정세권·이극로·김원봉 등을 함께 조명했다. 평주 이승복은 조선일보 시절부터 해방 후 정치활동에 이르기까지 민세와 반평생을 함께 한 독립운동가였다. 이 과정에서 옥고도 함께 치렀다. 일제에 맞서 서울 북촌을 새로 건설한 일제강점기 건축왕 기농 정세권은 민세와 함께 물산장려회·신간회·조선어학회 등 독립운동단체를 지원하다 옥고를 치렀다. 고루 이극로는 조선어학회를 이끌며 평생 한글 운동에 힘썼다. 1942년 조선어학회 사건으로 민세와 함께 수난을 당했다. 일제가 최고액의 포상금을 걸었던 약산 김원봉은 1915년 민세의 서울 중앙학교 학감 시절 제자였다. 의열단을 조직 무장 항일 투쟁으로 일제의 간담을 서늘하게 했다. 이 책에서 안재홍 연구자인 정윤재 교수는 자주적 근대화의 시각에서 안재홍의 조선정치철학을 다시 살폈다. 일제 치하에서 안재홍은 비타협적 민족운동을 실천했고 조선학의 중요성을 역설했다. 이 과정에서 조선수리철학을 구상했고 이는 해방 후 신민족주의론으로 구체화되었다. 민세는 우리말로 철학하기를 부단히 고민했다.

(30) 민세안재홍선생기념사업회,『안재홍의 언론사상 심층연구』, 선인, 2012

이 책은 언론인 안재홍의 삶과 활동을 종합적으로 분석했다. 민세는 1924년 4월 시대일보에 논설 기자로 첫 언론 활동을 시작해 혁신 조선일보 주필로 자리를 옮겨 1932년까지 부사장, 사장을 역임하며 다수의 사설과 시평을 썼다. 경영상의 어려움으로 조선일보를 그만둔 후에도 1936년 투옥되기 전까지 조선일보 객원으로 다수의 글을 발표했다. 언론 활동과 관련 민세에게는 최초라는 수식어가 많이 붙는다. 1924년 10월 한국 최초 4단 신문 만화의 기획자였다. 1925년에는 전조선기자대회 부의장으로 활동하며 언론을 통한 민족계몽에 힘썼다.

이 시기 민세는 현재의 기자협회와 같은 성격의 모임인 무명회의 초대 회장을 맡았다. 1927년에는 조선신문소사를 조선일보에 연재한 한국 최초의 언론사학자였다. 민세는 1930년대에는 사회주의자 김명식과 함께 당대 최고의 논객으로 꼽혔다. 해방 후인 1946년 2월에는 한성일보를 창간하고 사장으로 활동했다. 또한 민세는 한성일보의 자매지로 한국 최초 중국어 신문을 발행하기도 했다. 이 책에는 안재홍의 조선신문소사의 언론사적 의의, 민세가 집필한 신문기사와 논설에 대한 내용 분석, 광복 이후 안재홍의 언론 활동 등 여러 편의 논문이 실려 있다. 언론학자 박용규는 민세가 언론을 무기로 독립과 통일이라는 당대 문제 해결에 힘썼다고 평가하고 있다.

(31) 한국학중앙연구원, 『안재홍 심층연구』, 황금알, 2005

이 책은 2004년 한중연·고려대 박물관 주관 제2회 민세학술대회의 연구 성과를 정리했다. 정윤재 교수는 1930년대 안재홍의 민족문화 보존운동인 문화건설론을 재조명했다. 이진한 교수는 안재홍의 신민족주의 사관에 대한 분석을 통해 민세가 한민족의 특수성 또는 일원다양성을 인식했다고 평가하고 있으며 김인식 교수는 해방 후 안재홍의 중경임시정부 확대 강화라는 영립보강론의 의미를 연구했다. 윤대식 교수는 민세가 정치에 있어서 의무라는 가치를 강조하며 신민족주의를 제창했음을 밝혔다. 또한 이 책은 한국학중앙연구원의 2003년도 공동연구과제로 채택된 이후 2년여 동안 계속된 전문 학자들의 연구 결과를 모은 책이다. 본 연구 과제를 기획하는 과정에서 연구자들은 민세 안재홍에 대한 소개가 여러 계제에 많이 이루어졌고 각 분야에서의 관심과 연구가 계속 축적되어 가고 있지만 이번에는 민세의 사상과 행동에 있어서 보다 구체적인 분석과 이해가 필요한 부분들을 찾아 그에 대한 심층 분석을 시도하는 것이 의미가 있다고 강조했다.

(32) 류시현, 『한국근대역사학의 성립과 발전』, 선인, 2017

이 책은 한국 근대역사학의 배경과 그 성과, 일제 강점기 민족주의 사학과 사회경제 사학을 이끈 주요 인물들의 활동에 대해 정리했다. 1931년 5월 16일 신간회가 해소됐다. 비타협민족주의자로서 1927년 2월 15일 신간회 창립 당시 홍명희 등과 함께 주도적 역할을 했던 안재홍은 신간회 해소에 끝까지 반대했다. 당시 신간회 해소를 지지했던 사회주의 계열은 대중조직을 기반으로 한 새로운 전위조직의 재건을 도모했고 존속을 지지했던 비타협민족주의 계열은 조선민족을 위한 지도기관의 필요성을 강조했다. 이후 안재홍은 신간회의 해소에 좌절하지 않고 차선책으로 이충무공 유적·단군신전 보존운동 등에 참여했다. 또한 신문과 잡지를 통해 한민족의 독자적인 문화·역사·정치의 전통체계를 찾고 연구하는 것이 필요하다고 강조했다. 1934년 9월 다산 정약용 서거 99주기를 맞아 정인보와 함께 '여유당전서' 교열·간행 작업을 시작한 것도 이런 당위성에 근거한 것이다. 1930년대 안재홍, 정약용 등이 주창했던 '조선학론', '조선학운동'은 신간회 해소 이후 새로운 민족운동의 좌표를 설정하기 위한 노력이었다. 이들은 근대적 방법론을 활용 조선적인 전통을 세우고자 했다. 이런 문제의식은 당대 사회경제사학자들에게도 공감을 불러 일으켰다.

(33) 정윤재, 『안재홍 평전』, 민음사, 2018

경기문화재단은 2013년부터 '경기도 대표인물 평전' 발간사업을 해왔다. 그동안 율곡 이이, 다산 정약용, 정조, 잠곡 김육, 민세 안재홍 등의 평전이 발간되었다. 경기도 출신 역사 인물들의 공통된 특징은 실사구시와 개혁성이라고 할 수 있다. 안재홍도 이런 경기지성사의 영향 속에서 경기실학의 맥을 잇고 있는 인물이다. 특히 식민지 극복과 민족통일이라는 시대적 과제 해결에 힘쓴 민세는 조소앙과 함께 20세기 경기지성사에서 빼놓을 수 없는 인물이다.

『안재홍 평전』은 2018년 안재홍 연구의 권위자인 정윤재 한국학중앙연구원 명예교수가 집필했다. 2002년 정 교수가 출간했던 안재홍 전기를 바탕으로 그 이후 15년간 축적된 민세연구의 성과를 종합하고 새롭게 정리했다. 이 책에서 저자는 민세 개인사는 물론 관련 인물과 사건에 대한 보다 상세한 내용을 추가했다. 또한 친일 극우와 좌익 혁명을 배제한 순정우익의 정치노선에 대한 소개로 민세에 대한 이해를 높였다. 이 책은 전반부에서 일제에 맞선 비타협민족주의자이자 민족혼을 지킨 조선 선비 안재홍의 삶을 조명했다. 후반부에는 이념적 극단을 경계하는 민족주의자로 통일 건국에 힘쓴 민세의 삶과 활동을 평가하고 있다. 저자는 21세기 세계화 시대 한국정치의 발전과 성숙을 위해 안재홍이 현장 속에서 갈고 닦은 국제적 민족주의론과 다사리 이념이 여전히 유효한 준거가 될 수 있다고 봤다.

(34) 민세안재홍선생기념사업회, 『안재홍의 민족운동연구 1』, 선인, 2021

이 책은 역사학·정치학·언론학·문학 등 각 분야 전공자들이 독립과 통일이라는 두 개의 민족운동 과제에 안재홍이 어떻게 대응하고 문제를 해결하고자 했는지 입체 분석했다. 1924년 9월 조선일보 주필로 입사한 민세는 이 시기에 구미 정세, 중국, 일본, 인도 등 국제 관련한 다수의 논평을 발표했다. 안재홍의 국제적 민족주의가 초기에 국제적 시야로부터 출발하고 있음을 알 수 있다. 이 시기 민세의 생각은 '1920년대 구미 정세 인식'(김명구), '중국혁명을 바라보는 안재홍의 시각과 태도'(윤대식)라는 논문을 통해 이해할 수 있다.

'백두산등척기에 나타난 숭고 체험의 양상과 그 의미'(이철주)는 민세의 1930년 7월 백두산행을 식민지 지식인의 진정한 자아 찾기 과정으로 규정하고 있으며 '조선학연구에서 근대정체성 서사와 다산 정약용'(이지원)은 1930년대 안재홍의 조선학운동 실천의 의의와 다산 재발견의 의미를 탐색하고 있다. '조선건국준비위원회의 건국 구도'(김인식)는 1945년 8월 15일 해방과 함께 조직되어 민세가 부위원장으로 활동했던 건준에서 안재홍의 건국 구도를 분석하고 있다.

이 책에는 '민세 안재홍의 중도정치 담론'(김정기)이라는 논문도 실려있다. 정치학자 핸더슨은 해방 후 한국정치의 특성을 소용돌이의 정치로 규정했다. 한국정치는 정당이든 개인이든 모든 정치개체들이 원자 사회의 모래알이 되어 권력의 정상을 향해 빨려 들어가는 현상을 비판한 것이다. 핸더슨이 한국정치발전을 위해 제시한 중간지대의 응집력은 안재홍의 중도정치와 맥이 닿아 있다.

(35) 민세안재홍선생기념사업회, 『대한민국 청년외교단·애국부인회 참여인
　　 물연구』, 선인, 2019

민세는 3.1운동과 대한민국 임시정부 수립이라는 1919년의 역사적 사건을
보면서 한민족의 희망을 발견했다. 항일을 위한 굳은 의지는 독립운동의 조직
화 필요성을 절감했고 이는 대한민국 청년외교단 참여로 구체화되었다. 한국
민족운동사에서 커다란 전환기였던 1919년 3.1운동의 성과는 고스란히 그해
4월 11일 대한민국 임시정부 수립으로 이어졌다. 이 시기 20대 후반의 안재홍·
연병호·김마리아·황애덕은 대한민국 청년외교단, 애국부인회를 조직하고 국
내에서 임시정부를 지원하기 위한 자금 모금과 비밀 조직 구축에 힘쓰다가
일제에 발각되어 수난을 당했다. 이 활동은 3.1운동, 대한민국 임시정부와 함
께 1919년의 대표적인 항일운동 성과로도 평가받고 있다. 안재홍 개인적으로
도 첫 번째 옥고는 이후 조선일보 필화와 신간회민중대회 사건, 흥업구락부·
군관학교 사건, 조선어학회 사건으로 이어지는 9번, 7년 3개월 수난의 시작이
자 삶의 중요한 전환적 계기였다. 김인식 교수는 '안재홍의 1919년 대한민국
청년외교단에 참여하는 과정과 활동상'이라는 논문을 통해 안재홍이 청년외교
단에 참여한 배경과 계기를 조명했다. 당시 민세는 조선산직장려계 사건으로
중앙학교 학감을 사임한 뒤 고향 평택으로 낙향해서 시국대책을 강구하고 있
었다. 그러나 3.1운동의 조직화 과정에 대해 여러 방면을 통해 알고 있었고,
평택에서 일어나는 만세운동도 목격했다. 이후 서울로 올라와 본격적으로 민
족운동에 참여했다. 이에 연병호·이병철 등과 함께 상해임시정부의 외교활동
을 지원하는 대한민국청년외교단을 조직하고 비밀활동에 참여했다.

(36) 민세안재홍선생기념사업회, 『민족지도자 안재홍 공식화보집』, 그림씨, 2022

이 책은 평택시의 지원으로 발간했다. 민족지도자 안재홍의 삶과 활동을 17개로 나눠 사진 자료를 중심으로 정리한 자료집이다. 안재홍의 삶은 참으로 험난했다. 민세는 한민족의 과거, 현재, 미래를 복합 고민하며 평생 독립과 통일에 헌신했다. 민세는 엄혹한 일제 치하에서 9차례에 걸쳐 7년 3개월의 수난을 겪은 독립운동가였다. 또한 조선일보 주필·사장을 지낸 민족 언론인이다. 안재홍은 다수의 사설과 시평을 발표, 민족을 일깨우고 일제 식민통치에 커다란 타격을 입혔다. 민세는 조선정신의 중요성을 찾고 지키기 위해 신채호 선생의 역저 『조선상고사』의 신문 연재를 도왔다. 다산 정약용 선생의 문집 『여유당 전서』를 교열·간행, 조선학운동의 선두에도 섰다. 해방 후 안재홍은 민족 통합에 매진했다. 건국준비위원회 부위원장, 국민당 당수, 민주의원, 입법의원, 좌우합작 우측 대표, 미군정 민정장관, 신생회장, 2대 국회의원 등으로 이어지는 숨가쁜 역정은 통일 민족국가 수립을 위한 고군분투였다. 이 화보집을 보면 민세가 다양한 분야에서 활동하며 나라를 되찾고, 통일민족국가를 수립하기 위해 어떤 노력을 했는지를 알 수 있을 것이다. 흩어진 자료를 여러 사람들의 지원 속에 다시 모으고 정리하는 일은 쉽지 않았고 시간도 많이 필요했다. 그래도 세상에는 뜻을 나누고 함께하는 데 도움을 주는 고마운 사람들이 여전히 많다.

(37) 강정인 외, 『한국현대정치사상의 흐름』, 아카넷, 2020

20세기 한국 근현대 정치는 독립과 통일, 산업화와 민주화라는 시대적 과제에 대한 치열한 상황인식 속에서 이루어졌다. 이 책은 근현대 한국 정치사상의 흐름을 주요 인물들의 사상 측면에서 정리한 것이다. 여기에 언급된 인물들은 단순히 사상만 제시한 것이 아니라 당대 현실과제에 맞서 주체적으로 대응하며 이론과 실천으로 문제 해결에 힘썼던 지도자들이다. 이 책에는 근대 정치사상가로 대립의 길을 걸었던 정치가 김구와 이승만, 한국 보수주의의 기원을 형성한 김성수, 송진우, 장덕수, 공산주의의 한국화를 꾀했던 박헌영, 조봉암과 함께 중도파 민족주의 정치사상가로 안재홍, 여운형, 조소앙을 소개하고 있다. 또한, 1970년대에 대립적 정치 상황을 이끌었던 박정희와 함석헌·장준하, 1980년대 신군부에 맞서 실천적으로 저항했던 이영희, 박현채, 문익환, 장일순 등의 사상도 함께 소개하고 있다.

이상익 부산교대 교수는 이 책에서 안재홍의 다사리주의와 순정 우익의 중도노선이 가지는 현재적 의미를 분석하고 있다. 다사리주의는 민족의 단결을 통해 자아의 생존과 발전을 도모하면서 인류공존을 지향했던 안재홍의 독특한 이념이었다.

필자는 안재홍의 사상이 민족의 전통을 발굴하고 그것을 현대적으로 재해석함으로써 정치사상의 토대를 삼으려 했다는 전통사상의 현대화의 중요한 사례로 제시하고 있다.

(38) 박용규, 『식민지 시기의 언론과 언론인』, 소명출판, 2016

이 책은 한국언론사 연구 전문학자인 박용규 상지대 교수가 집필했다. 현재까지 한국언론사 연구는 주로 매체연구에 집중해 왔다. 언론인 연구도 서재필, 장지연 등 개화기 시대 언론인 조명에 제한된 면이 있다. 이 책은 식민지시대 조선인 발행 신문인 시대일보, 중외일보, 중앙일보의 특성과 활동을 분석했다. 또한, 1920년대 중반 이후 조선·동아의 언론 활동과 함께 안재홍·여운형의 언론 활동과 사상을 다뤘다. 근현대사와 한국 정치사상 분야에서 안재홍 연구는 지난 30년간 괄목할 만한 성과를 냈고 다수의 단행본이 발간됐다. 그러나 직업 언론인으로 시대일보·조선일보·한성일보 등에서 논객으로 활동하며 그 시기마다 현실문제에 대한 냉철한 분석과 비판의 글을 쓴 언론인 안재홍에 관한 연구는 상대적으로 미미하다. 민세는 『조선신문소사』를 쓴 한국 최초의 언론사학자로 당대에도 '속필의 대기자', '문웅(文雄)', '장강대하의 명문장'이라는 평가도 받았다. 아울러 일제강점기와 해방 공간에 걸쳐 계몽적인 언론과 비판적 언론인의 자세를 강조하고 실천한 대표적인 언론인이기도 하다.

(39) 오영섭, 『한국 근현대사를 수놓은 인물들』, 경인문화사, 2007

이 책은 근현대사 전문연구자인 오영섭 박사가 2007년 출간했다. 오 박사는 1998년 안재홍의 해방 후 정치활동을 조명한 학술논문을 집필했다. 필자는 근현대 인물연구에서 특정 인물을 당대의 역사적 상황이나 조건 속에서 파악해 보려는 관점에서 이 책을 저술했다. 오 박사는 대종교를 수용한 인물로 정인보, 이용태와 함께 안재홍의 해방 후 정치활동을 분석했다.

필자는 안재홍의 해방 후 민공협동운동은 남북분단 상황을 극복하고 자주적인 통일민족국가를 건설해야 하는 한민족의 당면과제에 비추어 볼 때 역사적으로 조명받을 가치가 충분하다고 평가했다. 또한, 자신의 신념이자 이상론인 민공협동론의 실현가능성이 점차 희박해지자 미련 없이 최선책을 버리고 이승만 정권에 참여하는 차선책을 택하게 되는 그의 사상적 탄력성도 다시금 돌아볼 필요가 있다고 봤다.

당시 민세의 단정참여론은 객관적인 현실 상황을 여러모로 고려한 사상전환의 결과인 동시에 중도우파 지식인의 고뇌 어린 용단이었다고 평가하고 있다. 민세는 일제강점기에도 신간회 운동 등에 참여하면서 국내 독립운동의 현실적 제약 속에서 늘 최선에 가까운 차선책을 고민했던 지식인이었다. 이러한 민세의 삶은 해방 후 정치활동에서도 그대로 반복됐다. 그래서 이상과 현실의 괴리 속에 끊임없이 번민했다.

2) 안재홍 학술 연구의 현황

1980년대 이후 현재까지 안재홍 관련 학술 연구도 여러 분야에서 이루어졌다.[57]

(1) 안재홍의 생애 전기 연구

안재홍의 생애 전반의 활동과 사상에 대한 개괄적 조명이 이루어졌다. 박학하고 부드럽고 능동적인 애국자로 타인의 추종을 불허하는 달필로 안재홍을 평가한 정치학자 이정식은 생애 활동 관련 다양한 글을 남긴 안재홍의 성장기와 청년기의 자전적 기록을 정리해서 『구성 민세 안재홍의 자서전』이라는 주제로 생애를 간략히 정리한 글을 최초로 발표했다. 이후 지사적 언론인의 맥을 잇는 안재홍의 후학이자 언론인, 사학자 천관우는 안재홍 사후 12년이 지난 1977년 민세 안재홍 연보를 『창작과 비평』에 발표하여 안재홍 연구의 학술적 토대를 제공했다. 1944년 경성제대 문과에 입학한 천관우는 8.15 해방 직전 당시 칩거 중이던 안재홍을 비교적 자주 만날 우연한 기회가 있어 실학에 대해 몇 가지 귀중한 시사를 얻었다. 이런 인연으로 안재홍과 유사하게 지사적 언론인·역사학자의 길을 걸으며 박정희 독재정권에 맞선 천관우는 1972년 민주수호범국민협의회에 김재준·함석헌·법정 등과 함께 공동대표를 맡아 활동하다가 동아일보에서 강제 해직 당하고 10년 넘게 칩거하면서 가택연금 상태에서 1977년 『단채신채호전집』 교열에 이어 『민세안재홍선집』 발간작업 준비 중

---

57) 황우갑, 「안재홍의 성인교육활동과 온정적 합리주의 리더십 연구」, 숭실대 대학원 박사학위논문, 2019 참조.

1978년 민세 안재홍 연보를 발표한 것이다. 당시 국내에 영향력 있던 잡지
『창작과 비평』에 연보가 발표돼 안재홍에 대한 학문적 관심이 높아졌다.

안재홍에 대한 최초의 학문적 평가는 1983년 나온 정윤재의 『안재홍의 정치
사상 연구』로 서양 정치사상의 단순한 이식이 아닌 해방 이후 주체적인 정치
적 줏대를 가지고 민주공화주의 수립에 이론적, 실천적 기여를 한 안재홍의
신민족주의와 조선정치철학에 대해 주목했다. 이후 미국 하와이대에서 안재
홍의 정치리더십 연구로 박사학위를 받고 『안재홍 평전』을 최초 집필한 정윤
재는 안재홍의 삶을 곧은 선비정신으로 민족정기와 관용의 가치, 그리고 민주
주의 신념을 꿋꿋하게 지키면서 살고 투쟁했던 민족지도자로 평가하고 있다.

사학자로 안재홍의 생애와 항일·정치활동을 분석한 김인식은 안재홍이 추
구한 초계급적 통합민족국가의 현재성에 주목하면서 안재홍을 민족의 독립을
위하여 행동한 지사·실천가였을 뿐만 아니라 새로운 국가 건설의 이상과 구체
안을 체계화한 이론가·사상가로 평가하고 있다. 윤대식은 안재홍을 전통과
근대를 종합하여 문화대국을 지향하고, 민족과 이념을 모두 포섭하려 했던
경계인으로 평가했다. 그는 안재홍의 삶을 정신의 삶, 투쟁의 삶, 건국의 삶,
경계의 삶으로 나누어 살펴보고 시종일관 각성한 정신의 삶으로부터 정치적
재탄생의 활동의 삶으로 전환되며 정합성을 유지하고 있다고 분석했다.

(2) 안재홍의 항일운동 연구

항일독립운동가로서 안재홍의 일제강점기 항일투쟁 과정과 수난, 활동성과
에 대한 연구도 꾸준하게 이루어졌다. 김인식은 안재홍이 1919년 3.1 만세운
동의 초기 과정에는 직접 참여하지 않았으나, 한민족의 아우성에서 정의감과
비감함을 확인하고 소극적 자세를 털어내고 이후 항쟁의 중심으로 뛰어들어
1919년 4월 신문사를 설립, 운영하여 독립 사상을 고취할 목적으로 상경, 임시

정부의 외교독립운동을 지원하는 청년외교단에 참여·활동함으로써 3.1민족운동을 이어나갔으며 그 이면에는 3.1 민족운동과 임시정부 건립의 계기성·연속성을 중시한 역사의식이 자리 잡고 있었다고 평가했다. 이러한 역사의식은 8.15 해방 이후 대한민국임시정부의 법통성을 주장하는 역사의식으로 이어졌고, 안재홍의 신민족주의 국가건설운동 과정에서 발현되어 중요한 정치노선의 토대가 되었다.

윤대식은 신간회는 안재홍이라는 지사적 투사가 자신의 정치적 사유와 삶의 일관성을 정합한 대상이었으며, 안재홍은 타협적 민족운동노선을 거부했고 비타협적 민족운동노선의 최종 완결체로서 민족단일당의 결성을 염원했다고 파악했다. 이지원은 일제강점기 안재홍의 항일운동 과정과 사상을 정치경제 사상과 민족해방운동론의 관점에서 분석하여 자본주의적 근대화를 지향하면서도 자본가 중심의 세계관을 거부하고 제국주의에 저항하며 독자적 민족주의를 추구한 실천 과정을 살펴보고 그의 일제강점기 민족해방운동론은 국내 비타협적 부르주아 민족주의 계열의 가장 전형적인 정치적, 사상적 입장을 보여주고 있다고 평가했다.

(3) 안재홍의 언론 활동과 사상 연구

언론인으로서 안재홍의 해방 전 시대일보와 조선일보를 통한 언론 활동과 해방 후 한성일보에 이르기까지의 언론 활동과 사상에 대한 연구도 있었다. 조맹기는 안재홍의 언론사상을 신민족주의 언론사상으로 정리하고 논설기자 출신인 안재홍은 당시 기자의 지도자적, 국사(國士)적 기풍을 볼 수 있으며 안재홍이 나, 나라, 누리가 함께하는 언론 자유를 염원했다고 평가했다. 또한 안재홍의 언론 활동은 일본 제국주의 시대부터 해방 이후 일관되게 민주공화국 정신을 발전시켰으며 안재홍은 정치·경제 사설 집필자로, 전 조선기자대회, 신간회, 신민족주의 등 사회운동을 주도하였고, 대한민국의 민주공화국 건설에 결정적으로 기여하였다고 분석하고 있다.

아울러 언론인 안재홍이 해방 후 과도정부 입법의원, 미 군정청 민정장관으로 1948년 제헌헌법 제정 당시 결정적 기여를 했다고 평가했다. 안재홍은 당시 국민개로, 대중공생, 만민공화 등으로 신민족주의를 논의했으며 국민개로는 균등경제체제로서의 사회민주주의적 요소를 가지고, 대중공생은 자율적 평등주의 정신을 가지고, 만민공화는 공화주의 정신을 표현했다고 분석하고 있다.

김영희는 한국 최초 언론사학자로 평가받는 안재홍의 『조선신문소사』 분석을 통해 이 책이 구한말 신문현상의 다양한 주제를 포괄하고 있어 일제강점기 발표된 신문사 가운데 가장 대표적인 연구 성과이자 해방 후 현대 언론사 연구에도 적지 않은 영향을 미쳤다고 보았다. 윤상길은 안재홍 집필 신문기사 및 논설의 내용분석을 통해 그가 가장 관심을 가지고 집필한 분야가 한국 국내문제였으며 점차 국제 관계에 관심을 가지게 되었고 안재홍의 정치적 입장이 바뀌는 1929년 전후 정치논설의 비율에는 변화가 없으나 문화 분야에 대한 기사가 두 배 이상 증가하고 있음을 실증적으로 분석했다. 박용규는 일제하 안재홍의 언론관은 신문의 상품화와 언론의 직공화를 경계하면서 언론의 민중적 표현기관으로써의 역할과 언론인의 지도자 또는 국사(國士)적 자세를 요구했으며, 안재홍이 민족운동가 중 직접 글을 쓰는 언론인으로 활동했던 유일한 인물로 광복 이후 지나치게 정략적이고 파벌적인 언론 활동의 지양을 강조했으며 사설이나 칼럼을 통해 통일국가의 수립을 줄곧 주장해 당시 지식인들에게 큰 반향을 불러 일으켰다고 평가했다.

(4) 안재홍의 한국 고대사 연구

일제식민사학에 맞서 『조선상고사감』, 『조선통사』를 집필한 역사학자로서의 활동과 역사관의 특징 분석에 대한 연구도 있다. 한영우는 안재홍의 역사학이 한국고대사 분야에 일가를 이루었을 뿐만 아니라 지리고증이나 대외항쟁사적 차원을 벗어나 사회사와 사상사의 넓은 안목에서 고대사 이해 수준을 한 단계 높였고 비교언어학적 방법을 사용 독창적인 '기·지·치 원칙', '달→불→나'의 진행법칙, '붉·발·배어'의 원칙을 가지고 한국사회사의 보편성을 증명하며 식민사관 극복에 노력하고 신민족주의 역사학의 토대를 놓았다고 평가했다. 안재홍의 신민족주의 역사학은 신채호, 정인보류의 민족주의 역사학을 발전적으로 계승하면서 해방 후 새로운 민족주의 사학을 모색하는 단서가 된 신민족주의 역사학을 주창했다는 한국 근현대 사학사의 중요한 의미를 가진다.

이진한은 안재홍의 고대사연구 성과에 대해 사회언어학적 방법의 사용을 통한 한국 고대사의 틀 제시와 인류학의 성과를 수용하고 세계사적 관점에서 조선사를 탐구했으며 상고사 속에서 찾아낸 조선적 특수성을 통해 민족 독립의 당위성을 찾아내려고 한 것이며, 안재홍은 6~7세기 한국 고대사가 전성기였으며 신라 통일기 이후를 민족사적 퇴행기로 보고 있으며, 유물사관의 계급갈등론, 국가관, 사회관 등은 한국 사회에 적용되기 어렵다고 인식했다고 평가했다.

김기승은 안재홍의 신민족주의 사학이 가진 역사인식의 특성을 살핀 후 그가 역사를 민족사 중심으로 인식하고 각 민족은 문화적 특수성을 갖지만 세계적 보편성에 귀일하는 것이라 주장하며 보편성 인식에서 서구 학문에 확립된 이론이 한국사에도 적용되었고 이전의 민족주의와 민족주의 역사학과 자신의 사상과의 이론적 차이를 강조하며 신민족주의 사학이라고 명명했다고 평가했다.

김수태는 안재홍이 민족흥망사에 관심을 가진 이유는 일제 식민사학의 비판과 흥망사에 대한 이해를 바탕으로 한국사회 발전사를 체계적으로 정리하고자 한 것으로 한국민족이 어떻게 독립을 이뤄낼 수 있느냐의 문제와 관련이 있으며 안재홍의 역사학을 신종합적 유물사관으로 이해한 기존 시각을 비판하고 신민족주의로 평가하는 것이 옳다고 주장하고 있다.

(5) 안재홍의 정치사상과 신국가건설운동 연구

기존 연구 성과 중 가장 많은 분야를 차지하는 것이 해방 후 정치가로서 통일국가수립 과정에 참여한 안재홍의 활동과 신국가건설운동 과정에서 그가 제시한 신민족주의, 다사리국가론 등 국가건설론의 특성 분석에 관한 연구이다. 먼저 해방 후 안재홍의 신국가건설운동은 건국준비위원회에 참여와 민족주의진영의 주도권 강화 주장, 중경임시정부 중심의 신국가건설 중요성 제기와 중경임시정부영립보강운동, 미소공동위원회의 신탁통치 결정에 따른 대응으로서 좌우합작 운동과 제2차 미소공동위원회 결렬 이후 한국문제가 UN으로 넘어간 이후 민주역량강화와 순정우익집결운동 등으로 실천되었다.

안재홍 등 중도우파는 좌우합작과 통일운동의 실천을 위해 민족을 계급보다 우선시했고, 특정계급의 독주를 배제하고 전체 민족성원의 복지를 위해 평등을 중시하면서도 개인의 창의력 발휘가 가능한 초계급적 국가상을 제시하며 특정 사상에 휩쓸리지 않고 조선의 상황과 경험 과제에 합치되는 조선적 길을 찾아야 한다는 점을 강조하고 스스로 양보·공존·협동을 촉구하고 실천했다고 평가했다. 안재홍의 신민족주의 정치사상은 한국민족주의 사상의 전통적인 저항민족주의를 개별성과 보편성을 종합하는 주체적 민족주의로 전환시킬 수 있는 정치사상이었으며, 남·북한 간 사상 대립과 정치적 갈등을 극복하고 상호교류, 민족차원의 화합, 남북통일의 실천에 필요한 민족주의적 차원의 논리 구축에 쓸모 있는 사상적·철학적 공헌을 할 수 있는 유효성이 있다. 정윤재는 국제적 교류와 문화적 주체성을 강조하는 건강한 민족주의, '나·나라·누

리'의 자유사상, 다사리 이념으로 사회주의적 가치들을 민족공동체적 차원에
서 포용하고 실천했던 안재홍의 신민족주의 정치사상이 통일조국의 미래에
시사한 바가 크다고 강조하고, 안재홍의 조선수리철학에 내재한 자아개념은
데카르트 철학에 대한 비판적 대안으로 '우주적 공존철학(Cosmic-Together
Philosophy)'의 대표적인 예로 평가하고 있다.

유병용은 안재홍의 신민족주의 정치사상의 특징을 초계급적 통합민족국가
의 건설, 순정우익의 집결에 의한 극좌, 극우에 편향되지 않은 중앙노선으로
만민공생의 균등사회 건설을 지향하며 계급투쟁 지양과 민족자주노선, 민족문
화 창달의 강조, 국제 관계에 있어서의 개방적 민족주의 강조를 특성으로 하고
있다고 평가하고 있다. 또한 안재홍의 신민족주의는 해방 후 민족의 분열을
극복하고 만민공생을 이상으로 하는 새로운 국가의 건설을 실천하고자 했으
며 민족의 단결을 강조했고 한국민족주의의 궁극적 목표를 세계평화의 실현
에 설정함으로써 독립투쟁기 민족주의가 지니는 폐쇄성과 저항성을 극복하고
한국민족주의의 보편적·주체적 이념으로 승화될 수 있는 길을 열어주었고, 한
국민족주의가 나아가야 할 방향을 제시했다고 평가하고 있다.

임형진은 안재홍의 신민족주의론을 서구의 민주사회주의 사상, 사회민주주
의 사상, 사회적 민족주의 등의 영향 관계로 평가하는 기존 시각과 달리 일제
강점기의 오랜 정치투쟁의 산물로 전통 한국사상의 특성을 바탕으로 한국의
과거 역사 및 근대적 경험과 서구의 역사경험에 대한 세심한 비판적 검토를
바탕으로 제시된 이상적 국가건설 사상으로 평가하고 있다. 박한용은 안재홍
이 전통을 통해 근대를 완성하려다 전통 그 자체의 함정에 빠져버린 한계를
비판하면서도 민주주의를 민족주의 안에서 각인시키고 좌우의 충돌을 지양할
대안을 모색한 점을 높이 평가했다. 진덕규는 안재홍의 신민족주의는 계급보
다 민족을 소중하게 여겼으며, 외세 의존에서 벗어나 민족적 독자성을 주장하

며 기존 특정 사상 지향이 아닌 민족의 전통성에 기반을 둔 새로운 지향으로, 윤대식은 안재홍의 신민족주의와 신민주주의가 경제적 균등분배를 민주주의 실현과 국민국가 완성을 위한 선행 조건이었다는 측면에서 정치교의로서 기능을 하고 있다고 평가하고 있다. 장규식은 해방 후 신민족주의론으로 집약되는 안재홍의 지적 편력은 단순히 그 자신의 개인사 차원에 국한되는 것이 아니라 대종교에서 조선학운동으로 이어지는 일련의 지성사적 흐름을 포괄하고 대변하는 비타협적 민족주의 지식인의 사회전기라고 평가하며 다산 정약용의 국가주의, 헤겔의 국가주의, 독일 사회정책학파의 이론과 관련성이 깊다고 분석하고 있다.

안재홍은 세계사의 행정(行程)을 꿰뚫어 보는 혜안이 있었고 그에 대한 과학적 비판을 바탕으로 신민족주의와 신민주주의를 정립하였다. 그것은 동시에 조선 고유의 정치철학에 대한 탐색을 통해 자주 문화적으로 도출한 것이요 당시 유행하던 국제사조(자본주의나 공산주의)를 따른 것이 아니었다.

그러나 이러한 안재홍의 해방 후 국가건설론에 대한 비판적 평가도 있다. 취약점으로 안재홍이 제창한 초계급적 단결론은 심정적으로는 도덕적으로 받아들여졌지만 그를 뒷받침할 수 있는 뚜렷한 사회적, 경제적 지지기반을 확보하지 못했다는 것이다. 또한 해방 후 계급대립의 무효성을 주장한 안재홍의 생각은 과장된 것으로 이 시기 소작인과 지주의 대립이라는 계급모순이 존재했으며, 그가 주장한 초계급 사회는 해방 직후 조선에서 성립할 수 없는 것이며, 정치와 교육의 균등 주장도 추상적이었고, 권력과 경제의 균등을 주장했지만 둘 사이의 관계나 권력의 균등을 가능하게 할 민주주의 작동방식에 대해 설명하지 못하는 한계를 가지고 있다. 또한 신민족주의의 계급협조주의와 통합민족국가 건설의 논리는 계급협조를 통한 민족단결을 주장했으나 민족 내부에 존재하는 반민족적 요소를 척결하는데 불철저했다는 비판적 시각도 있다.

(6) 안재홍의 근대문화사상 연구

1930년대 조선학운동을 주창한 근대 문화사상가로서의 안재홍의 활동 내용과 성과에 대한 연구 성과가 있었다. 정윤재는 민족문화건설론을 실천한 안재홍이 일제가 세계일가사상을 내세우며 한민족의 말살과 황국신민화를 시도하는 것을 비판하고 한민족의 고유성과 세계성을 동시에 찾는 노력을 기울였으며 이 과정에서 한민족의 문화적 정체성을 끝내 지키기 위해 일제 식민통치에 저항하고 비판하는 민족문화건설의 정치를 실천함으로써 수시로 체포, 구금되는 고난을 감수하였다고 보았다.

이지원은 1930년대 안재홍이 주도한 조선학운동을 일제에의 예속을 배제하는 민중 중심의 민족국가 수립, 일제에 침식당한 조선의 주체성을 찾는 작업이자, 실용적이고 과학적인 조선연구를 강조하며 1910년대 주체적·저항적 국수보존론과 1920년대 좌우합작적인 민족문제 인식을 계승한 것으로 평가하고 있다. 한영우는 한국 선비정신의 계승자로서 안재홍의 활동을 평가하고, 이는 전통의 선비정신과 서양의 정치사상을 융화시킴으로써 서구적 사회주의와 자본주의의 첨예한 대립을 중도적으로 통합하여 사회통합을 일궈내려 했던 실천으로 보고 있다. 김인식은 안재홍이 주창한 조선학운동의 추이를 분석하고 안재홍이 조선학 자체를 운동의 차원에서 수립하자고 제창하지 않았으며 그가 제창한 구호는 '운동'→'정진'→'천명'으로 하향 구체화되었고 이때 조선학의 궁극적 목적은 조선의 독자적 특수성에 입각해 독자적인 정치문화체제의 가능성을 과학적으로 제시하려는 데에 있었고 안재홍은 일제 관학을 배격하는 동시에 유물사관의 역사의식과 방법론을 비판하고 선배, 동료 민족주의 사학자들의 정신사관까지도 극복하려 했다고 평가했다.

신주백은 조선학에 대한 안재홍의 정의는 과학으로써의 조선학을 자리매김하려는 노력의 일환으로 조선역사가 일본사에 부속된 존재가 아닌 조선인의 역사 자체를 말하며 이는 반식민주의적 태도를 가진다고 보았다. 신주백은 안재홍 등이 참여 주도한 조선학운동은 조선연구의 고립성을 거부하고 세계적 연관성 속에서 조선만의 특징을 연구하는 것을 조선학으로 보았고 이는 조선을 절대화하지 않고 지역으로서의 조선을 보려는 관점이 싹트기 시작했으며 오늘날 지역학으로써의 조선학에 대한 사고의 씨앗이 이때 싹트기 시작한 것으로 평가했다.

(7) 안재홍의 비평수필과 기행문학 연구

문필가 안재홍의 저항적 수필문학에 대한 연구 성과도 있었다. 안재홍은 해방 후 나온『조선문학전집』수필편에 첫 번째 소개될 정도로 기행수필가로서 다수의 수필을 남겼다. 경부철도 경성에서 부산까지 역 주변 봄 풍경과 지리산 쌍계사의 봄을 묘사한「영호남 기행」(1926), 원산의 문화유적과 풍광을 묘사한「원산기행」(1927), 광주 무등산의 고대사 흔적을 찾은「서석산(무등산)기행」(1929), 남강 이승훈의 오산학교 방문기인「정주기행」(1930), 백두산에 오른 감회를 기록한『백두산등척기』(1930), 대종교와 단군의 흔적을 찾은「구월산등람지」(1934), 충무공 남해 답사한 한「충무유적」(1934), 청년기 일본 유학 후 20년 만에 다시 찾은 일본의 변화상과 조선인의 각오를 다진 동경기행「구문명의 붕괴와 신문명의 건설」(1935) 등 다수의 기행 수필을 남겼다.

또한「위험한 속에 살라」(1924),「책 읽기와 칼 갈기」(1926) 등 저항적 시대인식에 기초한 다수의 에세이도 남겼다. 특히 조선일보 부사장 시절인 1930년 여름 백두산 답사 후 조선일보에 연재한『백두산등척기』는 단행본으로 출간되었다. 이러한 안재홍의 수필 문학 활동에 대한 평가로 구중서는 안재홍 수필의 감수성은 낭만적인 것이 아니고 고난의 민족사를 감당하고 극복해 나가자는 역사의식과 기개가 돋보인다고 평가했다. 1930년 안재홍의 백두산 기행은 백두산 정계비의 현장 고증, 일제의 식민사관에 맞서 단군 유적 찾기를 통한 민족혼 고취와 민중계몽 의지의 구체적 실천이었다. 유성호는 안재홍 수필이 사적 자아보다는 공적 자아를 앞세우는 글쓰기, 장중함과 우아함을 보여주는 문체, 사실적이고 직접적인 경험적 구체를 들려주는 특성을 가지고 있다고 평했다. 2020년 이후 한국문학 분야 신진연구자에 의해서 안재홍의 수필과 기행문 등에 대한 연구도 이루어지고 있다.

(8) 안재홍의 단군 연구

일본의 고대사 왜곡과 특히 일본과 조선은 같은 조상이라는 식민사관인 '일선동조론(日鮮同祖論)'에 맞서 국조 단군 연구를 심화한 안재홍의 학문적 업적에 대한 연구 성과도 있었다. 김호일은 안재홍은 일제시기 독립운동의 정신적 토양을 단군민족주의에 두고 단군의 실체를 살아 숨 쉬는 한 인간이자 역사적 인물로 보고 그 논증을 언어학적, 문화인류학적, 민속학적 이론을 구사하여 고증과 문헌을 통해 복원했다고 평가했다. 임형진은 안재홍의 다사리이념에는 서구의 오랜 논쟁인 자유와 평등의 논리가 조화롭게 결합되고 공존함을 발견할 수 있으며 그는 이러한 논리의 기원을 단군에서 찾아 정치적 방법론으로서의 국민 참여와 정치적 목표로서의 이상적 복지국가의 건설이 우리 민족의 이념 속에서 이미 존재했었음을 강조했다고 분석했다.

(9) 안재홍의 납북 이후 활동 연구

1950년 한국전쟁 이후 납북당한 안재홍의 북한에서의 활동에 대한 연구 성과도 있었다. 안재홍은 납북 이후 1950년대 후반까지 함께 납북당한 임시정부 부주석 김규식, 중도파 독립운동가 조소앙, 재일아나키스트로 일왕암살사건을 주도하다 일본인 부인 가네코 후미코와 함께 투옥돼 1945년 8월 15일 해방 이후 풀려난 박열 등과 함께 '재북평화통일촉진협의회'를 조직 활동했다. 이신 철은 1950년 납북 이후 안재홍의 재북 활동에 연구를 통해서 안재홍이 북의 '모시기 공작'으로 납북 당한 이후에도 재북평화통일촉진협의회 활동을 통해 좌우합작의 정신을 살려 국가연합론을 제기했다고 평가했다.

(10) 안재홍의 교육사상 연구

안재홍의 교육사상에 대한 연구도 제한적으로 이루어졌다. 여성자는 안재홍의 생애와 활동, 사상을 개괄한 후 교육목적은 만민 개로, 대중공생이며, 교육 내용은 조선인 본위 교육과 신민족주의 이념의 실천, 교육방법은 지행합일, 교육사상은 신민족주의에 있다는 점을 분석했다. 황우갑은 성인교육적 관점에서 안재홍의 성인교육 활동을 교육기관을 통한 성인교육지도자 활동, 사회단체를 통한 성인교육 활동, 강연을 통한 성인계몽 교육활동으로 나눠 분석하고 안재홍의 '민세주의'와 '신민족주의'로 이어지는 사상의 심화과정에 함의된 성인교육 변화 과정의 대강을 탐색했다.

(11) 안재홍의 체육 활동, 충무공 선양 활동 연구

2020년 이후 안재홍의 체육 활동에 대한 연구도 이루어졌다. 손환·하정희는 일제강점기 현 대한민국농구협회 전신인 조선농구협회 초대 회장과 축구경평전 등을 기획하고 해방 후 대한올림픽 후원회 회장 등으로 한국 근현대 체육발전에 기여한 안재홍의 체육 활동을 분석했다. 또한 황우갑은 일제강점기와 해방 시기에 걸친 안재홍의 충무공 이순신 선양 활동과 그 의미를 분석했다.

3) 안재홍 연구 학위논문

1981년 안재홍 학술연구에 선구적 업적을 남긴 정윤재의 석사학위논문「안재홍의 정치사상 연구 : 그의 신민족주의론의 형성과정을 중심으로」가 나온 이래 현재까시 안재홍 관련 학위논문은 정치학, 역사학, 교육학 등의 분야에서 총 19편이다. 학위논문을 정리하면 아래 〈표 13〉과 같다.

〈표 13〉 안재홍 연구 학위논문 목록

번호	저자	연도	논문제목	대학	학위
1	정윤재	1981	안재홍의 정치사상 연구 : 그의 신민족주의론의 형성과정을 중심으로	서울대학교 대학원	석사학위 논문
2	정호원	1987	민세 안재홍의 신민족주의 정치사상 연구	연세대학교 대학원	석사학위 논문
3	조옥영	1988	민세 안재홍의 역사인식 : "조선상고사감(朝鮮上古史鑑)"을 중심으로	이화여자대학교 교육대학원	석사학위 논문
4	윤대식	1992	민세 안재홍의 정치사상과 정치논선에 관한 연구	한국외국어대학교 대학원	석사학위 논문
5	여성자	1993	민세 안재홍의 교육사상 연구	한국교원대학교 대학원	석사학위 논문
6	서행원	1993	민세 안재홍의 정치사상 연구	세종대학교 대학원	석사학위 논문
7	김은아	1993	민세 안재홍의 정치사상에 관한 연구 : 신민족주의 정치사상을 중심으로	부산대학교 대학원	석사학위 논문
8	정영훈	1993	'단군민족주의'와 그 정치사상적 성격에 관한 연구 : 한말-정부수립기를 중심으로	단국대학교	박사학위 논문
9	김인식	1997	안재홍의 신민족주의 사상과 행동	중앙대학교 대학원	박사학위 논문
10	박소영	1998	민세 안재홍의 신민족주의 정치사상 연구	인천대학교 교육대학원	석사학위 논문
11	전윤선	1998	1930년대 조선학 진흥연구 : 방법론 모색과 민족문제 인식을 중심으로	연세대학교 대학원	석사학위 논문
12	안미현	2002	해방 후 안재홍의 통일민족국가 건설운동	이화여자대학교 대학원	석사학위 논문

13	김미란	2004	안재홍의 신민주주의와 신민족주의 정치사상 연구	교원대학교 대학원	석사학위 논문
14	문희옥	2004	1920년대 중엽 민족해방운동과 신간회의 창립 : 안재홍과 김철수의 활동을 중심으로	전남대학교 교육대학원	석사학위 논문
15	채관식	2006	1930년대 조선학의 심화와 전통의 재발견	연세대학교 대학원	석사학위 논문
16	김원도	2007	일제시기 안재홍의 민족운동	경성대학교 대학원	석사학위 논문
17	안정하	2009	안재홍의 중국국민혁명 인식	강원대학교 교육대학원	석사학위 논문
18	황우갑	2019	민세 안재홍의 성인교육활동과 온정적 합리주의 리더십 연구	숭실대학교 대학원	박사학위 논문
19	이주현	2019	조선학운동의 철학적 의의	이화여자대학교 대학원	석사학위 논문

4) 안재홍 연구 학술논문

안재홍 관련 연구 학술논문도 1981년부터 2023년까지 127편이 발표되었다. 그간 발표된 학술논문을 정리하면 아래 〈표 14〉와 같다.

〈표 14〉 안재홍 관련 연구 학술논문 목록

번호	저자	연도	논문제목	발행기관	학술지명
1	정윤재	1981	안재홍의 정치사상연구 : 그의 신민족주의론을 중심으로	서울대학교 사회과학연구소	사회과학과 정책연구 Vol.3 No.3
2	유병용	1982	민세 안재홍의 인물과 사상 : 그의 민족독립사상을 중심으로	강원대학교	인문학연구 Vol.16 No.1
3	유병용	1986	안재홍 정치사상에 관한 재검토	한국민족운동 사학회	한국민족운동사 연구 Vol.1 No.1
4	한영우	1987	안재홍의 신민족주의와 사학	독립기념관 한국독립운동사 연구소	한국독립운동사 연구 Vol.1 No.1
5	강영철	1988	한국 현대인물 탐구 : 민세 안재홍의 사상과 통일의지	북한연구소	북한 Vol.- No.199

6	이지원	1991	일제하 안재홍의 현실인식과 민족해방 운동론	한국역사연구회	역사와 현실 Vol.- No.6
7	정영훈	1992	안재홍의 신민족주의 이론	한국학 중앙연구원	한국학 Vol.15 No.3
8	진영일	1993	민족주의 사학가들의 조선시대 인식	공주교육대학교 초등연구원	공주교대논총 Vol.29 No.1
9	김인식	1994	식민지시기 안재홍의 좌익민족주의운 동론	백산학회	백산학보 Vol.- No.43
10	유병용	1995	안재홍의 신민족주의국가상	일조각	한국사시민강좌 Vol.17 No.-
11	서행원	1996	민세 안재홍의 정치사상 연구	역사와 교육학회 (구 동국대학교 역사교과서 연구소)	역사와 교육 Vol.4 No.-
12	김인식	1997	안재홍의 신민족주의 국가건설론	중앙사학연구소	중앙사론 Vol.9 No.-
13	정윤재	1997	열린 나의 정치사상 : 최제우 안재홍 김지하를 중심으로	서울대학교 한국정치연구소	한국정치연구 Vol.7 No.1
14	김경일	1997	좌절된 중용 -일제하 지식 형성에서의 보편주의와 특수주의	한국사회사학회	사회와 역사 Vol.51 No.-
15	오영섭	1998	해방후 민세 안재홍의 민공협동운동 연구	한림대 태동고전연구소	태동고전연구 Vol.15 No.-
16	김인식	1998	안재홍의 신민족주의 이념의 형성 과정과 조선정치철학	일지사	한국학보 Vol.24 No.4
17	김인식	1998	안재홍의 민족주의와 신민족주의론	백산학회	백산학보 Vol.- No.50
18	김인식	1998	안재홍의 '신민족주의의 과학성'론	한국사학회	사학연구 Vol.- No.55·56
19	김인식	1998	안재홍의 신국가건설의 이념 : 신민족주의의 이념 정향	한국민족운동 사학회	한국민족운동사 연구 Vol.20 No.-
20	김인식	1998	해방 후 안재홍의 중경임시정부 영립보 강운동	독립기념관 한국독립운동사 연구소	한국독립운동사 연구 Vol.12 No.-
21	김인식	2000	신민족주의의 정치사상적 검토	한국학 중앙연구원	한국학 Vol.23 No.1
22	박한용	2000	안재홍의 민족주의론 : 근대를 넘은 근대?	고려사학회	한국사학보 Vol.- No.9

23	조맹기	2000	안재홍의 민족주의 언론사상	한국언론학회	한국언론학회 학술대회 발표논문집 Vol.2000 No.-
24	최영성	2000	일제시기 반식민사학의 전개 : 신채호, 정인보, 문일평, 안재홍, 백남운을 중심으로	한국사상 문화학회	한국사상과 문화 Vol.9 No.-
25	박찬승	2002	1930년대 안재홍의 민세주의론	한국 근현대사학회	한국 근현대사 연구 Vol.20 No.-
26	김명구	2002	1920년대 부르주아 민족운동 좌파 계열의 민족운동론 : 안재홍을 중심으로	고려사학회	한국사학보 Vol.- No.12
27	김인식	2002	안재홍의 토지개혁안	한국중앙사학회	중앙사론 Vol.16 No.-
28	김정	2002	해방 후 안재홍의 신민주주의론과 공산주의 비판	고려사학회	한국사학보 Vol.- No.12
29	김수태	2003	안재홍의 신민족주의와 사회사 연구	한국 근현대사학회	한국 근현대사 연구 Vol.24 No.-
30	김인식	2004	안재홍의 중도우파 노선과 민족국가건설 운동	한국민족운동 사학회	한국민족운동사 연구 Vol.39 No.-
31	김호일	2004	단군사상과 독립운동사 : 민세 안재홍의 단군론을 중심으로	중앙대학교 인문과학연구소	인문학연구 Vol.37 No.-
32	윤대식	2004	안재홍의 항일투쟁론	21세기정치학회	21세기 정치학회보 Vol.14 No.3
33	김인식	2004	안재홍의 경제균등의 정책안	한국중앙사학회	중앙사론 Vol.20 No.-
34	임형진	2004	안재홍의 민족통일노선과 신민족주의	한국학 중앙연구원	한국학 Vol.27 No.4
35	김인식	2004	1947년 안재홍의 '순정 우익 집결' 운동	한국사연구회	한국사연구 Vol.124 No.-
36	이진한	2005	민세안재홍의 조선사 연구와 신민족주의론	고려사학회	한국사학보 Vol.- No.20
37	박용규	2005	안재홍의 언론활동과 언론관	민주사회정책 연구원	민주사회와 정책연구 Vol.6 No.-
38	정윤재	2005	1930년대 안재홍의 문화건설론	한국학 중앙연구원	한국학 Vol.28 No.2

39	윤대식	2005	안재홍의 신민족주의론에 내재한 정치적 의무관	고려사학회	한국사학보 Vol.- No.20
40	남광규	2006	건국준비위원회 중앙조직의 약화과정과 요인	한국 정치외교사학회	한국정치외교사 논총 Vol.28 No.1
41	유병용, 김인식, 남광규	2007	해방 전후 중간파 민족주의의 성격	한국 정치외교사학회	한국정치외교사 논총 Vol.29 No.1
42	김원도	2007	일제시기 안재홍의 민족운동	경성대학교 한국학연구소	문화전통논집 Vol.14 No.-
43	김인식	2007	안재홍의 신간회 운동	애산학회	애산학보 Vol.33 No.-
44	권영성	2007	민세 안재홍의 신민족주의와 민족적 자유주의 -광복 이후의 정치 역정을 중심으로	동양고전학회	동양고전연구 Vol.27 No.-
45	정진석	2008	안재홍, 언론 구국의 국사	일조각	한국사시민강좌 Vol.43 No.-
46	김인식	2009	안재홍의 좌우익 개념규정과 이념정향의 변화	한국 근현대사학회	한국 근현대사 연구 Vol.49 No.-
47	김인식	2009	대한민국 정부수립과 안재홍	한국동양정치 사상사학회	한국동양정치 사상사연구 Vol.8 No.1
48	박용규	2009	1920년대 중반(1924~1927)의 신문과 민족운동 : 민족주의 좌파의 활동을 중심으로	한국지역 언론학회	언론과학연구 Vol.9 No.4
49	김태웅	2009	1920·30년대 한국인 대중의 화교인식과 국내민족주의 계열 지식인의 내면세계	역사교육연구회	역사교육 Vol.112 No.-
50	윤대식	2010	노마연잔두의 경계와 백열의 정치적 삶	한국동양정치 사상사학회	한국동양정치 사상사연구 Vol.9 No.1
51	이경미	2010	1920년대 민세 안재홍의 민족론과 그 추이	한국동양정치 사상사학회	한국동양정치 사상사연구 Vol.9 No.2
52	김인식	2010	제헌의회기 안재홍의 대한민국 보성강화론	고려사학회	한국사학보 Vol.- No.39
53	최재목	2010	일제강점기 정다산 재발견의 의미 : 신문, 잡지의 논의를 통한 시론	다산학술 문화재단	다산학 Vol.- No.17

54	이진한	2010	민세 안재홍의 한국 중세사 인식과 유물사관의 비판	고려대학교 역사연구소	사총 Vol.70 No.-
55	박홍식	2010	일제강점기 정인보, 안재홍, 최익한의 다산 연구	다산학술 문화재단	다산학 Vol.- No.17
56	조맹기	2010	민세 안재홍의 '민주공화국' 사상 -그의 언론활동을 중심으로-	사)한국 언론법학회	언론과 법 Vol.9 No.2
57	장규식	2010	20세기 전반 한국 사상계의 궤적과 민족주의 담론	한국사연구회	한국사연구 Vol.150 No.-
58	윤덕영	2010	신간회 창립과 합법적 정치운동론	한국민족운동 사학회	한국민족운동사 연구 Vol.0 No.65
59	윤덕영	2010	8·15 직후 조선건국준비위원회의 조직적 한계와 좌·우 분립의 배경	한국사학회	사학연구 Vol.- No.100
60	류시현	2011	해방 후 안재홍의 일제강점기에 관한 기억과 감성	고려대학교 민족문화연구원	민족문화연구 Vol.54 No.-
61	신주백	2011	'조선학운동'에 관한 연구동향과 새로운 시론적 탐색	한국민족운동 사학회	한국민족운동사 연구 Vol.0 No.67
62	이상익	2011	안재홍 다사리주의의 사상적 토대와 이념적 성격	한국철학사 연구회	한국 철학논집 Vol.0 No.31
63	류시현	2011	1930년대 안재홍의 '조선학운동'과 민족사 서술	가천대학교 아시아문화 연구소	아시아문화연구 Vol.22 No.-
64	윤덕영	2011	신간회 초기 민족주의 세력의 정세인식과 '민족적 총역량 집중'론의 제기	한국 근현대사학회	한국 근현대사 연구 Vol.56 No.-
65	윤덕영	2011	신간회 창립 주도세력과 민족주의세력의 정치 지형	한국민족운동 사학회	한국민족운동사 연구 Vol.0 No.68
66	최광민	2011	1920년대 민족 우파와 민족 좌파가 표출한 조선의 민족성 -이광수, 최남선, 안재홍을 중심으로-	숙명여자대학교 한국어문화 연구소	한국어와 문화 Vol.10 No.-
67	안종묵	2012	일제하 항일 언론인 탐구 -민세 안재홍 선생을 중심으로-	한국외국어대학교 국제커뮤니케이 션연구소	동서언로 Vol.32 No.-
68	김광린	2012	국학과 민세 안재홍의 정치사상	국제뇌교육종합 대학원 국학연구원	선도문화 Vol.13 No.-

69	김광린	2012	민세 안재홍과 홍익인간 그리고 평화 - 「신민족주의와 신민주주의」론을 중심으로	국제뇌교육종합대학원 지구평화연구소	평화학논총 Vol.2 No.1
70	김인식	2012	대한민국정부 수립 후 안재홍의 민족통일론	한국 근현대사학회	한국 근현대사연구 Vol.60 No.-
71	조맹기	2012	안재홍의 신민주주의와 언론 : 제헌헌법 제정 정신을 중심으로	한국언론학회	한국언론학회 학술대회 발표논문집 Vol.- No.10
72	김인식	2012	안재홍의 기미운동과 임정법통성의 역사의식	한국인물사연구회	한국인물사연구 Vol.18 No.-
73	한규무	2012	1920~1930년대 고학생갈돕회의 설립과 활동	한국민족운동사학회	한국민족운동사연구 Vol.0 No.73
74	정윤재	2012	민세 안재홍의 다사리이념 분석	한국동양정치사상사학회	한국동양정치사상사연구 Vol.11 No.2
75	임종명	2012	해방 공간과 신생활운동	역사문제연구소	역사문제연구 Vol.16 No.1
76	윤대식	2013	실천지로서 안재홍의 벽상관: 식민지 지식인의 대외인식 단면	서울대학교 한국정치연구소	한국정치연구 Vol.22 No.3
77	김영희	2013	일제강점기 언론사연구와 안재홍의 조선신문소사	한국언론정보학회	한국언론정보학보 Vol.64 No.4
78	조맹기	2013	안재홍의 신민주주의와 언론 : 제헌 헌법 제정 정신을 중심으로	한국출판학회	한국출판학연구 Vol.39 No.1
79	김인식	2013	안재홍의 3·1민족운동상과 신민족주의의 역사의식	한국민족운동사학회	한국민족운동사연구 Vol.0 No.76
80	윤대식	2013	한국 민족주의의 쟁점	한국학중앙연구원	한국학 Vol.36 No.2
81	김인식	2014	1920년대와 1930년대 초 '조선학' 개념의 형성 과정 : 최남선·정인보·문일평·김태준·신남철의 예	숭실사학회	숭실사학 Vol.0 No.33
82	이윤갑	2014	안재홍의 근대 민족주의론 비판과 신민족주의	계명대학교 한국학연구원	한국학논집 Vol.0 No.54
83	김인식	2014	시국대책요강의 작성 경위와 내용 검토	한국민족운동사학회	한국민족운동사연구 Vol.0 No.79

84	채관식	2015	안재홍의 인류학 이론 수용과 조선 상고사 연구	한국사연구회	한국사연구 Vol.- No.167
85	채관식	2015	1930년대 전반 '고대사회' 이론의 수용과 한국 고대사 연구	역사실학회	역사와실학 Vol.57 No.-
86	이명종	2015	1910·1920년대 조선 지식인들의 만주 단군강역 담론	한국 근현대사학회	한국 근현대사 연구 Vol.74 No.-
87	김인식	2015	조선건국준비위원회의 건국 구도	한국민족운동 사학회	한국민족운동사 연구 Vol.0 No.84
88	주인석	2015	민세 안재홍의 정치노선	한국민족사상 학회	민족사상 Vol.9 No.3
89	박현진	2015	독도 실효지배의 증거로서 민관합동학술과학조사 : 1947년 및 1952-53년 (과도)정부·한국산악회의 울릉도·독도조사를 중심으로	대한국제법학회	국제법학회 논총 Vol.60 No.3
90	정영훈	2015	안재홍의 고유셈말 해석과 조선정치철학론	고조선단군학회	고조선단군학 Vol.33 No.-
91	김인식	2015	1930년대 안재홍의 '조선학'론	한국인물사 연구회	한국인물사연구 Vol.23 No.-
92	김인식	2016	『민세안재홍선집』의 발간 과정과 안재홍 연구의 방향성	중앙사학연구소	중앙사론 Vol.0 No.43
93	김인식	2016	「시국대책요강」과 우익 데마고기의 양상	한국민족운동 사학회	한국민족운동사 연구 Vol.0 No.88
94	이지원	2016	1930년대 안재홍의 조선학연구에서 근대정체성 서사와 다산 정약용	역사교육연구회	역사교육 Vol.140 No.-
95	조남호	2017	대종교 계열 학자들의 영토 인식	국제뇌교육종합 대학원 국학연구원	선도문화 Vol.22 No.-
96	김인희	2017	국어학적 관점에서 본 안재홍의 '기, 지, 치 이론'의 성과와 한계	중앙어문학회	어문논집 Vol.70 No.-
97	이상익	2017	안재홍의 '불함도'와 '다사리 국가론'	한국철학사 연구회	한국 철학논집 Vol.0 No.53
98	신진숙	2017	백두산 관광을 통해 본 식민지 '진정성'의 구성 방식	동악어문학회	동악어문학 Vol.71 No.-
99	정윤재	2018	안재홍의 '신민족주의' 역사의식과 평화통일의 과제	한국동양정치 사상사학회	한국동양정치 사상사연구 Vol.17 No.1

100	김명구	2018	안재홍의 1920년대 구미정세 인식	대구사학회	대구사학 Vol.131 No.-
101	이난수	2018	근대전환기 '풍류'인식으로 본 한국사상의 원형 문제	한국양명학회	양명학 Vol.0 No.51
102	김인식	2018	민족주의 세력의 조선건국준비위원회 개조 움직임	한국민족운동 사학회	한국민족운동사 연구 Vol.0 No.95
103	윤대식	2018	1924-25년 식민지 정치지성의 대외인식에 드러난 자주와 사대의 교차 : 중국혁명을 바라보는 안재홍의 시각과 태도	서강대학교 현대정치연구소	현대정치연구 Vol.11 No.3
104	황우갑	2018	안재홍의 성인교육 활동과 사상 탐색	한국성인교육 학회	Andragogy Today : International Journal of Adult & Vol.21 No.4
105	김기승	2018	언론에 나타난 신간회 해체 논쟁의 전개과정	독립기념관 한국독립운동사 연구소	한국독립운동사 연구 Vol.0 No.63
106	정영훈	2019	민족고유사상에서 도출된 통일민족주의 : 삼균주의와 신민족주의를 중심으로	고조선단군학회	고조선단군학 Vol.40 No.-
107	김명구	2019	안재홍의 1930년대 초·중반 파시즘 인식과 사회주의자(서강백)의 비판	한국 근현대사학회	한국 근현대사 연구 Vol.91 No.-
108	박명수	2019	해방 직후 우익 민족주의자들의 38선 철폐운동과 한반도 분단에 대한 좌익의 입장	한국정치외교 사학회	한국정치외교사 논총 Vol.41 No.1
109	김인식	2019	안재홍의 1919년 대한민국청년외교단에 참여하는 과정과 활동상	숭실사학회	숭실사학 Vol.0 No.42
110	소대봉	2021	안재홍의 신민족주의와 '홍익민족주의'	유라시아문화 학회	유라시아문화 Vol.4 No.-
111	이선경	2021	한국사상사 연구방법론으로서 역의 가능성 시론 : 이병헌·안재홍·박종홍·류승국을 중심으로 한 예비적 고찰	율곡연구원	율곡학연구 Vol.46 No.-
112	윤대식	2021	통일민족국가 건설을 위한 문화적 아이덴티티 구축 : 안재홍의 책무로서 '통사' 쓰기로부터 평화통일의 교의로서 신민족주의로	독립기념관 한국독립운동사 연구소	한국독립운동사 연구 Vol.0 No.66
113	신운용	2021	해방공간(1945년-1947년)의 개천절 봉축 행사와 그 의미	국제뇌교육종합 대학원 국학연구원	선도문화 Vol.30 No.-

114	조유재	2021	해방 이후 신생활운동의 전개와 관제화의 경향	한국민족운동사학회	한국민족운동사연구 Vol.0 No.108
115	이계형	2021	북한에 묻혀 있는 독립운동가의 현황 연구	한국보훈학회	한국보훈논총 Vol.20 No.4
116	박경목	2022	일제강점기 국내 항일독립운동 연구성과와 과제	한국 근현대사학회	한국 근현대사연구 Vol.100 No.-
117	김현주	2022	조선일보에 나타난 1920년대 식민지 조선의 역사지식장 : 데이터베이스 분석을 중심으로	연세대학교 국학연구원	동방학지 Vol.198 No.-
118	이선경	2022	안재홍, 보편을 지향하는 민족철학	조선대학교 인문학연구원	인문학연구 Vol.0 No.63
119	방유미	2022	1920년대 안재홍의 기행수필 연구	우리문학회	우리문학연구 Vol.0 No.75
120	손환, 하정희	2022	민세 안재홍의 한국근대스포츠 발전에 미친 영향	한국체육사학회	체육사학회지 Vol.27 No.1
121	김종준	2022	1930년대 조선 지식인들의 파시즘적 역사인식 고찰	역사학회	역사학보 Vol.253
122	김윤경	2023	1930년대 조선학 운동가들의 '실'담론과 '실학'개념의 형성 II- 안재홍과 문일평의 '실사구시학'의 변주	율곡학회	율곡학연구 Vol.51 No.-
123	조형열	2023	안재홍의 조선사 연구, 민족과 과학 그리고 실천의 딜레마	애산학회	애산학보 Vol.50 No.-
124	심경호	2023	근대 한국역사학자들의 합보 -박은식·신채호·문일평·안재홍·백남운·이병도·손진태-	애산학회	애산학보 Vol.50 No.-
125	황우갑	2023	민세 안재홍의 충무공 이순신 선양활동	순천향대 이순신연구소	이순신연구논총 Vol.39 No.-
126	윤대식	2023	어두운 시대 동아시아 정세에 대한 안재홍의 관견 : 환원론적 맥락에서 핵심동력으로 중국을 바라보는 벽상관	한국동양정치사상사학회	한국동양정치사상연구 Vol.22 No.2
127	성호준	2023	민세 안재홍의 단군이해와 홍익인간론	우계문화재단	우계학보 Vol.45 No.-

3. 안재홍기념사업회 수집 자료

안재홍기념사업회는 2000년 창립과 함께 민세 선생 유족과 평택시 등의 지원으로 민세 관련 자료 수집에 적극 나섰다. 현재까지 250점을 보유하고 있으며 이는 안재홍기념관 건립에도 중요한 토대를 마련할 것이다. 향후 이 자료는 평택시에 일괄 기증되어 안재홍기념관 전시와 교육에 활용하게 될 것이다. 안재홍기념사업회가 소장하고 있는 문서 자료를 정리하면 아래 〈표 15〉와 같다.

〈표 15〉 안재홍기념사업회 소장 문서 자료

자료명	내용	비고
안재홍 「제적등본」	2010년 7월 6일 고덕면에서 발행 받은 것이다. 본적과 가족 관계 기록 등이 자세하게 담겨있다.	2010년
이정식 「구성:민세 안재홍의 자서전」	미국 펜실베이아대 교수 이정식이 1970년대 중반 잡지에 발표한 안재홍의 생애를 정리한 자료이다.	
안혜초 「나의 할아버지 민세 안재홍」	안재홍의 맏손녀 안혜초가 한글학회 발간 조선어학회 수난 50돌(1991년) 기념 글모이에 쓴 회고의 글이다.	1991년
권오돈 「근세 선각자 9인 : 신민족주의 실천자 안재홍」	독립운동가이자 한학자 권오돈이 신구문화사에서 문고판으로 1976년 4월 간행한 근세의 선각자 9인에 쓴 글이다.	
언론인 엄기형 회고자료	해방 후 안재홍이 사장을 지낸 한성일보 기자 출신 언론인이다. 2003년 9월 1일 자 대한언론인회보에 해방 후 언론 상황을 회고하는 글을 남겼다. 1950년 3월 30일 덕수궁에서 민세의 주례로 민정장관 시절 안재홍의 여비서였던 이정상과 결혼했다.	2003년
「강도일지」 사본	안재홍 유족 보관 자료로 1916년 중앙학교 교사로 강화도 기행을 다녀온 교사가 쓴 글의 사본(원본 고려대 박물관 소장)	
언론인 엄기형 자필 기록	안재홍과 관련 기억을 자필로 적은 글	
중앙농림대학 제자 이기연의 회고	1949년 중앙농림대학 학생으로 안재홍에게서 배운 제자 이기연의 회고	영상 자료 있음
안정용 선거 홍보	안재홍 장남 안정용 선거 홍보물	
안정용 약력 자료	안재홍 장남 안정용 이력서 자료	
「국민당 선언」	1945년 안재홍 창당 국민당 선언문	1945.9

안재홍기념사업회가 소장하고 있는 도서 자료를 정리하면 아래 〈표 16〉과
같다.

〈표 16〉 안재홍기념사업회 소장 도서 자료

자료명	내용	비고
안재홍 지음, 『신민족주의와 신민주주의』, 민우사	1945년 9월 국민당 창당과 함께 안재홍이 대한민국 건국 구상을 제시한 단행본이다.	3권 소장
경기도 학무국 문화과, 『성인교육강화집』 (영인본)	1949년 7월 발간한 책으로 당시 한성일보 사장이었던 안재홍의 글. 「국민의 자각과 근로입국」, 신익회 국회의장, 이천군수 이시훈의 신생운동에 대하여 등의 글이 실려있다. 이천군수 이시훈의 아들로 교학사 이승구 부회장이 2019년에 기증을 했다. 198년 5월에 나온 출판대감의 출판문화 특집도 기증했다.	
안재홍 지음, 『백두산등척기』, 삼성출판사 (영인본)	1931년 6월 유성사에서 발간한 안재홍 지음 『백두산등척기』의 영인본이다. 삼성출판박물관에서 백두산 자료 특별전 기념으로 1990년대에 발행한 것이다.	4권 소장
이만규 지음, 『조선교육사』(상)·(하), 을유문화사	안재홍과 함께 조선어학회 사건으로 옥고를 치른 이만규가 1948년에 발간한 책으로 한국교육사의 고전이다.	
안재홍 지음, 『중국의 금일과 극동의 장래』	1935년 삼천리사에서 간행한 안재홍 저술 단행본이다.	소화 10년 (1935년)
안재홍 지음, 『조선상고사감』(상)	1947년 7월에 민우사에서 나온 안재홍 저술 단행본이다.	3권 소장
안재홍 지음, 『조선상고사감』(하)	1948년 3월에 민우사에서 나온 안재홍 저술 단행본이다.	3권 소장
조선사학회 간행, 『조선사대계』	안재홍의 도장이 찍힌 역사책이다. (총 4권)	소화 4년 (1929년)
삼천리사, 『평화와 자유』	안재홍 글 「과거의 선구자 장래선구자」 실림	소화 7년 (1932년)
안재준 공저, 『고등생물』	안재홍 사촌으로 서울농대 교수 지낸 안재준 집필 고등생물 교과서	단기4289년
김을한 편, 『월남 선생일화집』	황성기독교청년회 학관 총무를 지낸 이상재 자료	1955년
『월남이상재선생실기』	안재홍이 편집 위원으로 참여했던 이상재 선생 관련 자료집	소화 2년 (1927년)

신조선사본 『여유당전서』	1938년 간행된 다산 정약용 문집중 1권	200권 한정
『조선동포에게 고함; 자주독립과 우리의 진로』	해방 후 출간한 책으로 안재홍 등 지도자의 글이 실림	
문일평, 『한미오십년사』	조광사에서 발행, 조선학운동을 함께한 문일평이 쓴 책	문일평 유고
장일형, 『음주의 해독』	구세군 대한본영 발행, 55명 인사의 금주론	1955년
『국어과 종합 완성』	대학입시 국어참고서, 안재홍의 독서개진론 문제 실림	1953년
『문학감상 독본』	백민사 출판으로 이석훈이 편집한 책으로 안재홍의 신민주주의 건국이념이 실려있음	1947년
『나의 포부와 희망』	신생활협회에서 간행한 책으로 안재홍, 김구 등의 글이 실려있음	1946년
신채호, 『조선상고사』	안재홍의 서문이 실려있는 신채호의 역사서	1948년
신기철 지음, 『학생문장정해』	안재홍의 글이 예문으로 나와 있음	1954년
박상길 지음, 『우주탄선언』	안재홍의 글이 실림	1946년
최현배 지음, 『글자의 혁명』	한글학자 최현배가 미군정 학무국장 시절 쓴 책	1947년
잡지 『청년』	김활란, 정인보 등의 글이 실림	1927년 소화 3년 간행
잡지 『철필』 영인본	안재홍 기자 도덕에 관하여라는 글이 실림	1930년
『현대조선문학전집』 수필기행문	안재홍의 글 「춘풍천리」가 실려있음	1946년
『문자보급운동 교재』 영인본	1929년 조선일보 문자보급운동 등 자료	삼성출판사

안재홍기념사업회가 소장하고 있는 신문·잡지 자료를 정리하면 아래 〈표 17〉과 같다.

〈표 17〉 안재홍기념사업회 소장 신문·잡지 자료

자료명	내용	비고
김학준, 「대중공생 이념 좌우 합작 운동」	정치학자 김학준이 광복 50주년 특집 해방공간의 주역 안재홍편 글의 복사본이다.	동아일보 1995년 12월 5일 자 사본
안재홍, 「조선신문소사」 사본	1935년 7월 조선일보 객원으로 신문에 연재한 「조선신문소사」 복사본이다. 이 글로 안재홍의 한국 최초의 언론사학자라는 평가를 받는다.	

안재홍, 『체육문화』 기고	1948년 나온 체육문화 창간호에 실린 안재홍의 글	
안재홍 남해 충무유적 기행 조선일보 기고문	1934년 9월 조선일보 기고문	1934년 월
시대일보 기사	안재홍의 사설 「아사, 압사, 증사」	시대일보 1924년 7월 3일 자 기사
조선일보 기사	1930년 7월 5일 자	
조선일보 기사	1930년 7월 16일 자	
조선일보 기사	1930년 9월 5일 자	
안재홍의 사설 「조선인과 의식 통제문제」	조선일보 1930년 9월 11일 자 기사	
조선일보 기사	1930년 9월 20일 자	
안재홍의 사설 「조선인과 단결 난」 기사	조선일보 1930년 9월 22일 자	
조선일보 재만동포 구호금품 명단	1930년 12월 9일 자	
『한글』	조선어학회 발행	소화 14년 (1940년)
『한글』	조선어학회 발행	1945년 11월
『한글』	조선어학회 발행	1946년 5월
『수필문학』 1979년 12월호	특집: 안재홍문장의 현대적 의미가 실려있음	
『대조』 창간호	1946년 1월 창간한 잡지로 안재홍의 글 「내외정 세와 건국전망」이 실려있음	1946년
『시문편지투』	조선시문연구회 간행한 책으로 안재홍의 글이 실림	소화 11년 간행 (1937년)
『시조시작법』	대동문화사에서 간행한 책으로 안재홍의 글이 실림	1947년
『창작과 비평』 1978년 겨울호	천관우가 정리한 「안재홍연보」가 실려있음	1978년

안재홍기념사업회가 소장하고 있는 사진 자료를 정리하면 아래 〈표 18〉과 같다.

〈표 18〉 안재홍기념사업회 소장 사진 자료

자료명	내용	비고
안민용 사진	안재홍의 차남 안민용의 사진	
안재홍 가족 사진	차남 안민용, 며느리 박갑인 씨 결혼식 사진	
안재홍 손자 안영찬 삼석특설 묘역 참배 사진	손자 안영찬과 서영훈 내한적십사사 총재	2006년 10월 평양
안재홍 위패 봉안 1	서울 국립현충원 무후선열제단	1992년 11월 21일
가족 사진	둘째 며느리 박갑인, 손자 안영돈 가족 사진	
이정상 사진	안재홍 민정장관 시절 여비서 이정상	1998년 5월 22일
안서용 결혼 사진	외동딸 안서용, 사위 이태호 결혼식에 함께 한 가족 사진	1946년 4월 22일
안재홍 친필 글씨가 있는 사진	북한산 청수장에서 중국 UN대표 초청 연회	
김부례 여사 청와대 사진	노태우 대통령 초청	1989년 8월 15일
안재홍 위패 봉안 2	서울 국립현충원 무후선열제단	1992년 11월 21일
안재홍 인장 사진	독립기념관 보관 자료	
안재홍 관련 사진	조선일보 손정미 기자 기증 사진	총 30장
안재홍 관련 사진	안병택 기증 자료, 안재홍 한성일보 경상지국 강연. 민족자주연맹 활동 사진	1948년
안상수 자료	안병택 부친으로 한성일보 경상지국 안상수 약력	
이정상과 안재홍	여비서 이정상과 민정장관 안재홍	
안재홍 해방 후 활동 사진 자료	국민당 박용희, 조소앙, 이승복 등	3점
민세 유가족 사진	며느리 김순경, 박갑인 손녀 안혜초 사진	7점

안재홍기념사업회가 소장하고 있는 서화·기타 자료를 정리하면 아래 〈표 19〉와 같다.

〈표 19〉 안재홍기념사업회 소장 서화·기타 자료

자료명	내용	비고
안재학 캐리커쳐	안재홍의 동생으로 일본 교토제국대를 졸업한 한국의 첫 공학사. 독일 빌헬름 2세 화학연구소(현 막스프랑크 연구소) 최초 유학생이다. 연희전문 교수와 경신학교 교무 등을 지냈다.	
안재홍 생가터 증언 자료	안재홍 조카 안명희가 2021년 그린 안재홍 실제 생가의 평면도	
안재홍 글씨	1948년(무자년) 봄에 정현모 씨에게 써준 글씨	복사본
순흥안씨 범용파 족보 사본	안재봉, 안재홍, 안재학, 안재직 관련 족보 자료	
안혜초 가족 인물 증언	손녀 안혜초의 가족사 증언 기록	
안재홍 명함집	안재홍이 사용하던 명함집으로 여러 인물들의 명함이 보관되어 있다.	
안재홍 건국훈장 자료	1989년 3월 1일 추서된 안재홍 건국훈장 대통령장과 훈장증	
계루지 마을 거주민 지도	빈길성, 김정옥, 최승만, 김우겸 고덕면장 증언	1970년대
안서용 앨범	안재홍 외동딸 안서용 앨범	안재홍과 가족 관련 사진 다수
1930년대 신문스크랩 원본 자료	안재홍의 국제정세 관련 글 실려있음	
교육월보 제10호	안재홍이 청년학관시절 스승인 남궁억이 발행한 자료	한성교육월보사
안재홍 글씨가 있는 문서	고덕면 토지 관련 기록 자료	사본
안재홍 장례식	조사 자료	1965년
안재홍이 조소앙에게 보낸 서신 봉투	친필로 쓴 조소앙 서울 성북 자택 주소	
안재홍 명함	뒷면에 조소앙에게 친필로 보낸 서신기록 있음	
안재홍 장의위원회 자료	장의위원회가 국제적십자사에서 받은 영문 회신 자료	
안재홍 장의위원회 자료	안재홍 유해 송환 결의문	1965년 3월 9일
안재홍 장례식 신문보도 기사	안재홍 서거 신문 기사	
안재홍 장의위원회 자료	장례식 안내문	1965년 3월 9일
안재홍 장의위원회 자료	유해송환 모임 준비 안내문	1966년 1월 15일

안재홍 장의위원회 자료	대한적십자사에 보내는 부인 김부례, 아들 안정용 서신	
안재홍 장의위원회 자료	최현배의 조사 원고	
안재홍 장의위원회 자료	안정용의 감사 서신	
안재홍 장의위원회 자료	조사 원고	작자미상
안재홍 장의위원회 자료	안재홍 장례식 조객 명단 1	
안재홍 장의위원회 자료	김도연 추도사 원고	
안재홍 장의위원회 자료	대한적십자사 회신 문서	
안재홍 장의위원회 자료	안재홍 약전 (장례식 사용)	
안재홍 장의위원회 자료	안재홍 장례식 조객 명단 2	
대한민국 헌법	정부조직법	1948년 간행
『한국미군정사』	라우터 백이 지은 책으로 국제신문 출판부 간행	1948년 간행
송완식, 『조선일람』	평택 등 조선 각지 소개 정보	
이병기 편, 『중등국어』	안재홍의 글 「목련화 그늘에서」 실림	1947년 간행
문교부 편, 『고등국어 1』	안재홍의 글 「목련화 그늘에서」 실림	1954년
문교부 편, 『고등국어 2』	안재홍의 글 「장엄한 대백두」 실림	1955년
문교부 편, 『고등국어 3』	안재홍의 글 「민족문화의 진로」가 실림	1953년
안재홍 친필 글씨	「원진미선(圓眞美善)」	1948년 10월
오세창 글씨 1	오세창이 안재홍에게 써준 글씨	안정용 소장
오세창 글씨 2	오세창이 안재홍에게 써준 글씨	안정용소장
백강 이병우 글씨	안재홍의 중앙학교 시절 제자로 서예가 충무공 한시 「수국추광모(水國秋光暮)」	김부례 소장
동초 이종건 작	수묵화	김부례 소장
일주 김진우 작	수묵화	김부례 소장
안재홍 대한올림픽후원회장 명의	올림픽후원권	
김지하 시인 글	김지하 시인 제2회 민세상 수상 소감 자필글	사본
신간회가 증언 자료	누님이 신간회 근우회 강릉지회 활동 함홍래의 기록	
엄기형 회고 자료	한성일보 기자 자필	
안재홍 약력 자료	안재홍 생애 약력 자료	
안정용 해방 후 혁신정치 활동	안재홍 장남 안정용 활동 자료 등	19점
안정용 지음 「아버지와 나」	부친 안재홍에 대한 회고기	원본
안정용 정치활동 자료	한국사회당 공천 평택민의원 공보	
안정용 자료	삼선개헌 활동 관련 자료	
안정용 지음, 『조선청년의 진로』	민우사에서 발간한 안정용의 단행본 저서	1946년

연곡 행적	안정용 관련 활동연보	1946년
서상일이 안정용에게 보낸 서신	혁신정치계 모임	1959년
합격증서	한의사 국가시험 합격증서 등 자료	5점 1956년
추천장	안정용 평택군 향우회 고문 위촉	1957년
신임장	안정용 삼선개헌반대 경기지부 조직위원 위촉	1969년

4. 박성복 평택학연구소장 수집 자료

자료 수집가인 박성복 평택문화원 부설 평택학연구소장이 안재홍기념사업회에 기증한 자료이다. 이 자료도 평택시 기증과 함께 '박성복 기증자료'로 별도 관리 될 것이다. 그 내용을 정리하면 아래 〈표 20〉과 같다.

〈표 20〉 박성복 소장 기증 자료

연번	자료명	생산연도	유형	수량(점)	비고
1	『한민족의 기본진로』	1949년	서적	1	민세 안재홍 저, 친필서명 2곳, 도장 2개
2	『현대조선문학전집』(수필편)	1946년	서적	1	안재홍 수필 2점
3	『신민족주의와 신민주주의』	1945년	서적	1	민세 안재홍 저, 도장 2곳
4	『신민족주의와 신민주주의』	1945년	서적	1	민세 안재홍 저
5	『개벽』(창간 6주년 기념호)	1926년	서적	1	안재홍 기고
6	『한국미군정사』(국제소총서)	1948년	서적	1	
7	『입헌정치 개요』	1946년	서적	1	
8	『조선독립운동사』	1946년	서적	1	
9	『조선독립혈투사』	1946년	서적	1	
10	민세안재홍선생추모식	1965년	팸플릿	1	추모식, 장례위원 등
11	『남조선과도정부 법령』	1948년	법령집	1	민정장관 안재홍 발행
12	상장(제3회 문자보급반원 성적고사 당선)	1931년	상장	1	조선일보 사장 안재홍
13	올림픽 후원권(100원)	1947년	복권	1	올림픽후원회장

14	올림픽 후원권(100원)	1947년	복권	1	올림픽후원회장
15	「남조선과도입법의원속기록」(제1호)	1946년	속기록	1	안재홍 출석
16	「남조선과도입법의원속기록」(제7호)	1946년	속기록	1	안재홍 출석 발언 3곳
17	「남조선과도입법의원속기록」(제156호)	1947년	속기록	1	

5. 고려대 박물관 소장 자료

현재 고려대 박물관에는 2003년 민세 유족이 기증한 다수의 안재홍 관련 자료가 보관되어 있다. 이 중 민정장관 시절 공문서는 2008년 국가지정기록물 (제2호)로 지정되었다. 기증 자료는 교정지 29건, 원고 1건, 신문기사 27건, 잡지기사 47건, 책에서 발췌 1건, 쪽지 1건, 군정기록 71건이다. 고려대 박물관 소장 안재홍 자료중 교정지 자료는 총 29건으로 그 목록은 아래 〈표 21〉과 같다.

〈표 21〉 고려대 박물관 소장 교정지 자료

번호	표제	일자	분량	출처	비고
1	생존운동의 구원한 도정	1928. 3. 1		조선일보 사설	
2	농민노동도의 수립; 생존노력과 도덕적 일훈련	1927. 10. 8		조선일보 사설	
3	조선과 동아; 우원총독의 성명서	1927. 5. 20		조선일보 논설	
4	맹휴학생제군	1927. 7. 2		조선일보 시평	
5	조선인 이주가 더 급하다; 일본인 이주의 신계획	1929. 4. 27		조선일보 논설	
6	보통교육과 기회균등 문제	1928. 3. 25		조선일보 사설	
7	재외조선인과 국제적 지위	1929. 9. 10		조선일보 사설	
8	농촌 당면문제에 대한 나의 소견; 교양적 결성 운동	1929. 9		조선지광 기명논설	잡지
9	소년조선의 동요; 학생맹휴에 대한 고찰	1929. 7. 10		조선일보 논설	
10	조선어철자법 개정문제; 철저한 개정을 촉함	1929. 5. 28		조선일보 논설	
11	검거남발은 불가	1930. 3. 5		조선일보 논설	

12	포목상의 염매; 자위적 노력은 극가	1930. 2. 15		조선일보	
13	결사구속의 산물	1930. 3. 25		조선일보 논설	
14	한글날을 맞아서; 온 거레에 사뢰는 말씀	1930. 2. 19		조선일보 논설	
15	조선연구의 충동; 종횡으로 뒤지는 신구조선	1931. 6. 13		조선일보 논설	
16	기괴한 처치; 대구서 권력남용	1931. 6. 22		조선일보 사설	
17	조선과 문화운동	1935. 1		신조선	잡지
18	만몽사태 수중대화; 일중개전설조계	1931. 9. 20		조선일보 논설	
19	수다한 미해결의 문제; 32년의 계승 제문제	1932. 1. 5		조선일보 사설	
20	절대 냉정을 권함; 재만동포문제는 합법적을 요한다	1931. 7. 5		조선일보 사설	
21	독재관견	1936. 2		조선일보 기명논설	
22	노농로국의 동진문제; 이와노프 장관의 음모설을 듣고	1926. 2. 12~15		조선일보 사설	
23	불행한 국면; 해결책이 전무호	1924. 11. 22		조선일보 논설	
24	간과할 수 없는 동척의 횡포; 기괴한 사회상의 일면	1925. 2. 5		조선일보 논설	
25	학생제군	1927. 2. 21		조선일보 논설	
26	만주로 가기 전에; 유리하는 동포를 보내며	1926. 12. 11		조선일보 논설	
27	빈발하는 일학생의 폭행; 이면에 잠재한 과대 망상병	1925. 6. 12		조선일보 사설	
28	만주국과 조선인	1932. 2. 28		조선일보 시평	
29	교육조선의 비극	1936. 3. 25		조선일보 기명논설	

고려대 박물관 소장 안재홍 자료중 원고 자료는 총 1건으로 그 목록은 아래 〈표 22〉와 같다. 1916년 중앙학교 학감 시절 동행한 교직원이 쓴 것으로 추정되는 강화도 기행문이다.

〈표 22〉 고려대 박물관 소장 원고 자료

번호	표제	일자	분량	출처	비고
1	강도일지(江都日誌)	1916	143쪽		강화도 기행24문

고려대 박물관 소장 안재홍 자료중 신문 자료는 총 27건으로 그 목록은 아래 〈표 23〉과 같다.

〈표 23〉 고려대 박물관 소장 신문 자료

번호	표제	일자	분량	출처	비고
1	안재홍	1949. 10. 1		삼천리 (설문)	
2	사회와 자연성 (1) 객관환경과 역사전통 (2) 중난한 제국정책; 영미독불성패의 자최 (3) 북미와 서서국; 성패불일한 그의 금고 (4) 문화와 수량관계; 인의이탈의 자연 행정 (5) 금고정세의 변동; 종족민족과 그 비판	1935. 10		조선일보 기명논설	
3	(1) 교육조선의 비극; 시설의 결함과 인위의 제한				
	(1) 조어사전완성론; 독지유력자에 기하는 서				
	(2) 조선문화상금론; 독지유력자에 보내는 서(2)				
	(3) 우량문헌간행론; 독지유력가에 기하는 서(3)				
	(4) 지방학교광설론; 독지유력가에 기하는 서(4)	1936. 3. 29		조선일보	
	(5) 문화적기공탑론; 독지유력가에 기하는 서(5)	1936. 3. 31		조선일보	
	(6) 인학균등보장론(상); 학부형과 당면과제	1936. 4. 1		조선일보	
	(7) 인학균등보장론(중); 조선이 요하는 당면 과제	1936. 4. 2		조선일보	
	(8) 인학균등보장론(하); 영합적회피를도함	1936. 4. 3		조선일보	
	(9) 여자의전기성론; 인명홍제의 황금탑				
4	신조선 창간호 권두언	1927. 2. 10		신조선	잡지
5	기축년과 각부면의 회고(1); 민족문화의 건설	1949? 1950?			
6	(시평) 노마가 연잔두	1926. 1. 15		조선일보 시평	
7	동척은 무엇인가	1925. 2. 9		조선일보 시평	
8	순정공대한 경지에서	1944. 11		매일신보	친일쪽 글
9	무사국의 흥포성	1925. 2. 1		조선일보 시평	
10	문화공작의 신제창; 현하과정과 당면과제; 세계적조합문화의 섭취				

11	서석산의 부감; 무등산 규봉암에서 (1) 서석산의 부감; 무등산 규봉암에서 (2) 서석산의 부감; 무등산 규봉암에서 (3) 서석산의 부감; 무등산 떠나면서				
12	탑산원의 전망; 광주는 호남웅번				
13	신성한 비율빈국 (1); 감투하는 대통령선거전 신성한 비율빈국 (2); 특수정세와 공작의 유래 신성한 비율빈국 (3); 미화책실패와 해방준비 신성한 비율빈국 (4); 결국영세중립국성립호?	1935. 6. 24~ 6. 27		조선일보	
14	(1) 교착된 이에 전쟁; 만중을 듯는 구주열국 (2) 이에 국정금석관; 구 아몽인 상승제국 (3) 아주는 궤상육; 에디오는 미완성민족 (4) 영이양국의 허실; 관건을 잡은 불공화국				
15	"유고오"와 정치적생애	1935. 5. 22		조선일보	
16	국제정세요강(1) 활동개시의 구주화산 국제정세요강(2) 독일인의 팔면당적 국제정세요강(3) 제국주의의 재조직 국제정세요강(4) 불국의 독일위인책 국제정세요강(5) 영제국의 대륙정책 국제정세요강(6) 영제국의 국제위력 국제정세요강(7) 소련외교의 신등장 국제정세요강(8) 세계대전의 재생성 국제정세요강(9) 열국충돌의 필연성 국제정세요강(10) 극동정국과 일광관계 국제정세요강(11) 천하의 풍운은 구아에 국제정세요강(12) 국제회의정기공작	1935. 5. 21~ 6. 2		조선일보	
17	오산의 교정에서				
18	조령천험을 넘어서(4). (5), (6)				
19	주흘산 밝은달에				
20	서석산 기행; 무등산 중심사에서(1), (2)				
21	"노마연잔두"와 설화				
22	교육만주화문제; 조선인문화존중론	1935. 9. 25		조선일보	
23	경남도의의 제2성명서	1929. 4. 7		조선일보 사설	
24	일주일별(1) 웅대한 비애, 혁명적 기상 일주일별(2) 일본, 중국, 영국의 전쟁상황 일주일별(3) 돌! 애급필경양보 일주일별(4) 전세계반동의절정 일주일별(5) 총공격작전	1928?. 4. 1 1928?. 4. 15 1928?. 5. 6 1928?. 4. 30 1928?. 4. 8			

25	1927년의 세계대세(1)(2)(4)(5)(6)(7)	1928			
26	본사주최여류명사가정문제합평회 - 의복·주택·음식·결혼·연애·육아·문제를 여하히할가	1927. 1. 1	3쪽	조선일보	
27	순정대공한 경지에서				

고려대 박물관 소장 안재홍 자료 중 잡지기사 자료는 총 47건으로 그 목록은 아래 〈표 24〉와 같다.

〈표 24〉 고려대 박물관 소장 잡지기사 자료

번호	표제	일자	분량	출처	비고
1	구조선과 신조선; 신조선주의의 전주곡(권두언)	1932. 11	2쪽	신조선	
2	정다산선생연보	1935. 8	9쪽	신조선(12)	
3	퇴조적인 소련극동정책의 진상	1934. 11	7쪽		
4	아사달사회의 발전; 조선개국사의 측면관	1936. 2	4쪽	조광	
5	조선문화건설의 신방향		2쪽		
6	현재조선교육 문제를 논함	1935. 3	2쪽	신동아	
7	대전환기의 민족과 국가; 방황하는 동서열국; 발화점은 아직도 남은 제2대전	1936. 2	8쪽	삼천리	
8	표제없음		7쪽		
9	위기 중국을 어느 정치가에 맛길가?		4쪽		
10	표제없음		2쪽		
11	다산선생특집(권두언)	1935. 8	1쪽	신조선(12)	
12	조선과 조선인; 문화적 정진을 요하는 현하과정	1935. 1	6쪽	신동아	사본
13	과학지식에 대하여	1929. 5	1쪽	신생	사본
14	관용·진격·침용	1930. 6	1쪽	신생	사본
15	명가의 좌우명	1929. 10	2쪽	신생	사본
16	조선에 큰 과학자가 나서 세계적으로 진출하자	1929. 6	1쪽	삼천리 1호	사본
17	조선민의 운명을 반영하는 정다산선생과 그 생애의 회고	1934. 10	5쪽	신동아	사본
18	신년의 기원; 조선의 신인식에의 정진	1935. 10	1쪽	신동아	사본
19	송구영신의 감회	1935. 1	1쪽	신동아	사본
20	현재조선교육 문제를 논함	1935. 3	2쪽	신동아	사본

21	안재홍	1934(?)	2쪽	신동아	사본, 앙케이트
22	재만동포문제 해결책; 상조권보다도 입적이 양책	1931. 8	4쪽	동광 24호	사본
23	버드나무그늘; 철창에 잠못든 수인	1931. 8	4쪽	동광	사본
24	졸업생에게 보내는 글	1936. 2-3	6쪽	학등	사본
25	조선학생에게 주고싶은 말	1935. 12	2쪽	학등	사본
26	독서 개진론; 일생을 일하고 일생을 읽으라	1935. 11	4쪽	학등(20)	사본
27	조선사전완성론	1936. 5	2쪽	한글	사본
28	농촌지도에 대한 문제; 힘의 근원을 떠나지 말어라	1926. 2. 12	8쪽	조선농민 제2권 제2호	사본
29	농민대중에 대한 기대와 희망; 슴슴하고도 꼭 필요한 세 가지 말슴	1930. 5	5쪽	농민 제1권 제1호	사본
30	현하조선농촌구제의 삼대 긴급책	1930. 6	4쪽	농민 제1권 제2호	사본
31	관수와 배수를 과학적으로 하라	1929. 6. 26	1쪽	조선농민 제5권 제4호	사본
32	농촌문제를 가지고 걱정하는 이들의 의견	1926. 11. 27	3쪽	조선농민 제2권 제11호	사본
33	안재홍 선생이 쓴 「중국의 금일과 극동장래」라는 책 선전(삼천리사 발간. 정가: 삼백이전)		1쪽	삼천리문예 강좌	광고 / 사본
34	다산의 사상과 문장	1936. 4	4쪽	삼천리	사본
35	나와 교우록	1935. 9	5쪽	삼천리	사본
36	학생시대의 회고	1936. 5	6쪽	신동아	사본
37	조선사상 팔대인물에 대한 소감	1936. 7	6쪽	신동아	사본
38	나의 인생관	1936. 6	8쪽	신동아	사본
39	중국은 공산화 할 것이냐?; 사회민주주의의 과정에서 노자협조의 정책하에 지배될 것	1927. 4	7쪽	신민(24호)	사본
40	미소와 한국의 장래	1948. 11	5쪽	개벽	사본
41	연작 강담 아츰; 제6회 비통한 탈주	1929. 6	7쪽	별건곤	사본
42	반동선상의 세계와 밋 그 추세	1925. 1	9쪽	개벽	사본
43	한양조 오백년 총평	1926. 7	10쪽	개벽	사본
44	조선민족성의 국제사적고찰(1)	1927. 5	4쪽	현대평론	사본
45	현대조선과 율곡선생의 지위; 율곡성패와 역사적관계성	1937. 2	9쪽	조광	사본

46	현대조선인과 기독교 및 그 청년의 지위	1931. 2	5쪽	청년	사본
47	학업을 마치고 사회의 투사가 되려는 졸업생제위에 대한 선배 제씨의 기대	1931. 3	2쪽	청년	사본

고려대 박물관 소장 안재홍 자료 중 책에서 발췌한 자료는 총 1건으로 그 목록은 아래 〈표 25〉와 같다.

〈표 25〉 고려대 박물관 소장 책에서 발췌한 자료

번호	표제	일자	분량	출처	비고
1	다산의 연보와 저서	1935	12쪽	안재홍문선	
	근세 백년의 다산 선생	1935			
	단군과 개천절	1935			
	단군론과 은기자 말살론				

고려대 박물관 소장 안재홍 자료 중 쪽지 자료는 총 1건으로 그 목록은 아래 〈표 26〉과 같다.

〈표 26〉 고려대 박물관 소장 쪽지 자료

번호	표제	일자	분량	출처	비고
1	○ 보성전문학교 학생 100여 명에게 인도의 독립운동을 하던 네루의 사상과 행적을 따르라고 하고 은연중 학생들에게 조선의 독립운동을 하도록 선동했다. 1933년경. 경성지방법원에서 1년형을 받음(변호사 이인 단독). ○ 3.1 운동 당시에 김마리아 여사와 함께 애국부인회를 조직. 독립운동을 하다 체포, 투옥되어 경성지방법원에서 2년형을 받음.				

고려대 박물관 소장 안재홍 자료 중 군정기록 자료는 안재홍이 수신한 기록은 총 46건으로 그 목록은 아래 〈표 27〉과 같다.

〈표 27〉 고려대 박물관 소장 군정기록 중 안재홍이 수신한 자료

번호	표제	일자	분량	출처	비고
1	○ 1946년 12월 10일 정오, 서울의 캐피톨 빌딩 214호에서 있을 과도입법의회에 참가할 것을 부탁한다. ○ 의장 선출을 위한 입법회원 모임은 캐피톨 빌딩의 쓰론 룸에서 12월 11일 오전 11시에 과도입법의원 의장의 요청에 의해 열릴 것이다. ○ 입법부의 정식 개최는 1946년 12월 12일 정오에 있을 것이다.	1946. 12. 6			* 미 육군 군정청 육군준장 C. G. Helmick이 안재홍에게 보낸 글
2	○ 귀하가 1946년 8월 24일 법령 118호에 의해 나에게 권위가 부여된 남한 과도입법의회의 회원을 약속 해 주어 고맙다. ○ 의회의 첫 모임은 1946년 12월 12일 서울에 있는 국제 캐피톨에서 열릴 것이다. ○ 군정은 귀하에게 최초 의회의 세부적인 협정을 알려 줄 것이다.	1946. 12. 7			* 미 육군 사령관 John R. Hodge 중장이 안재홍에게 보낸 영문 공문
3	○ 시간이 흐르며 독립 한국정부 준비를 위한 주한미군의 역할에 대한 나의 정책은 보다 한국 정부에 대한 의무와 책임감으로 전도 되어왔다. 오직 이 길만이, 한국인 스스로가 조직하는 정부를 위한 첫 단계에서 필요했던 군정에 의해 만들어지는 점진적 이행을 할 수 있을 것이다. ○ 따라서, 미군이 한국에 도착한 날로부터 나의 정책은 한국정부를 위한 책임감으로 바뀌고 있다. 이행은 실제로 너무나 점진적이서서 종종 눈에 띄지 않았으나 의무는 매우 꾸준히 한국인과 그보다 적은 미국인에 의해 수행되어왔다.	1947. 2	7쪽 (영문 서한 2쪽, 국문 번역본 5쪽)		* John R. Hodge 가 안재홍에게 보낸 글

	○ 1946년 9월 12일 러치가 언급했다: 국제 기구의 한국 대표가 국제 기구의 이 중요한 구획을 공식적으로 통치할 것이다. 한국 정부는 한국에 있는 행정 정부를 위한 방대한 양의 책임을 맡기 위한 적절한 준비를 그저 승인하는 역할을 가졌다. ○ 전진된 한걸음이 정부의 한국화를 이끌 때가 바로 지금 올 것이라고 생각한다. 한국 민정은 한국 대표에 의해 현재 통치되는 각각의 분과의 통합을 약정해야 한다고 믿는다. 러치 장군과 나는 언젠가를 위한 이러한 마음을 품었고 한국민정 선출을 위한 매우 조심스러운 주의를 주었다. 우리는 귀하의 연습, 경험, 정의로운 성격, 확실한 애국심의 기록, 무한한 한국 사정에 대한 지식 등 민정의 의무를 수행하기 위한 특별한 노력에 동의하고 있다. ○ 나는 한국과 한국인을 위한 대단한 노고로 진실한 애국을 수행하는 한국 정부의 입장을 모른다. 우리에게 닥친 문제를 푸는 게 쉽지는 않다. 우리가 직면하고 있는 다수의 중요한 문제 중 하나는 한국 정부의 대단히 중요한 여러 입장을 표명하기 위한 적격의 한국인을 선출하는 것이다. 이것은 미국인보다는 한국인에 의해 다루어지는 것이 더 좋다. 우리가 직면한 문제의 주최에 대한 대답을 발견해야만 한다. 우리의 정책 문제, 식량 문제, 일본 협력과 관련된 문제에 대한 대답을 끈기 있고 신중하게 알아내야 한다. (생략) ○ 군정을 수행해 가는 데 있어 정보 등을 공유할 것을 요청하는 공문.			
4	○ 나는 귀하를 한국정부의 한국시민 대표로 명명했다. 여기에 그 복사본을 동봉한다. 그 약정은 매우 중요하다.	1947. 2. 4	1쪽	* 주한 미군 육군 군정청 군정장관 Archer L Lerch 소장이 남조선과

				도입법의원 의장에게 보내는 편지
5	○ 귀하가 특정한 대표를 교체할 것이라는 루머가 돌고 있는데 이러한 루머는 의욕과 사기에 치명적인 것으로 최선의 힘을 다해 이러한 루머를 막아주기를 바란다. 우리는 구성원(대표?)들을 천천히 바꿔야만 하고 모든 이들이 이러한 루머에 흔들리지 않게 하여야 한다.	1947. 3. 12		* Archer L. Lerch가 안재홍에게 보내는 메모 (memorandum)
6	○ 한국 정부에서 새로운 지위를 갖게 된 귀하를 축하한다. ○ 민정장관은 한국의 이익을 위한 막강하고 전진적인 사업들을 수행할 힘을 갖고 있다. 그리고 귀하는 애국심이 강하고 유능하다. ○ 귀하는 남조선과도정부의 다양한 분파를 통합할 임무가 있고 잘 수행할 수 있다. ○ 하지와 한국의 정세에 관해 말할 기회가 있었는데 진전이 이루어지고 있음에 반가웠다. ○ 나는 특히 입법에 관심이 있다. 모든 남한의 한국인 모임을 조합하는 데에 어려움이 있을 것이라고 예측한다. 실수가 있겠지만 남한의 가장 중요한 대표기관에서 그들의 의무를 빠르게 습득할 것을 기대한다. 신탁 통치에 대한 그들의 행동에 유감이다. 한국인들은 단일 국가를 필요로 하고 한국인 스스로 단일 국가를 만들기 위한 많은 노력을 기울여야 한다. 그러한 많은 노력은 적어도 남한 발전을 위해 독립을 연기하게끔 해야 한다. ○ 하지는 미국의 정부와 사업체들과 많은 이야기를 나누었고, 한국의 요구를 명확하게 제시하고 있다. 한국인이 그들의 국가를 재건하는 데에 노력을 경주한다면, 그들은 하지 정책에 깊게 동조해야 하고 그들의 문제를 풀기 위해 미국과 공조해야만 한다.	1947. 3. 17	3쪽	* 미 육군소장 A. V. Arnold가 안재홍에게 보낸 영문서한 * 아놀드는 최초의 미군정청 장관

	○ 나는 귀하가 나의 한국과 한국의 문제를 동정하고 도와주려 하고 있음을 이해해 주었으면 한다.				
7	○ 우리 부부는 친절한 초대에 감사하며 캐피톨에서 3월 31일, 월요일 오후 5시 반에 귀하의 파티에 참가할 것이다.	1947. 3. 27			* 미 육군 사령관 Albert E. Brown 소장이 안재홍(민정장관)에게 보낸 영문서한
8	○ 김규식 선생의 특정 행동에 관한 나의 권고를 요구하는 24사령관의 서류가 왔기에 여기에 동봉한다. ○ 나는 귀하가 정책적이든 합법적이든 또는 다른 적정한 방법이든 비밀 조사 경로를 만들기를 바란다. 조사에 있어서는 김규식 자신이 하는 말도 듣는 것이 좋겠다. 조사가 끝나는 대로, 귀하의 의견과 권고를 포함한 비밀 원고를 보내주기를 바란다. ○ 〈비밀 문서〉 동봉.	1947. 5. 10			* 기밀자료("秘"인) * Archer L. Lerch 가 안재홍에게 보내는 영문공문
9	1. 이범성 사건에 관하여는, 여기에서 가리키는 사람들을 제외한 불법적인 행동을 한 모든 사람들을 즉시 경찰과 법무부에 조사하여 기소를 진행시키길 바란다. 2. 귀하는 개인적으로 이 건과 관련된 군정관료에 대해서는 조사를 통해 모든 책임을 갖고 조사는 전체적이고 세부적으로 하되 정부의 지위로 인한 어떠한 면책도 갖지 않음을 이해해야만 한다. 3. 이 건에 있어서 받은 돈은 전부 소유자에게 반환하도록 할 것이다.	1947. 5. 12	1쪽		* Archer L. Lerch 가 안재홍에게 보내는 영문공문
10	○ 하지 장군이 방금 전화로 본관에게 말하기를 귀하가 최동오, 윤기섭에게 말하여 이범성 사건에 관계되어 있는 입법의원에 대한 원내 조사위원회를 임명토록 하기를 제의하였다.	1947. 5. 13	1쪽		* 군정장관 육군소장 Archer L Lerch 소장이 민정장관 안재홍에게 보내는 영문공문
11	○ 우리 부부는 3월 31일에 있은 칵테일 파티에 참여하지 못해 상당히 유감이	1947. 6. 2			* 미 육군준장 John Weckerling이

	다. 회의는 토요일 늦게까지 끝나지 않았고 귀하가 이를 이해해 줄 것을 믿는다.			민정장관 안재홍에게 보낸 영문서한
12	○ 미국 독립 기념일인 7월 4일, 나에게 매우 예쁜 꽃 선물을 해 주어 매우 감사한다. 선물을 통해 새삼 노동과 희생으로 얻은 독립 민주 국가에 감사했고, 유감스럽게도 지금은 아니지만, 귀하의 나라도 같은 영광을 얻기를 바란다.	1947. 7. 8		* 미 육군 군정청 육군준장 C. G. Helmick이 안재홍에게 보낸 영문서한
13	○ 귀하에게 언제고 글을 쓰려고 했는데 좀 바빴다. 적어도 다음 의회까지 돈이 전달될 것이다. ○ 수출입계획이 오늘 내일 쯤 시작되면, 그것은 한국에 중요한 의미가 될 것이다. ○ 어업권 향상을 위한 많은 노력이 가까운 미래에 쟁점화 될 것인데, 그것은 어업이 무한한 자원이기 때문이다. ○ 내각의 모든 구성원들에게 나의 의사를 밝히며, 개인적으로 그들에게 글을 쓸 노력을 하겠다.	1947. 7. 14	1쪽씩 2부	* 미 육군 Archer L Lerch 소장이 민정장관 안재홍에게 보내는 영문서한
14	○ 아름다운 칠기에 감사한다.	1947. 8. 26	1쪽	* J. Sehaper가 안재홍에게 보낸 영문서한
15	○ 막 당신의 1947년 8월 29일 편지를 받았다. 한국의 정세와 금요일 아침에 쓰론 룸에서 열린 수여식 소식을 듣게 되어 기쁘다. 귀하의 관점을 획득하는 임무에 유용하고 조심스럽게 그것들을 숙고할 것이다. ○ 많은 개인과 모임의 대표의 관점을 가능한 한 많이 듣는 임무는 유용하다.	1947. 8. 30	1쪽	* 미 육군준장 A. C. Wedemeyer가 민정장관 안재홍에게 보낸 영문서한
16	○ 조문으로 추정됨(안재홍 어머니의 사망에 대한 조의를 표하는..). 필기체로서 독해 난해.	1947. 9. 14	1쪽	* Florence M. Lerch가 안재홍에게 보낸 영문서한
17	○ J. E. Jacobs가 미국 대통령을 대신하여 안재홍 어머니의 사망에 조의를 표함. ○ 앞장에 백악관 발신 조문서 있음.	1947. 9. 18	2쪽	* 미 정치고문인 J. E. Jacobs가 민정장관 안재홍에게 보낸 영문공문

18	○ 한국에 대한 중국의 정책은 진실과 이른 독립에 맞추어져 있다. 귀하도 알고 있듯이 정권을 잡고 있는 군정의 퇴출에 대한 건은 우리 정부의 대단히 중요한 주목을 끄는 문제로 귀하의 의견과 같다.	1947. 10. 15	1쪽		* Wang Shih-chieh (왕세걸)이 민정장관 안재홍에게 보낸 영문서한
19	○ 귀하의 국무장관과 국방장관과 미국 대통령에게 보낸 러치 장관에 대한 전언을 받았다는 통지가 국무장관으로부터 왔다. 접수하는대로 국무장관은 백악관과 포레스탈에게 보고하였다. 대통령과 국무장관과 국무장관 자신을 대신하여 귀하에게 사의를 표해달라는 요청을 받았다.	1947. 10. 20			* 미 군정장관대리 C. G. Helmick이 안재홍에게 보낸 영문공문
20	○ 선물 감사.	1947. 11. 22			* H.B.M. 총영사 D. W. Kermode가 안재홍에게 보낸 영문서한
21	○ 1948년 5월은 한국에 독립과 안전을 가져다 줄 것이다.	1948. 1. 2	1쪽		* 미 육군 사령관 John R. Hodge 중장이 안재홍에게 보낸 영문공문
22	○ 올림픽 협회에 의해 발행된 뱃지와 입장권이 동봉된 1월 7일의 편지는 잘 받았다. 모든 스포츠는 몸과 정신을 건강하게 하기 때문에 한국의 스포츠가 발전하기 바란다. 한국인들은 건강한 몸과 스포츠맨 정신이 필요하다. 귀하의 협회가 필요한 것이 있으면 나에게 알려주기 바란다.	1948. 1. 12			* Philip Jaisohn 박사가 한국 올림픽 서포터스 협회 회장 안재홍에게 보낸 영문서한
23	○ 1월 17일, 한국의 유엔임시위원회는 한국 선거에 도움을 줄 분과위원회를 설립하기로 했다. 분과위원회에 대한 귀하의 의견을 듣고자 분과위원회와 함께 덕수궁 유엔임시위원회회의 방에서 2월 2일 월요일 오전 10시 반에 보고자 한다.	1948. 1. 31	1쪽		* 분과위원회 장인 S.H.Jackson이 민정장관 안재홍에게 보낸 영문공문
24	○ 친절한 초대에 감사.	1948. 2. 7			* D.W.Kermode (영국 총영사?)가 안재홍에게 보낸 영문서한

25	○ 한국의 국제연합사무국은 귀하가 초청되었던 2일의 분과회의의 내용을 동봉한다. 귀하가 언급한 것에 대해 수정하고자 하면 48시간 이내에 덕수궁의 유엔임시위원회에 타자형태로 고쳐서 제출하기 바란다.	1948. 2. 10	1쪽		* UN 한국 임시 위원단(UN Temporary Commission on Korea)에서 안재홍에게 보낸 영문공문
26	○ 2월 17일 회신된 연회에서의 귀하의 강연원고에 감사한다.	1948. 3. 8	1쪽		* UN 한국임시위원단에서 안재홍에게 보낸 영문공문
27	○ 당신을 알게 되어 기쁘며 앞으로도 자주 보기를 바란다. 그리고 한국의 통일과 독립을 기원한다.	1948. 3. 9	1쪽		* 미 육군 부사령관 Albert E. Brown 소장이 안재홍 부부에게 보낸 영문서한
28	○ 당신의 모든 친절에 감사하고 한국의 독립을 기원한다.	1948. 3. 20			* 메논 의장의 타전
29	○ 인도는 마하트마 간디의 죽음에 깊이 애도하고 있고 그의 평화적이고 도덕적인 정신을 우리는 이어갈 것이다.	1948. 3. 20	1쪽씩 2부		* 인도의 수상 Pandit Nehru의 타전
30	○ 3월 28일 일요일 초대에 응하지 못해 유감으로 생각한다.	1948. 4. 2	1쪽		* 한국문제 고문 R. S. Watts가 민정장관 안재홍에게 보낸 영문공문
31	○ 조중하, 조승구의 심리가 선거직후로 지연됨.	1948. 5. 10	1쪽		* 미국육군소장 부군정장관 C. G. Helmick이 민정장관 안재홍에게 보낸 영문공문
32	○ 필리핀 대통령 사망을 애도함.	1948. 5. 17	2쪽		* 미 정치고문인 J. E. Jacobs가 민정장관 안재홍에게 보낸 영문공문
33	○ 귀하가 보내 준 '조선상고사'책과 편지에 감사한다. ○ 총선거 결과는 상당히 중요하다. 그들은 한국민에게 새로운 시대를 맞게 해 줄 것이고 공산주의를 뛰어 넘은 민주	1948. 5. 19	1쪽		* 미 육군 사령관 John R. Hodge 중장이 안재홍에게 보낸 영문서한

	적 진보를 완벽하게 지지해 줄 것이다. ○ 남한 민중의 현명한 판단을 믿는다.			
34	○ 귀하의 남조선과도입법정부의 민정장관 사임을 수렴하였음.	1948. 6. 8	2쪽	* 미군육군소장 군정장관 W. F. Dean이 남조선과도정부 민정장관 안재홍에게 보낸 영문공문
35	○ 안재홍의 민정장관 사임을 수락한 서한.	1948. 6. 12	영문서한 1쪽, 국문번역본 1쪽	* 미 육군 사령관 J. E. Hodge 중장이 민정장관 안재홍에게 보낸 영문서한
36	○ 남한의 단독 선거가 끝난 뒤에도 우리국가는 근심스러운 위기에 직면해 있으며 이러한 국가의 운명은 전적으로 한국 지도부의 손에 달려있고 경제와 통일의 오랜 열망은 새로운 의회의 몫이다. ○ 한국은 남과 북의 통일 없이 유지될 수 없고, 북의 천연자원 없이 지속적이고 생산적인 경제는 성취될 수 없다. 선거는 사람들의 불안한 상황을 보여준다. 새 정부가 민중의 필요와 염원을 채워주지 못한다면, 북의 남침보다 무서운 재앙인 남한 내의 민중 봉기를 생각할 수 있지 않을까? ○ 나의 일은 여기서 한국의 발전을 위한 정보를 선전하는 것으로, 귀하로부터 다음과 같은 언급을 듣기를 바란다. 통일문제는 조속한 미래에 다가올 것이라고 생각하나? 민중의 가난과 정부의 무기력함을 채워줄 방법은? 등과 같은. 나의 언급은 국가의 이익을 위한 것이다. ○ 추신) 동일한 편지를 한독당의 김성수에게 받게 될 것이다.	1948. 6. 14	2쪽	* 조선문제연구소 (korean affairs institute)의 Kim Yong Jeung이 민정장관 안재홍에게 보낸 영문서한
37	○ 귀하의 과도입법정부 민정장관 사임의 일부(a copy of a letter)를 접수하였음.	1948. 6. 22	1쪽	* C. G. Helmick이 안재홍에게 보낸 영문서한

38	○ 귀하가 보내준 올림픽 손수건과 편지 감사한다. 귀국 팀의 승리를 바란다.	1948. 7. 12	1쪽	* C. G. Helmick 이 한국 올림픽 서포터스 협회 회장 안재홍에게 보낸 영문서한
39	○ 안재홍이 계획하는 '신생활 운동' 격려, 지지 글.	1948. 11. 15	1쪽씩 2부	* 미 육군 John B. Coulter 소장이 한성일보 사장 안재홍에게 보낸 영문서한
40	○ 우리가 함께 노력해야 한국의 경제적 위기를 극복할 수 있다. 미국은 한국을 민주주의의 중심으로 보기 때문에 진심으로 이러한 결합(통일) 운동을 기대한다. ○ 2-3일 내로 워싱톤 DC 21세기 클럽에서 내가 발표했던 발표문을 보내겠다. 한성일보 발행에 유용하다면 그 자료를 잘 쓰길 바란다.	1949. 1. 10	1쪽	* Edgar A. J. Johnson이 한성일보 사장 안재홍에게 보낸 영문서한
41	○ 제2분과위원회 시간 정정 알림. ○ 제1분과위원회원들은 남북의 현존하는 경계선에 대해 고심 중임. ○ 제1,2분과위원회 논의 동봉.	1949. 3. 11	11쪽 (영문서한 및 첨부자료 3쪽, 국문으로 된 메모 등 8쪽)	* 제2분과위원회 의장인 Hung-Ti Chu가 한성일보 사장 안재홍에게 보낸 영문서한 등
42	○ 막 도착한 9월 30일 원고에 감사한다. 한국문제에 관해 편집자가 해석한 원고는 의장의 관심을 끌 것이다.	1949. 10. 14	1쪽	* 대외관계 서무위원회(?) C. C. Oway가 한성일보 사장에게 보낸 영문서한
43	이범성 사건 관련 영문서한(필기체).	1947. 5. 13	1쪽	* 미국육군소장 A. L. Lerch가 안재홍에게 보낸 영문서한
44	필기체 판독불가.			* Dode Wedmeyer가 안재홍 씨 부인에게 보낸 영문서한

| 45 | ○ 전경무 씨가 내일 오후 5시 비행기 편으로 출발하여 조선에 오리라 합니다. | | 1쪽 | | * 미국육군소장 A. L. Lerch가 민정장관 안재홍 씨에게 보낸 영문서한 |
| 46 | 필기체 판독불가. | 5. 23 | | | * 영문서한과 편지봉투 |

고려대 박물관 소장 안재홍 자료중 군정기록 자료는 안재홍 보낸 공문 편지 자료는 총 23건으로 그 목록은 아래 〈표 28〉과 같다.

〈표 28〉 고려대 박물관 소장 군정기록 중 안재홍이 보낸 공문 편지 자료

번호	표제	일자	분량	출처	비고
1	○ 난 서울로 돌아갈 것을 계획했습니다. 미국과 소련정부의 한국정책에 대한 당신의견에 저역시 찬성합니다. 당신과 가족의 건강을 기원합니다. 이것은 단지 사적인 편지입니다.	1946. 10. 31			* Arnold 장군에게 한성일보 사장 안재홍이 보낸 영문서한
2	○ 전라남도의 특수한 정치적 상황에 대해 고려중.	1947. 8. 4	1쪽씩 2부		* C. G. Helmick 장군에게 민정장관 안재홍이 보낸 영문공문
3	○ 한국의 문제상황과 미래대응에 대한 의견. - 경제적, 정치적, 국제관계적 상황 등.	1947. 8. 28	3부 3쪽씩		* Aibert G. Wedemeyer 장군에게 민정장관 안재홍이 보낸 영문공문
4	○ 주제: US-USSR 공동위원회 실패와 현재 상황을 만족시키기 위한 대응책(Failure of US-USSR joint commission and Counter-Measure to meet current situation).	1947. 9. 23	4쪽		* 오른쪽 상단에 각주: 연필로 "한글 번역만 전집에 넣음"이라고 쓰여있음
5	○ 주한 미군과 소련군이 조속히 철수해야 하는 이유.	1947. 10. 3	3쪽		* 미 육군 대표단(Military Delegation)에게 민정장관 안재홍이 보낸 영문서한

5	○ 석탄 10만 톤 원조 요청.	1947. 11. 1			* (중국의) 미국증권회사 (American Securities Corp.) 대표 E. di Garees 에게 민정장관 안재홍이 보낸 영문서한
6	○ 분할 되어있는 한국의 통일을 위해 국제 사회에서 영국위원회가 협조해 달라.	1947. 11. 7	1쪽씩 2부		* Gaidener 장군과 국회의원(a Member of Parliament)에게 민정장관 안재홍이 보낸 글
7	○ 서울대학교 초대 총장인 해리 B. 엔스테드 박사의 민주 교육 건설 업적을 칭송하는 글. ○ 헌정사(해리 박사에 대한).	1947. 11. 25 1947. 11			* 서울대학교 전총장인 Harry B. Ansted(* 서울대학교 초대 총장) 박사에 대해 민정장관 안재홍이 쓴 글(영문)
8	○ 유엔 한국임시위원단에 우리의 만장일치 안건을 보냄.	1948. 2. 6	1쪽		* UN 한국임시위원단 단장인 K. P. S. Menon 박사에게 민정장관 안재홍이 보낸 영문공문
9	○ 한국의 통일을 위한 세계 각국의 동맹 및 협조 요구.	1948. 2. 7	3쪽		* 메논 단장과 UN 한국임시위원회 회원들에게 발표한 안재홍의 연설문 * 오른쪽 상단에 각주: 연필로 "1948년 2월 7일(토) 창덕궁 인정전 UN위원단 "테블스피티" 全譯也"라고 쓰여있음
10	○ 주제: 한독당의 군산지부로부터 정책 재조직에 대한 건의.	1948. 3. 6	2쪽씩 2부		* W. F. Dean과 E. A. J. Johnson에게 민정장관 안재홍이 보낸 영문공문
11	○ 주제: 김구에 관한 논의와 김구 다루기.	1948. 3. 18	3쪽		* Hodge 장군, Dean 장군, Helmick 장군, Johnson 박사에게 민정장관 안재홍이 보낸 영문공문
11	○ 주제: 사직(resignation). 민정장관직의 사임을 요청하는 글.	1948. 3. 23	2쪽씩 5부		* Hidge 장군, Dean 장군, Helmick 장군, Johnson 박사에게 민정장관 안재홍이 보낸 영문공문

12	○ 자유민주 선거에 의해 선출된 협회(?)원들에 대한 협조 부탁.	1948. 4. 12	1쪽		* UN 한국 임시위원회 단장인 Singh 씨에게 민정장관 안재홍이 보낸 영문서한
13	○ 5월 10일 선거의 성공은 국내, 국제적인 새정부의 건설을 가져올 것임. 일제강점기에 감옥과 집에서 쓴 한줄한줄 독립정신을 고취시키는 "한국의고대사"는 책을 보냄.	1948. 5. 15	1쪽씩 2부		* Hodge 장군에게 민정장관 안재홍이 보낸 영문서한
14	○ 주제: 사직(resignation). 민정장관직의 사임을 요청하는 글.	1948. 6. 1	2쪽씩 6부		* Hodge 장군에게 민정장관 안재홍이 보낸 영문서한

15	○ 한성일보 설립에 앞서 동아일보나 오리엔탈데일리뉴스가 케이조니뽀 빌딩으로 사무실을 이전했다.
	  지난 한국 선거에서 굉장히 공조하여온 아래에서 오리엔털데일리뉴스를 이끄는 이가 한성일보를 빌딩에서 독점했고 이러한 사실은 불법이다.
	  한성일보가 동아일보보다 더 많은 이익을 가져올 것이라고 본다.
		1948. 6. 8	1쪽		* Hodge 장군에게 한성일보 사장 안재홍이 보낸 영문서한

16	○ 45년 해방 이후 우리 설립의 역사를 판단해 볼 때, 동아일보가 서울공인사의 장비와 기계 등 빌딩 관리와 사용에 독단적으로 우월한 영향을 주장하는 것은 옳지 않다. 동아일보와 한성일보는 동등하게 대우받아야 한다.	1948. 6. 12	1쪽		* Stewart 씨에게 한성일보 사장인 안재홍이 보낸 영문서한
17	○ 동아시아의 문제는 중국이 공산당군 정권하에 놓인다면 풀 수 없을 것임을 귀하는 충분히 알 것이다. 현재 공산당군은 힘을 갖고 있고, 정치 경제적 혼란 속에서 그들은 일시적으로 농민, 노동자와 피티부르주아의 지지로 승리의 전투를 벌이고 있다.	1948. 10. 12	1쪽		* J. H. Judd 씨에게 한성일보 사장 안재홍이 보낸 영문서한

18	○ 우리는 우리의 단일된 독립을 위하여 귀국의 증가하는 원조와 지지를 기대한다.	1948. 10. 12	1쪽	* Harry S. Truman에게 한성일보 사장 안재홍이 보낸 영문서한
19	○ 지난 귀하의 한국 방문 때 만날 수 있어 좋았고 미국의 경제 원조가 확실할 것이라는 확신에 반가웠다.	1949. 5. 6	1쪽	* ECA 한국 선교회 Edgar A. J. Johnson에게 안재홍이 보낸 영문서한
20	○ 미국 국회의원을 맞는 환영문.	1949. 9. 8	1쪽	* 한성일보 사장 안재홍 씀 * 영문
21	○ 각서(memorandum).	1948. 3. 21	5쪽	* 영문 * 오른쪽 상단에 각주: 연필로 "본건 총선거와 그 대책"이라고 쓰여있음
22	○ 최근에 나는 불안한 지역인 지리산과 경상남도의 덕유산, 전라북도 지역을 다녀왔고 그 7지역에서 정치적인 깨달음을 받았다. 정치적 깨달음에 관해 110쪽가량의 책을 준비했다. 이번 달 말까지 시민들의 손에 들려질 것이다. 두 번째 책을 현재 준비 중인데 나의 최근 여행의 경험을 담고 있다. 한성일보가 현재 회사로의 기구화를 추진 중이기 때문에 확고한 경제적 기초가 요구된다.		1쪽	* Hodge 장군 등에게 민정장관 안재홍이 보낸 글 * 영문
23	○ 의견(Remarks).		2쪽	* 메논 박사, 잭슨 박사 등에게 보낸 글로 추정됨 * 영문

고려대 박물관 소장 안재홍 자료 중 해방 후 필사원고 자료는 총 23건으로 그 목록은 아래 <표 29>와 같다.

〈표 29〉 고려대 박물관 소장 해방 후 필사원고 자료

유형	표제	일자	분량	출처	비고
1	1. 분열로 꾸며진 쇠망사 2. 협동의 실패는 건준에서부터 3. 독립 촉성 중앙협의회의 결렬 4. 중애 임시정부의 입국과 반탁국민운동 5. 비상국회와 민주의원의 무위	1948	58쪽 (1-58)		
2	8. 행정권 이양의 역전과 제2미소공위의 최후적 결렬 9. 국민의회와 우려되는 독립정부		43쪽 (83- 125)		
3	김구선생과 그 대우책	1948. 3. 16	11쪽		* 안재홍 선생의 직 함이 "남조선과도 정부 민정장관"으 로 표시되어 있음
4	국민당정책방송		1쪽		
5	삼당공동성명	1946. 1. 24	6쪽		* 한국민주당, 국민 당, 신한민족당
6	미군사령관에 보내는 편지 초벌원고로 추정되며, 민정장관직의 사임을 밝히고 있다.	1947. 2. 3	4쪽		* 한글 필사원고
7	(영문 공문) 미군사령관에 보내는 편지 로, 민정장관직(civil administrator)의 사 임(resignation)을 밝히고 있다.	1948. 3. 23	2쪽		* 위(6번) 자료를 영문으로 타이핑 한 것으로, 공문 형식을 띠고 있다
8	사대연합국과 아미리가(亞美利加)민중 에게 보내는 결의서(독촉중협결의서)	1945. 11. 4	8쪽		
9	경애하는 장 국민정부 주석 각하	1947. 10. 30	11쪽		* 편지 형식 * "남한과도정부 민 정장관"인 안재홍 이 중국 국민정부 주석에게 보내는 편지
10	소위 「군정연장책모 반역행위」 문제의 진상	1947. 9. 25	5쪽		
11	An Outline of Measures for Meeting the Current Situation in South Korea	1947. 9. 25	5쪽		* Civil Administrator (민정장관) 안재홍

12	이승만 박사 귀국 축하의 글 "최고의 감사와 최고의 경의를 드린다. 국민당수 안재홍 환영사"	1945. 10. 16	4쪽		
13	민주의원 제5호성명에 의한 서명과 반탁	1946. 4. 30	5쪽	한성 일보	* 본문은 저자당시 민주의원에 있어 제5호 선언에 서 명하고 미소공위 에 참가한 정부 를 통하야 탁치 (託治) 없는 독 립을 조속실현키 를 주장한 요지 이다 (한성일보)
14	국민당의 정책(방송)	1945. 12. 14	8쪽		
15	실직실업문제대책과 건국정부완성촉진 결의안(국민당 정치문화부)	1945. 10. 20	2쪽		
16	성명 "본인 근간의 정치적 처지를 성명함"	1945. 9. 12	1쪽		* 건준탈퇴
17	3.1 소년단선언		2쪽		
18	빛나거라 「한글날」; 골고로퍼저라이빗		1쪽		
19	소년문화협회의 취지		3쪽		
20	표제없음(3.1절 30주년 기념사 초안(?))	1949. 3. 1	3쪽		
21	신당참가 보류성명	1948. 10. 15	2부. 1쪽		
22	신탁통치반대국민운동 중앙위원회 본부	1946. 1	1쪽		
23	목차 1. 중앙당으로서의 건국이념(1945) 2. 건국구민운동의 강조(1945) 3. 국민당정책방송(1945. 12) 4. 반탁선언(1946. 1) 5. 자주적건국에 총동원하자!(1946. 5) 6. 국민대중에서 혼합(1946) 7. 자력건설과 자주건국(1946) 8. 좌우합작의 정치적의의(1946. 7) 9. 좌우합작의 정치노선(1946. 7) 10. 미소공위와 조선인의 태도(1946. 6) 11. 해방일주년기념일을 지내고(1946. 8) 12. 파업단의 직시복업을 권함(1946. 9)		1쪽		

13. 격동하는 민중에게 고하는 말슴 (1946. 9) 14. UN위원여연도상에서의 인사말슴 (1947) 15. 민주통일 독립의 전사를 뽑어냅시다 (1948) 16. 나무를 가꾸는 것은 나라를 가꾸는 것입니다(1948. 4)				

고려대 박물관 소장 안재홍 자료중 해방 후 책에서 발췌한 자료는 총 2건으로 그 목록은 아래 〈표 30〉과 같다.

〈표 30〉 고려대 박물관 소장 해방 후 책에서 발췌한 자료

유형	표제	일자	분량	출처	비고
1	목련화 그늘에서	1926	4쪽	조선일보	
2	5. 불란서 혁명에 대하여	1948 또는 1949	5쪽	안재홍문선	

고려대 박물관 소장 안재홍 자료중 해방 후 잡지 기사 자료는 총 9건으로 그 목록은 아래 〈표 31〉과 같다.

〈표 31〉 고려대 박물관 소장 해방 후 잡지기사 자료

유형	표제	일자	분량	출처	비고
1	젊은학도에게 보내는글월 「새교육」은 어떻게		6쪽	새교육	
2	애국애족하는 경지에서; 경찰관 제씨는 인고 자중하라		3쪽	민주경찰 제3권 제5호	
3	조국의 수호는 민중협동의 힘으로	1949. 1. 19	4쪽	협동 (49년 2월호)	
4	현하의 문화정책의 구상	1949. 3	8쪽	새교육	
5	한국여성의 진로	1949. 11	3쪽	부인	
6	특별기고; 농촌문화앙양론		4쪽		

7	3.1운동의 회고와 정국사관	1949. 3	4쪽	신천지 제3권 제3호	
8	백범김구선생약사	1949. 8	7쪽	신천지	
9	신생회(新生會)	1949. 1. 1	3쪽	삼천리	

고려대 박물관 소장 안재홍 자료중 해방 후 신문 기사 자료는 총 44건으로 그 목록은 아래 〈표 32〉와 같다.

〈표 32〉 고려대 박물관 소장 해방 후 신문기사 자료

유형	표제	일자	분량	출처	비고
1	삼균제도와 신민주주의	1946. 12. 8		한성일보	* 「민성(民聲)」 (49년 11월호에 다시 게재)
	삼균제도와 신민주주의(2) - 민족혁명, 선진자본, 금권정치	1946. 12. 10			
	삼균제도와 신민주주의(3)	1946. 12. 12			
	삼균제도와 신민주주의(4) - 전민족적단결로 대중공영	1946. 12. 14			
	삼균제도와 신민주주의(5) - 삼팔선은 민족적화액 신생대주의로 독립완성	1946. 12. 17			
	삼균제도와 신민주주의(6) - 폐허조국의 전면적재건	1946. 12. 18			
2	지각을 찾자				
3	인상깊은 영도자 민세 안재홍선생 외유내강, 겸허로 일관(양우조)	1946. 6. 31		한성일보	사본
4	민주정부수립문제 (1) 민주정부수립문제 (2) 민주정부수립문제 (4)	1946. 9. 6			
5	독립전취와 민주역량 (1) 독립전취와 민주역량 (2) 독립전취와 민주역량 (3)	1947. 1. 31 1947. 2. 1 1947. 2. 2		한성일보	
6	(評) 강토통일과 남한정치문제				* 한성일보사장 안민세
7	번신사투는 요청되것만			○○서울	

8	민족적 위기에 직면해; 합작은 건국의 기초 민족총의로 임정수립추진	1946. 7. 17	한성일보	
	한중친선의 정치성			
	일체방하·의심암귀는 무용	1946. 5. 17	한성일보	
	국민당수 안재홍 씨 방송; 민주의원의 정책. 자율적통일과 자주적건국	1946. 3. 20		
	국민당수 안재홍 씨 방송; 민주의원의 정책. 자율적통일과 자주적건국	1946. 3. 21		
9	혼미모색의 일년; 협동공작의 중난성; 출발부터 성의를 결한 공당	1946?. 8. 29		4/6만 있음
	혼미모색의 일년 (3); 오류중첩의 좌우영; 탁치를 중심으로 노골화한 대립			
	혼미모색의 일년 (4); 국제노력에 제약된 처경; 민족운명을 결정지을 역사적기로			
	혼미모색의 일년 (6); 게심하라 저돌적인 편향	8. 30		
10	조국전선의 결성 (하)	1946. 4. 7	한성일보	
	미소회담의 실패	1946. 5. 9	한성일보	
11	합작과 국민의 각오 (서울중앙방송)	1946. 7. 19	한성일보	
12	민족적반성과 분발 (3); 사려와 계획없는 국제추수는 자기부정의 자살행위	1947. 1. 8		
	민족적반성과 분발 (4)	1. 10		
13	표제없음 (934호)	1949	한성일보	
14	민성세담(民聲世談) 5건			
15	민성세담(民聲世談) 5건			
16	민성세담(民聲世談) 5건			
17	민성세담(民聲世談) 5건			
18	신생구국운동; 정신차리자! 일본의 재기상을 보라	1949. 9. 10	한성일보	
19	신생구국운동; 온갖 씨앗을 모아 녹화의 대계를 세우자	1949. 10. 8	한성일보	* 저산장부(樗山丈夫)
20	(사설) 일본재기와 한국 (921호)	1949. 9월초	한성일보 사설	* 저산장부(樗山丈夫)
21	안민세 씨 담화; 3.1정신에 환원하자	1949. 3. 1	새한민보	
22	(사설) 노동강조와 건설의욕; 진영인문중학의 일례 (962호)	1949. 10. 26	한성일보 사설	* 2부 있음

23	(사설) 한국여성도덕의 재인식	1950. 2. 22		한성일보 사설	
24	(사설) 미신박멸운동에 기함	1950. 2. 10		한성일보 사설	
25	(사설) 자율성의 붕괴 평해호 참변소감	1949. 10. 11		한성일보 사설	
26	민성세담(民聲世談) 2건				
27	蘇유 갈등과 중공정부	1949. 10. 5		한성일보 사설	
28	(사설) 인권 옹호와 국정안정 (951호)	1949. 10. 8		한성일보 사설	
29	(사설) 재해지대책의 급무	1950. 3. 17		한성일보 사설	
30	(사설) 산아조정문제 (959호)	1949. 10. 20 전후		사설	
31	(사설) 재일한교의 교육문제	1949. 12. 17		한성일보 사설	
32	(사설) 국공조정포기의 신국면	1949? 1950? 2. 1		한성일보 (혹은 새한민보) 사설	
33	(사설) 국의(國議) 임기와 지방치안문제 (943호)	1949. 9. 28		한성일보 사설	
34	(사설) 아아! 민족의 영웅 가신지 삼오일주기	1949. 12. 20		한성일보 사설	* 충무공 이순신 전사 351주년 기념 사설
35	오호 불행한 강산; 위대한 이충무공이어!	1948. 12 추정		한성일보 사설	
36	(사설) 미하원대한원조부결의 재론초조할 필요없다	1950. 1. 22		한성일보 사설	
37	(사설) 미의원단을 환영함	1949. 9. 8		한성일보 사설	
38	(사설) 본보 일천호 됨에 임하여	1949. 12 초순		한성일보 사설	
39	일주년회고와 전망 일주년회고와 전망 (2); 요청되는 민중파악 일주년회고와 전망 (3); 요청되는 민중파악				

40	우보 민태원씨의 추억		출전 미상	
41	이 해에 해결할 문제; 협동호애민족결합	1949. 1월경		
42	협동호애·대업완수; 민족성패의 신일년!	1949. 1. 1	한성일보 기명논설	
43	석오 이선생 추도사	1946. 3. 15		
	자주독립은 존귀하다 (상)	1946. 8. 15		
	자주독립은 존귀하다 (하)	1946. 8		
	태극기사설 (중)		한성일보	
	태극기사설 (하)			
44	민족천년의 운명을 투시	1946. 10. 3	해방 후 논설	

6. 독립기념관 소장 자료

안재홍의 부인 김부례 씨 등 유족은 보관 중이던 민세 관련 자료의 일부를 독립기념관에 기증했다. 그 내용은 아래 〈표 33〉과 같다.

〈표 33〉 독립기념관 소장 안재홍 자료

번호	자료명	수량	비고
1	안재홍 판결문 (사본)	1	문서
2	안재홍 친필 원고	2	원고
3	안재홍 인장	2	실물
4	『민세안재홍선집』 1	1	도서
5	『민세안재홍선집』 2	1	도서
6	안재홍 사진	1	사진
7	안재홍 인장	2	실물
8	안재홍 연적	1	실물
9	안재홍 문갑	1	실물
10	민세 안재홍 관련 사진	23	사진

11	백두사 천왕봉 답사(1933.8.1)	1	
12	좌우합작위원회 해산기념사진	1	
13	민세 안재홍 선생 추도회 기념사진	1	
14	남조선 과도정부 민정장관 취임연설을 하는 민세(1947.2.10)	1	
15	마니산 천제단 뜰에서 찍은 민세 안재홍 사진	1	
16	서재필 박사를 환영하는 안재홍 사진	1	
17	민정장관 취임 당시 김용무 대법원장 앞에서 선서하는 안재홍 사진	1	
18	군중 앞에서 연설하는 민세 안재홍 사진(1945.8.16)	1	
19	현충사 앞에서 벽초 홍명희와 안재홍이 함께 찍은 사진	1	
20	안재홍 부부가 이임하는 조미합동경제위원회 존슨 대표와 북한산 청수장에서 함께 찍은 사진(1948.10.17)	1	
21	안재홍 민정장관 취임 연설 사진	1	
22	민세 안재홍 생가 사진(경기도 평택 고덕면 두릉리)	1	
23	민세 안재홍 선생 35주기 추도식 사진(평택 생가에서 2000.3.1)	1	
24	안재홍이 서재필에게 보낸 편지(1949.9.11)	1	서신
25	안재홍 사진	1	사진
26	서재필이 안재홍에게 보낸 편지	1	서신
27	안재홍이 서재필에게 보낸 편지	1	서신
28	안재홍이 서재필에게 보낸 초청장	1	문서
29	안재홍 부부가 서재필에게 보낸 초청장	1	문서
30	안재홍이 뮤리엘에게 보낸 초청장	1	문서
31	안재홍 친필 약력	1	문서

제4장
안재홍기념관의 전시

　박물관 전시의 가장 중요한 특성은 관람객이 3차원적인 물건을 만나는 것이
고 이는 박물관 전시의 의의를 부여한다.[58] 전시회는 박물관과 관람객의 만남
을 통해 상호 교류할 수 있는 공간을 제공하며 박물관은 전시회를 통해 존재
이유를 증명하고 이에 대한 일반 대중의 지원을 호소할 수 있다.[59] 안재홍기
념관에서도 이곳을 관람하는 방문객은 안재홍과 관련한 여러 진품과 자료를
보고자 하는 기대를 가지게 된다. 이런 관람객의 욕구에 맞춰 기념관에서는
상설전시, 기획전시, 특별전시, 순회전시, 대여 전시 등 다양한 전시회를 계획
하게 될 것이다.

　따라서 박물관은 전시 주제에 대한 철저한 조사 연구와 최신 정보를 근거로
전문성을 갖고 기획해야 하며 전시 주제와 내용은 관람객과 조화를 이루어야
한다.[60] 안재홍기념관의 전시는 지난 40년 이상의 학술 연구와 자료 정리 작
업을 통해서 충실한 조사 연구 작업이 선행되었기에 상대적으로 상설전시,
기획전시, 특별전시 기획에 어려움이 크지 않을 것이다. 다만 현대 박물관의
변화 흐름에 맞춰 전시 기획에 있어서 일방적인 지식과 정보의 과잉 전달을

58) Belcher, M. G, 신지은·박윤옥 옮김, 『박물관 전시의 기획과 디자인』, 서울: 예경, 2006(원
　　저: *EXHIBITIONS IN MUSEUMS*, 1991년 출판).
59) 이보아, 『박물관학 개론』, 김영사, 2004.
60) 이보아, 『박물관학 개론』, 김영사, 2004.

넘어서 관람객의 눈높이에 맞추고 소통하려는 작업을 늘 고민해야 할 것이다. 여기에서는 향후 안재홍기념관 전시에 참고해야 할 자료나 전시 주제 등을 제시해 보았다.

1. 안재홍기념관의 상설전시 주제

1) 안재홍 생애 중심의 전시

기념관 전시에서는 상설전시는 대개 관련 역사 인물의 생애에 대한 기본적인 이해에 바탕을 두어야 하며 이와 관련한 학술적인 근거 확인도 필요하다. 향후 안재홍기념관의 상설전시는 크게 3가지 기본 형식을 바탕으로 전시 방향을 수립해야 할 것이다. 첫째는 인물의 생애 연보를 중심으로 삶과 주요 활동을 일목요연하게 정리하는 것이다. 현재까지 다양한 연구 자료 등을 통해 안재홍의 생애를 연보로 정리하면 아래와 같다.[61]

- 1891년 음력(11월 30일) 경기도 진위군(현 평택시) 고덕면 611번지 안윤섭·홍종은의 차남으로 출생. 큰형은 안재봉, 남동생은 안재학·안재직, 여동생은 안재숙·안재영.
- 1905년　　　　　　　수원의 경주이씨 이정순과 결혼.
- 1907년　　　　　　　고덕면 율포리 사립 진흥의숙 입학. 수원 기독교계 학교(현 삼일중고)에서 공부, 서울로 유학가 황성기독교 청년회 학관(현재 성동고)에서 수학.
- 1910년 9월　　　　　일본 동경 유학, 아오야마 어학원에서 1년간 어학 연수.

---

61) 민세안재홍선생기념사업회 기획, 황우갑 해설, 『민족지도자 안재홍 공식화보집』, 서울: 그림씨, 2022 참조.

- 1911년 9월　　　동경 와세다대(早稻田大) 정치경제학부 입학.
- 1912년 4월　　　동경 방문 이승만 박사 송별회 참석.
- 1913년 여름　　　중국 상해, 우한, 남경, 제남, 청도, 북경, 심양 등지 여행 후 귀국.
- 1914년 여름　　　일본 유학에서 귀국. 평택시 고덕면 두릉리 646번지 분가.
- 1915년 5월　　　중앙학교 학감 취임.
- 1915년 6월　　　장남 정용 출생.
- 1916년 5월　　　행주산성과 강화도 일대 여행.
- 1917년 3월　　　중앙학교 사임과 서울 중앙YMCA 간사 활동.
- 1917년 5월　　　부친 안윤섭 별세.
- 1918년 5월　　　차남 민용 출생.
- 1918년 7월　　　평택 부락산·안성 고성산에 오름.
- 1919년 11월　　　대한민국 청년외교단·애국부인회 사건으로 옥고(제1차 옥고).
- 1924년 4월　　　물산장려회 이사·시대 일보 논설 기자 입사.
- 1924년 9월　　　조선일보 주필 입사.
- 1925년 3월　　　흥업구락부 창립회원 참여.
- 1925년 4월　　　전국 기자대회 부의장 피선.
- 1925년 5월　　　딸 서용 출생.
- 1925년 9월　　　조선인 신문잡지 기자 모임 무명회 회장.
- 1925년 11월　　　태평양문제연구회, 조선사정연구회 참여.
- 1926년 3월　　　민립대학 기성운동 촉성회 참여.
- 1926년 4월　　　부산·마산·통영·진주·하동·지리산·남원·전주 여행.
- 1927년 2월　　　신간회 발기인 참여와 총무 간사 선임.
- 1927년 7월　　　신간회 지회 설립 강연을 위해 해서·함흥지방 답사.
- 1927년 11월　　　재만동포옹호동맹 위원장 취임.
- 1928년 1월　　　조선일보 사설 '보석지연의 희생'으로 금고(제2차 옥고).
- 1928년 5월　　　조선일보 사설 '제남사건의 벽상관'으로 금고(제3차 옥고).
- 1929년 1월　　　출옥. 조선일보 부사장 취임.
- 1929년 4월　　　조선일보 생활개신운동 전개.
- 1929년 7월　　　조선일보 문자보급운동 전개.

- 1929년 9월　　　광주 서석산(무등산) 답사.
- 1929년 12월　　신간회 민중대회 사건으로 기소유예(제4차 옥고).
- 1930년 1월　　　『조선상고사 관견』 조선일보 연재.
- 1930년 5월　　　단재 신채호『조선상고사』 조선일보 연재, 정주 오산학교
　　　　　　　　답사.
- 1930년 7월　　　백두산 일대 답사.
- 1931년 5월　　　조선일보 사장 취임, 충무공유적보전회 위원 활동.
- 1931년 6월　　　『백두산등척기』 간행.
- 1931년 10월　　만주동포조난문제협의회 조사선전부 상무.
- 1932년 3월　　　만주동포 구호의연금 유용 혐의로 구속(제5차 옥고). 조선
　　　　　　　　일보 사장 사임.
- 1934년 4월　　　경성여자의학전문학교 설립운동 발기인 참여.
- 1934년 6월　　　구월산 답사 후 『구월산등람지』 동아일보 연재.
- 1934년 7월　　　속리산 법주사, 논산, 고창, 순창, 남해 충무공유적 답사.
- 1934년 9월　　　다산 서세 99주년 기념강연.
- 1934년 12월　　조선어표준어 사정위원 활동.
- 1935년 2월　　　일본 동경 메이지대 유학생 강연회 참석.
- 1935년 3월　　　『중국의 금일과 극동의 장래』 발간.
- 1936년 5월　　　군관학교 사건으로 2년 징역(제6차 옥고).
- 1938년 4월　　　부인 이정순 별세.
- 1938년 5월　　　흥업구락부 사건으로 검거(제7차 옥고).
- 1938년 9월　　　군관학교 사건 형확정으로 투옥(제8차 옥고).
- 1938년 10월　　다산 정약용 문집 『여유당전서』 전 76권 완간.
- 1941년 4월　　　군산 출신 김부례와 재혼.
- 1942년 12월　　조선어학회 사건으로 함경남고 홍원경찰서 수감(제9차 옥고).
- 1944년 4월　　　모친 남양홍씨 별세.
- 1945년 5월　　　조선총독부에 여운형과 함께 민족대회 소집안 제시.
- 1945년 8월 15일　조선건국준비위원회 조직, 부위원장으로 참여.
- 1945년 8월 16일　'해내 해외 삼천만 동포에게 고함' 해방연설.
- 1945년 10월　　『신민족주의와 신민주주의』 출간, 국민당 조직 중앙집행

위원장 선임.

- 1945년 12월   미군정 교육심의위원회 이념분과위원장으로 교육이념 홍
익인간 제시.
신탁통치반대 국민총동원위원회 부위원장 선임.
- 1946년 2월   비상국민회의 정무위원, 헌법 선거법 수정위원, 남조선 대
한민국 대표 민주의원, 외교협회 초대 부회장, 조선체육회
고문 선임.
- 1946년 4월   삼의사 유해봉환 추진위원, 한독당 중앙상무위원 선임.
외동딸 안서용 결혼.
- 1946년 5월   국학대학 승격 추진위원장.
- 1946년 7월   좌우합작 우측 대표 선임.
- 1946년 12월   남조선 과도입법의원 관선위원 선임.
- 1947년 1월   입법위원회 외무국방위원장 선임.
- 1947년 2월   미군정청 민정장관 취임.
- 1947년 3월   대한적십자사 초대 부총재.
- 1947년 4월   숭덕학사 고문 선임.
- 1947년 6월   서재필 박사 귀국 환영회 준비위원. 한독당 중앙위원 제명.
- 1947년 7월   『조선상고사감』 발간.
- 1947년 8월   울릉도·독도에 최초 학술조사대 파견.
- 1947년 9월   민주독립당 창당 참여.
- 1948년 2월   공창제 폐지.
- 1948년 3월   동양척식회사 해체.
- 1948년 6월   미군정 민정장관 퇴임. 대한올림픽 후원회 회장.
한성일보 사장 복귀 대한언론인협회 명예회장 위촉.
- 1948년 9월   서대필 박사 귀국 환영회 참석.
- 1948년 11월   마니산 개천절 행사 참석. 신생회 결성. 이충무공기념사업
회 발기인 참여.
- 1949년 1월   간디협회 고문 위촉.
- 1949년 4월   강화도 마니산 단군유적 답사.
- 1949년 5월   『한민족의 기본진로』 발간. 중앙농림대학 초대학장 취임.

- 1949년 7월   백범 국민장 장의위원.
- 1950년 5월   평택에서 2대 국회의원 무소속 당선.
- 1950년 6월   한국전쟁중 북한군에 납북.
                  동생 안재학·둘째 아들 안민용 지병으로 전쟁 중 사망.
- 1965년 3월 1일 평양에서 별세(향년 75세).
                  남한에서는 3월 9일 사회장으로 서울 진명여고에서 9일장
                  거행.
                  북한에서는 사회장으로 평양 매봉산 기슭 안장, 후에 납북
                  인사 삼석특설 묘지 이장.
- 1971년 4월 1일 첫째 안정용 지병으로 사망.
- 1989년 3월 1일 건국훈장 대통령장 추서.
- 1991년 11월   국립묘지 무후선열제단에 위패 봉안.
- 1992년 12월   경기도 평택시 고덕면 안재홍 고택 경기도 문화재 지정.
- 1999년 11월   부인 김부례 여사 별세.
- 2000년 3월 1일 안재홍선생 35주기 추모식 개최(안재홍 고택).
- 2000년 10월 21일 민세안재홍선생기념사업회 창립.

연보 형식을 중심으로 생애사를 정리하는 것은 관람객들에게는 삶과 업적에 대한 개괄적인 이해에 도움을 줄 수는 있으나 너무 많은 정보를 제공하여 피로감을 가져오고 전시에 대한 흥미를 떨어뜨릴 수 있는 단점이 있다.

2) 안재홍의 주요 활동과 업적 중심의 전시

다음으로 생애는 간략하게 제시한 후 주요 활동과 업적을 중심으로 전시를 계획하는 것이다. 안재홍의 경우는 독립운동가, 언론인, 사학자, 정치가, 정치사상가, 교육자 등으로 다방면에 걸쳐 활동했다. 관람객들은 상설전시실 방문을 통해 안재홍의 주요 활동에 대한 이해를 높일 수 있다. 6개 영역별 안재홍의 업적을 정리하면 아래와 같다.

(1) 일제 강점기 9번에 걸쳐 7년 3개월간 옥고를 치르며 국내 독립운동을 이끈 대표적인 비타협 민족 운동가

안재홍은 1919년 3.1운동 직후 서울에서 조직된 비밀독립결사단체인 '대한민국 청년외교단 사건'으로 옥고를 치렀으며, 1927년 좌우합작의 민족 유일당 운동 단체인 신간회 운동의 핵심인물로 활동했다. 신간회 초대 회장에는 조선일보 이상재가 피선되었고 당시 조선일보 주필이었던 안재홍은 신간회 총무간사로 활동했으며, 홍명희는 조직간사를 맡았다. 안재홍을 비롯한 신간회의 주요인물은 이 조직의 전국적인 확대를 위해 각 지역의 신간회 지회 설립을 위해 지방도시를 순회하며 강연을 했다.

안재홍은 주로 경기도와 평안도지역을 순회하며 효과적인 항일운동의 전개를 위한 민족대단결의 중요성을 강조했다. 이후 안재홍은 신간회 광주학생 사건 진상보고 민중사회 사건, 만주동포 구호 의연금 관련 사건, 군관학교 사건, 흥업부락부 사건, 조선어학회 사건 등으로 연이어 투옥되었으며 일제하에서 9차례에 걸쳐 7년 3개월의 옥고를 치른 대표적인 민족 운동가로 한국 독립운동사의 거목으로 평가 받는다.

(2) 한국 근·현대사의 대표적인 언론인

안재홍은 시대일보 논설기자(1924.4), 조선일보 주필(1924.9~1928), 조선일보 부사장·사장(1929~1932), 조선일보 객원 논설위원(1935~1936), 한성일보 사장(1946~1950) 등을 역임하며 당대의 으뜸가는 논객이자 언론인으로 활동했다. 34세 되던 1924년 이후 그의 항일민족운동은 주로 언론활동을 통해서 구체화되었다. 1924년 5월 민세는 3.1운동으로 징역을 살다가 출옥한 최남선이 사장으로 있던 시대일보의 논설기자로 일하기 시작했다. 이후 같은 해 9월 조선일보 주필 겸 이사로 입사했다. 조선일보는 원래 친일주의자였던 조진태가 중심이 되어 만든 신문이었다.

그러다가 매국단체 일진회 회장을 지낸 송병준이 인수하여 경영했지만 수지가 맞지 않자 신석우에게 팔았고, 신석우를 새로 사주로 맞게 된 조선일보는 '조선민중의 신문'이라는 표어 아래 그 지면의 일대 쇄신을 단행하고 민중진영의 신문으로 일신된 면모를 갖는다. 이후 조선일보는 동아일보와 함께 민족운동사상 서로 상의한 인맥을 형성하면서 주요시기마다 경쟁적으로 중요한 역할을 담당했던 대표적인 언론기관으로 성장했으며, 안재홍은 조선일보의 대표적인 항일 언론인이었다.

언론인으로서 민세의 항일활동은 1920년대 국내 비타협 민족운동을 대표할 수 있을 만큼 그 정신에 확고부동했고 매우 끈질기게 그리고 정력적으로 전개되었다. 시대일보에 쓴 논설 「그러면 조선인아—제군은 이 개벽이 있느냐」, 「살기에 쌓인 문화정치」, 조선일보 시절의 논설 「통곡하는 군중 속에 서서」, 「제왕의 조락」 등의 논설로 항일 민족의식을 고취했다.

그리고 1928년 조선일보 사설 「보석지연의 희생」으로 제2차 옥고, 1928년 5월 조선일보 사설 「제남사건의 벽상관」으로 제3차 옥고를 치렀다. 1929년 봄부터는 생활 개선운동을 전개하고 문자 보급운동을 벌였으며 이는 농촌계몽운동 확산시키는 계기가 되었다. 이는 문맹퇴치와 함께 일제의 조선어 말살 정책에 대한 저항에서 비롯된 것이다. 안재홍은 해방 후에도 한성일보 사장으로 좌우합작의 민족통일국가 수립의 당위성을 역설하고 언론을 통해 많은 사설과 논평으로 시대정신에 투철했던 민족 지성이었다.

(3) 일제 식민사관에 맞서 한국 고대사를 연구하고 조선학 운동을 주도한 역사학자

안재홍은 1930년대 조선학 운동을 주도한 역사학자로 알려져 있다. 민세는

일제의 한민족 말살정책에 대항하고 민족의 역사연구와 서술을 통해 독립자
주정신을 고양하기 위한 의도에서 1930년 1월부터 조선일보에 「조선상고사
관견」을 연재했다. 이것은 후에 책으로 발간된 『조선상고사감』 상·하권과 『조
선통사』의 기초가 된 연구로 단군 이래 조선민족의 역사를 문화적 특수성과
강인하고 끈질긴 조선민족의 생활력 그리고 민족의 대외투쟁사를 중점적으로
다룬 것으로 평가받고 있다.

　1934년 민세는 다산 정약용의 문집인 『여유당 전서』를 위당 정인보와 함께
교열하기 시작했고, 1938년 10월 완간했다. 다산 정약용의 옛집은 경기도 양주
군 와부면 능내리에 있었는데 1925년 홍수로 집이 떠내려가 이 책이 없어질
뻔했는데 어떤 유지가 이것을 간행하기 위해 베껴두었다. 10년이 지난 후 위당
정인보와 민세 안재홍이 4년 동안 교대로 교열하여 총 76책으로 간행되어 실
학연구에 기초를 마련하였다. 1937년 이후 민세는 고향 평택의 두릉리에 칩거
하면서 조선상고사감을 집필했다. 『조선상고사감』에는 「기자조선고」, 「부여
조선고」, 「불함문화론」이 포함되어 조선 역사와 조선철학 및 문화에 대한 체
계적인 저술을 했다. 또한 조선어학회 사전 편찬 작업의 수정위원으로 참여하
여 한글보존을 통한 민족의식 고취에도 많은 기여를 했다.

(4) 좌우합작의 민족통일국가 수립에 헌신한 정치가

　안재홍은 일제강점기 아래에서 국내 독립운동의 핵심 지도자로 활동했으며
일제가 패망할 때에 끝까지 지조를 지킨 인물로 해방 후에는 좌우합작의 민족
통일국가 수립에 헌신하였다. 1945년 8월 15일 해방과 더불어 안재홍은 몽양
여운형과 함께 조선 건국준비 위원회 부위원장으로 활동하였으며, 국민당 당
수, 좌우합작위원회 우측대표, 미군정청 민정장관, 제2대 국회의원 등으로 좌
우가 공존하는 민족통일국가 수립에 헌신했다.

(5) '민세주의'와 '신민족주의'를 주창한 정치사상가

민세 안재홍의 신민족주의는 일제강점기와 해방 전후 민족의 장래를 제시한 대표적인 정치사상으로 평가받는다. 낡은 민족주의의 한계를 넘어서 만민총언과 대중공생의 새로운 민족통합의 이념으로 제시한 신민족주의는 모두가 자유와 평등을 누리는 이상적인 한민족 공동체의 바른 방향을 제시한 이념으로 평가받고 있다.

(6) 홍익인간을 대한민국의 국가교육이념으로 제시한 교육자

민세 안재홍은 일본 유학 후 돌아와 중앙학교(현 중앙고)에서 학감(현 교감)으로 첫 사회활동을 시작하며 많은 인재를 육성했다. 언론을 통해 민족본위의 교육, 농민교육과 여성교육의 중요성을 강조했고 1929년에는 문자보급운동을 통해 성인문해교육에도 힘썼다. 해방 후에는 1945년 12월 미군정하에서 교육이념분과장으로 대한민국의 국가교육이념으로 홍익인간을 제시했다. 또한 1949년 서울 돈암동에 주세중과 함께 2년 초급대학인 중앙농민학교를 설립하고 초대 학장으로 농업인재 육성에도 노력했다.

3) 안재홍의 주요 활동과 이야기 중심의 전시

안재홍의 생애와 5~6가지 주요 활동을 간략하게 소개하고 관람객들이 기억에 남을 만한 몇 개의 이야기와 관련 영상 자료 등을 배치하여 흥미를 유발하는 방식의 상설전시도 검토해 볼 필요가 있다. 안재홍기념관은 1차적으로 안재홍의 삶과 활동에 대해 공감하고 관객과 소통하는 공간이다. 관람객들은 복잡한 지식보다는 인물의 핵심 스토리를 통해서 인물에 대한 이해를 넓혀나갈 수 있다. 일제강점기와 해방 시기까지 살면서 다양한 글과 자료를 남긴 안재홍의 삶도 주변 인물들이 기억하는 안재홍에 대한 여러 인상들을 통해 더 풍부한 이해가 가능할 것이다. 이런 이야깃거리들은 안재홍기념관의 상설, 기획, 특별전시 등에도 유용하게 활용될 수 있다. 관람객이 흥미를 가질 만한 내용을 중심으로 안재홍 관련해서 20여 개 정도 이야기를 정리해 보면 아래와 같다.62)

(1) 부모에게 효도

안재홍의 성실성은 그의 모친에 대한 지극한 정성 실천에서도 잘 드러난다. 어려서부터 유교의 충효관념을 삶의 중요한 가치로 알고 살아온 안재홍은 부모 봉양에서 최선을 다하는 지도자였다. 바쁜 서울 생활에도 평택 시골에 계신 노환으로 고생하는 어머니를 2주에 한 번씩 꼭 찾아가는 효자였다.

> 안재홍씨는 지난해 12월 28일 하루 종일을 책상 앞에서 원고지와 씨름하시는 때에 집으로 찾아뵈니, 원 요사이 같아서는 밤낮 원고 때문에 부대껴 건강을 상해 소화불량까지 얻었어요. 이제 새해를 잡아 초순경에는 또 시골로 늙으신 노모님 문안하러도 내려갔다 와야 하겠구. 모친(母親)께서는 이제 칠순(七旬)이 되셔서 내가 이 주일에 한번은 꼭꼭 아무리 별일이 다 있더라도 내려갔다 오고는 하는데 한 번 갈 때마다 허-연 머리카락이 점점 더 백발로 변하시면서 얼굴도 차츰 더 파리해 지시는 것을 보니 원 마음도 잘 놓이지 않고 해서 이번에도 또 내려갔다 와야 하겠고 하시는 안재홍씨의 거룩하신 얼굴에는 지극하신 효심의 빛이 어리어지는 듯 하다.63)

(2) 청년들의 격려를 마음에 새기다

일찍이 안재홍은 1930년대 한 잡지사의 가상 조선일보 사장으로 가장 적합

62) 황우갑, 『성인교육자 민세 안재홍』, 서울: 선인, 2019.
63) 『삼천리』, 1936년 2월호.

한 인물 투표에서 1위를 차지할 만큼 항일언론지도자로서 두각을 나타냈다.[64]
또한 1948년 정부 수립 이후 가상 내각 조사에서 향후 초당파 입장에서 그를
내각수반 총리로 했을 경우를 가정해서 내무장관 김병로, 사법장관 이인, 문교
장관 조만식, 농림장관 조봉암이 추천될 만큼 정치지도자로 입지가 확고했
다.[65] 일제 강점기 당시 청년들의 안재홍에 대한 존경도 확인할 수 있다.

> 일제 말년 탄압이 심한 때 내 보석되어 시골에 있을 적에 잠깐 서울로 올라와
> 조용히 어느 교수를 찾았더니 그분의 제자 모전문학교생 몇명이 마침 찾아와서
> 시국에 대한 비통한 심정의 말을 하고 있었다. 말이 조금 끊어졌다가 "안재홍씨
> 는 요새 어찌 되었소?" 하면서 자기들끼리 속살대는 것이다. 교수가 웃으면서
> "이 선생님이 안재홍씨야"하니 그들은 깜짝 놀라면서 경애의 뜻을 표하던 것이다.
> 다음날에 다시 투옥된 때 외롭고 위태한 마음이 심할 때 그 청년 학생의 신기해하
> 던 태도가 나를 채찍질 하고 고무케하여 새로운 용기를 얻었다.[66]

(3) 11가지 인생의 좌우명

안재홍은 11가지 인생 생활의 독특한 좌우명을 가지고 살았다. 그의 좌우명
이 특별한 것은 하나하나가 그가 겪은 항일운동과 수난의 과정에서 얻은 구체
적인 깨달음에서 나온 것이라는 점이다. 안재홍의 희생 리더십을 이해할 수
있는 좌우명 11가지는 아래와 같다.

> 첫째, 인생의 태도로서 힘껏, 마음껏, 재주껏 살기, 둘째, 모든 일을 스스로
> 하기, 즉 오늘 일은 오늘에 나의 일은 내가, 셋째, 독서의 태도로 일생을 일하고
> 일생을 읽으라. 넷째 생명, 시간 및 물자에 대한 다짐으로 쓸데 있는 것을 쓸데없
> 이 버리지 않기 다섯째, 인생의 집착에서 벗어나 사후 백년에 가서 돌이켜 자기를

---

64) 『삼천리』, 1931년 10월호.
65) 『삼천리』, 1948년 12월호.
66) 『신천지』, 1950년 1월호.

바라보라, 여섯째, 남을 깎아 내리기 않기 일곱째, 첫장담의 반만이라도 실천하기
여덟 째, 어떤 일을 하든 중심에 들거나 아니면 그만두기 아홉째, 학습의 태도로
일기(一技), 일가(一家), 일업(一業)을 이루기 열 번 째, 각자의 길을 존중하며
한 목표를 향해 가기 위한 각 길로서 한 곳에 열한 번째, 타인과 더불어 함께
일하기 위한 혼자는 영웅노릇 못한다였다.[67)

(4) 아이들을 사랑한 아버지

한 인물의 진솔한 성품과 인간성은 그를 가장 가까이서 만난 사람들의 다면
기억과 그 회고를 통해서 제대로 된 평가가 가능하다. 안재홍은 경우도 부인,
아들, 며느리, 손녀 등이 안재홍의 지도자적 면모를 회고하고 있다. 안재홍은
자상한 아버지로서 아이들을 함부로 꾸짖거나 감정에 이끌려 야단치지 않고
아이의 가능성을 믿고 신뢰했던 부모였다.

> 정용이 일곱 살 때 동생 민용, 명진(서용)이 한꺼번에 홍역에 걸려 중태였으므
> 로 수일간 자택에 내려와 있을 적이다. 책상 위에 놓인 부친의 커다란 회중시계를
> 집어다 분해를 했다. 깜짝 놀라 크게 꾸짖는 어머니를 향해 "아이의 탐구력을
> 막지 말우. 금시계 하나쯤이야 아들의 연구비로 제공한들 못할 것이 무어 있소"
> 하고 그의 교육이념을 강조한 일화도 있었다.[68)

(5) 두 아내에 대한 고마움

사회적 발언과 저술에 힘쓰느라 가족에 대한 기억, 고마움을 글로 많이 남
기지 않았지만, 일제 때 집필하고 해방 후 출간된 『조선상고사감』 서문에는
책을 쓰기까지 자신의 집필을 도와준 첫 부인 이정순과 사후 재혼한 부인 김부

---

67) 『조광』, 1936년 4월호.
68) 최은희, 「교우반세기」, 안재홍선집간행위원회 편, 『민세안재홍선집』 3, 서울: 지식산업사,
    1991.

례에 대한 고마움을 애틋한 마음으로 기록하고 있다.

> 무인년(1938년)의 봄이다. 나는 2년형의 몸으로 보석을 받아 나와 고향집 사랑방에 들러붙어 앉아 주야로 이 전집을 집필하고 있었다. 죽은 아내인 정순의 근심병이 이미 뼈에 사무친 때였다. 어느 날 억지로 기운을 내어 나에게 슬프게 하소연하기를 "어찌하여 하루도 쉬지 못하십니까?"라고 하였다. 나는 그의 남은 생명이 멀지 못한 것을 알고 있었기 때문에 천천히 응하여 말하기를 "이 책은 반드시 후인에게 전할 것이오. 이 책의 서두에 그대가 나로 인하여 수없이 고생한 사실을 쓰리다"라고 하였다. 내가 투옥되기 전에 아내는 먼저 죽었고 이제 이미 유명이 갈렸다. 나는 그와의 언약을 저버릴 수 없어 이러한 내용을 여기에 적는다. 임오년(1942년) 겨울에 나는 함경남도 홍원군에 있는 북옥에 수감되었다. 새로운 아내인 부례는 이 초안이 나에 대한 일제의 재수사로 압수될 것을 걱정하여 초고를 싼 보따리를 처갓집의 콩항아리 속에 묻어두고 홀로 고독의 슬픔을 참았다.[69]

(6) 감옥살이의 고통

앞서 언급한 것처럼 안재홍은 당시 민족지도자로서는 드물게 국내에서 여러 차례 옥고를 치른다. 부인 김부례는 당시 상황을 회고하는 증언을 남겼다. 일제의 고문으로 감옥에서 3시간 넘게 매를 맞으면서도 끝까지 저항적 투지를 잃지 않은 지도자로서 안재홍의 강인하고 훈련된 인격의 단면을 엿볼 수 있다.

> 기미년 3.1운동 때 대구 감옥에서 일경이 항복하라고 세 시간 매를 때렸는데 항복 안했답니다. 그때 척추를 다쳐서 항상 아파서 고생을 많이 했습니다. 대구 감옥에서 3년 동안 징역할 때 겨울에 일기가 너무 추워서 코가 얼어붙어요. 처음 본 사람은 인상이 남을 것 같습니다. 1942년 조선어학회 사건으로 함경남도 홍원 경찰서 감옥에서 일경이 다리에다 족쇄를 채웠는데 한복 많이 입어서 괜찮았답니다. 새 솜 두어서 바지 저고리, 토끼털 배자 덧저고리, 솜두루마기, 버선, 토시

69) 안재홍, 김인희 역주, 『조선상고사감』, 서울: 우리역사연구재단, 2014.

일시불 차입했습니다.[70]

(7) 우리 모두는 평등한 백성

안재홍은 다 같이 평등한 백성으로서의 민(民)에 대한 관심을 실천했다. 그래서 자신의 호도 민중의 세상이라는 뜻으로 민세(民世)라고 지었다. 안재홍은 1927년 자신이 주도해 창립했던 신간회운동의 주요사업 가운데 하나로 당시 차별을 받던 백정의 신분 차별 철폐운동이었던 형평(衡平)운동을 지원했다. 안재홍은 큰 아들 정용의 서정리국민학교 가정환경조사서에 신분을 평민이라고 적었다. 다 함께 평등한 세상의 소중함을 자식에게 깨우치려 했던 안재홍의 자녀교육 의지를 엿볼 수 있는 대목이다.

소학교 시절의 일이다. 학교에서 가정 환경조사가 있어 신원카드를 돌리고 있었다. 모두가 양반으로 적고 있는데 나만 평민으로 신고되어 일인 교장에게 심문을 당한 일이 있다. 마침 귀가하였던 아버지가 적어준 것을 멋도 모르고 학교에 내놓았을 뿐이다. 교장이 심문하는 뜻을 알아볼래야 부친은 이미 상경한 후였다. 그러나 중학교에 다니면서 부친이 식육업자들의 조직인 형평사를 열심히 변호하여 일인에게 민족차별을 반항하면서 동포인 형평사원(衡平社員)에게는 차별할 것이고 맹렬히 비판하는 것을 보고 비로소 평민의 뜻을 깨달은 것이다. 그 다음부터 나는 평민으로 자처하여 오늘에 이르렀다. 내가 받은 교육의 방식은 대체로 이러한 것이었다.[71]

(8) 너도 오지마

안재홍은 공사 구분을 명확하게 하려고 힘썼다. 특히 1947년 2월 민정장관

70) 김부례, 「나의 한, 김부례」, 안재홍선집간행위원회, 『민세안재홍선집』 4, 서울: 지식산업사, 1992.
71) 안정용, 「아버지와 나」, 안재홍선집간행위원회, 『민세안재홍선집』 4, 서울: 지식산업사, 1992.

임명과 함께 혈연과 지연을 이용한 청탁 가능성은 컸고 아들 정용에게는 사적인 일로는 절대 만날 수 없다고 이야기했다.

> 부친이 민정장관으로 있는 동안 나는 자진하여 민우사의 출판사업을 중지하다시피 하였다. 도시락을 싸가지고 장관실에 나가는 아버지에게 손톱만치도 폐를 끼치고 싶지 않았기 때문이다. 만약 청탁 관련 일이라면 내게도 절대 오지 말 것을 역설하셨다. 그래서 나는 한번도 사적으로 선배 친지를 장관실에 안내해본 적이 없다. 또 안내해보았자 들을 분도 아니었다. 부친의 명함을 얻어주지 않는 것을 노여워하여 절교가 된 먼친척도 있다.[72]

(9) 자식 결혼에 청첩 안해

안재홍은 겸손하면서도 깨끗한 지도자였다. 가까이서 함께한 부인 김부례는 안재홍의 청렴을 다음과 같이 증언하고 있다.

> 1947년 민정장관 했을 때 남의 돈·예물 받으면 돈 준 사람이 누른다고 돈은 안 받고 과일·계란·생선·고기는 받았습니다. 친척이 와서 취직시켜 달라고 하면 자기 없는 폭 잡으라고 거절했습니다. 삼남매 결혼 때 친구에게 폐 된다고 청첩장 안 냈습니다. 술·담배하는 돈으로 형편이 어려운 아이 공부시키면 개인적으로 좋고 대한민국에도 좋다고 말씀했습니다.[73]

(10) 늘 어려웠던 신문경영

조선일보 시절 안재홍은 신문 경영에도 어려움이 많았다. 그래서 사설을 쓰다가 배고플 때는 주머니에서 미숫가루와 설탕을 꺼내 먹기도 했다.

---

72) 안정용, 「아버지와 나」, 안재홍선집간행위원회, 『민세안재홍선집』 4, 서울: 지식산업사, 1992.

73) 김부례, 「나의 한, 김부례」, 안재홍선집간행위원회, 『민세안재홍선집』 4, 서울: 지식산업사, 1992.

조선일보의 사장이 된 일도 있었으나 재정난은 여전하였다. 월급은 아예 받을 생각도 아니하고 사원들의 고생은 아주 심했다. 주필실에서 사설을 집필하던 그는 급사에게 시장해서 못견디겠다 하면서 양복주머니에서 미숫가루와 설탕을 꺼내서 물에 타오라고 하면서 쓰는 때도 있었다.[74]

해방 후 안재홍이 사장으로 있던 한성일보에서 편집부장으로 인연을 맺어 함께한 사람이 송지영이다. 그는 후에 소설가, 한국문화예술진흥원장 등을 역임했다. 송지영은 안재홍이 붓을 무기로 사람들에게 감동을 주었으며 그의 뛰어난 글쓰기 능력과 지조를 지킨 저항의지를 높이 평가했다.

일제의 설움을 받던 시절 민세는 붓 한 자루를 무기 삼아 그야말로 종횡무진 필탄을 퍼부어 많은 사람들 가슴에 혈조(血潮)를 끓게 하였던 것은 새삼 말할 나위도 없다. 그것이 민족문제라거나 문화문제에 이르러 붓끝에서 피어나는 문장이 때로는 폭포처럼 쏟아지고 때로는 대강대하처럼 굽이돌면서 이를 사로잡는 것이 같은 시대 누구보다도 뛰어났음은 지금까지도 말하는 사람이 많다. 민세가 글을 쓰는 모습을 옆에서 지켜보노라면 항상 고여있는 물이 넘쳐나듯 별로 생각을 더듬는 것 같지도 않게 붓만 잡으면 그대로 일사천리로 써 내려갔고 잠시 붓이 멈출 때면 응 소리를 내며 주위를 휘둘러보곤 하였다. 민족의 긍지를 지녀 저항정신으로 일관하여 온 일제강점기 그의 문장들을 모아 몇 권의 책으로 낸다면 틀림없이 후세에 길이 남을 고전이 될 것이다.[75]

(11) 속필의 대기자

안재홍은 속필로도 유명했다. 신문사로 온 손님을 앞에 두고도 사설 하나를 10분 만에 거뜬하게 썼다고 한다.

---

74) 유광렬, 「곧은 필봉, 빛나는 절개」, 안재홍선집간행위원회, 『민세안재홍선집』 1, 서울: 지식산업사, 1981.

75) 송지영, 「산하와 겨레에 얽힌 한」, 안재홍선집간행위원회, 『민세안재홍선집』 3, 서울: 지식산업사, 1991.

선친께서 자주 안재홍씨는 참으로 속필이라고 했어요. 조선일보 시절 원고는
부족한데 신문마감시간이 다가오면 여지없이 그 때부터 10분만에 사설이나 시평,
논설 하나를 쓸 만큼 대단한 필력을 소유했다고 해요. 그래도 틀린 문장이 거의
없었답니다. 당시 언론인 가운데 안재홍의 속필을 따라갈 사람이 없었다고 해요.
그만큼 평소 많이 읽고 쓰고 생각을 정리한 덕분이겠지요. 조선일보 시절 선친은
모자라는 신문사 자금 마련하느라 동분서주하고 민세는 매일 글 쓰느라 정신이
없었다고 해요.76)

(12) 첫 해방연설 모습

안재홍은 1945년 8월 16일 국내 남아있던 민족지도자를 대표해서 조선건국
준비위원회 부위원장 자격으로 위원장 여운형을 대신해서 경성방송국(현 KBS
전신)에 나가 '해내, 해외 삼천만 동포에게 고함'이라는 최초 해방 연설을 한
인물이다. 1945년 8월 15일 해방 당시 중학생이었던 언론인 송건호는 8월 16일
오후 휘문중학교에서 해방연설을 할 당시 안재홍을 이렇게 묘사하고 있다.

해방 다음날인 1945년 8월 16일 오후 늦게 종로 계동 휘문중학 교정에 운집한
시민들 앞에서 말할 수 없이 초라한 어떻게 보면 걸인 같은 모습의 한 50대 중반
의 신사가 해방된 민족의 앞날에 관하여 열변을 토하고 있었다. 얼굴이 영양실조
와 고생으로 윤기 없이 까맣게 탄 이 노신사야말로 민중이 존경해마지 않는 민족
지도자 안재홍이었다. 삼엄한 일제의 총검 치하에서, 그들의 온갖 협박과 유혹을
물리치고 끝내 조선민족의 양심을 지킨 민족지도자 민세 안재홍의 있는 그대로
의 모습이었다.77)

(13) 강원룡 목사의 회고

해방 후 청년시절에 민세와 함께 좌우합작운동에 참여했던 강원룡 목사는

---

76) 민세안재홍선생기념사업회, 이문원 증언 녹취자료, 2019.
77) 송건호, 『역사속에 민족의 길을 묻다』, 서울: 한길사, 2009.

안재홍의 도덕성을 높이 평가하고 있다.

> 나는 선생님이 결코 난국을 시원시원하게 척척 타개할 강력한 지도자라고 생각하지 않습니다. 다만 지성과 도덕의 에네르기로 몸을 이룬 지도자였습니다. 한국 민족의 고유한 얼을 찾아 고전의 구석구석까지 찾아 거기서 찾은 민족의 얼은 지식에 그친 것이 아니고 선생님의 몸이 되고 뼈가 되었습니다. 그러나 선생님이 그 해박한 지식을 통해서 얻은 우리 민족의 얼은 결코 배타적 민족주의가 아니었습니다. 그것은 자유민주주의를 꽃피게 하며 자유와 질서의 균형 잡힌 열매를 맺게 할 훌륭한 흙이었습니다. 제가 기억하는 선생님은 그뿐 아니라 온몸에서 도덕적 에네르기가 풍겨나오는 지도자였습니다. 해방 후 분단된 국토에서 정권을 독점하기 위해 전개된 그 추잡한 정략, 음모, 중상에 빗발치는 정쟁의 틈바구니 속에서 나는 선생님께서 그런 방식의 정치가는 될래야 될 수 없는 체질을 가진 분인 것을 알았습니다.[78]

(14) 아이들 많이 낳자

안재홍의 삶에서 독특한 예측 가운데 하나가 지도자로서 산아제한을 비판한 사실이다. 1945년 해방 이후 해외 귀국동포와 월남 난민의 증가 속에서 경제적인 빈곤 등의 이유로 인구 증가에 대해 비판적 인식이 늘 났다. 그러나 당시 일반 상식과 달리 안재홍은 미래를 바라보며 인구 증가의 필요성을 예측하고 산아제한 정책을 강력히 비판했다.

> 아기가 많이 낳고 많이 자라나는 것은 인류사회의 기뻐할 현상인 것이고 국가 민족 성쇠를 저울질하는 데도 이 인구의 불고 줄음으로써 결정되는 것이다. 모든 곤란을 극복하면서 억세고 부지런한 생활투쟁을 통하여 도피적인 산아제한을 이겨내는 것이 건전한 민족생존의 이념인 것이다.[79]

---

78) 강원룡, 「오호 민세안재홍 선생」, 고려대박물관 편, 『민세안재홍선집』 7, 서울: 지식산업사, 2008.
79) 『한성일보』, 1949년 10월 21일자.

산아제한 즉 아기를 많이 안 낳도록 아이 수를 줄이도록 필요한 방법을 한다는 것은 인생으로서는 패배주의(敗北主義)라고도 보겠다. 덮어놓고 산아제한(産兒制限)은 안 좋은 일이니 나라의 인구가 줄어들고 민족이 쇠약하여지는 것은 매우 안 좋은 일인 까닭이고 국제적으로도 남에게 눌리고 지게 되는 길을 일부러 터놓는 셈으로도 되니까 옳지 않다.[80]

해방 직후 인구의 급격한 이동과 경제적 어려움 속에서 당시 산아제한은 보편적 상식이었다. 한국의 경우는 1990년대에 들어서야 인구문제의 심각성을 이해하고, 산아제한을 철폐한 사실을 생각하면 리더로서 안재홍의 뛰어난 미래 예측 능력을 다시 평가해 볼 필요가 있다.

(15) 일본인이 경험한 고마운 조선인 안재홍

안재홍은 포용적 겸손을 실천한 지도자였다. 그는 자신이 9번 투옥당한 항일운동가였지만 해방 후 소위 친일행위자, 즉 반민자 처벌에 대해서는 관대한 태도를 취하고 이름 없는 자나 악질적 행위를 하지 않은 인사에게는 관용을 베풀 것을 주장했다. 이를 통해 그는 건국시기에 친일문제로 인한 갈등을 해소하고 소극적 친일 인사들에게 자신의 능력을 활용 새로운 국가 건설에 기여할 수 있는 기회가 마련되기를 바랐다.

반민자 처벌의 원칙은 첫째 저명한 핵심인사를 신속하게 엄벌하는 한편 이름 없는 자에게는 되도록 관용할 것, 둘째 면치 못할 직위에 관련되고 자발적 악질이 아닌 자에게는 관용할 것, 셋째 정실과 세력관계에 제약되어 만일의 불공평이 절대 없어야 할 것, 넷째 파벌감정으로 인한 중상모략에 현혹되지 말 것, 다섯째 용의자로서 실제의 죄상이 없는 자에게는 사면을 도모할 것 등이다.[81]

80) 『부인』 23호, 1949년 11월호.
81) 『새한민보』, 1949년 2월자.

제가 1945년 8월 16일 당시 채 스물도 못된 시절인데 그때 우리 가족이 한국에 있었어요. 죽을지도 모른다는 생각에 몹시 불안했어요. 그날 한국인 지도자가 방송을 통해서 일본인들이 무사히 돌아갈 수 있도록 절대 무력을 사용해서는 안 된다고 한 연설을 들은 기억이 나요. 저도 보고 산 세월이 있으니 일본이 한국에 준 피해를 잘 알고 있어 역사교과서왜곡 반대운동에 에히헤현에서 참여하고 있어 그 인연으로 평택에 와서 고마운 그 연설을 한 분의 집을 방문하니 너무 감개무량합니다. 그 고마운 사람이 바로 이분이었구나 생각하며 거듭 감사를 드립니다. 패전 후 고향으로 돌아가는 일본인들에게는 안재홍 선생이 생명의 은인이지요.[82]

(16) 꼭 당선 되셔야합니다!

민족자주연맹 회원이었던 박한주 씨의 회고에서도 안재홍의 겸손한 인품을 알 수 있다.

1950년 5월 2대 국회의원 선거때 일이다. 안재홍은 평택에서 무소속으로 출마했다. 그러나 선거 도중에 유세 차량이 그 지역의 2대 독자를 치어 죽이는 사고가 났다. 안재홍은 이 소식을 듣고 내가 덕이 없어 그랬으니 출마를 포기해야겠다고 결심했다 한다. 이 소식을 들은 아이의 부모가 달려와 절대 안된다며 오히려 말렸다고 한다. 선생님 죽은 우리 아이의 혼백을 위로하기 위해서라도 선생님께서 부디 당선되셔야 합니다 하고 호소했다고 한다. 당시 선생은 지역구민들에게 절대적 존경을 받았다.[83]

(17) 안재홍의 자기 관리

안재홍은 사회생활 중에도 자기 관리에 철저했다.

민세를 몹시 따르는 가냘프고 상냥하고 아리따운 기생이 있었다. 예명이 점홍

---

82) 안재홍기념사업회, 생가 방문 일본인 증언, 2006.
83) 정윤재, 「민족자주연맹 박한주 회고」, 『안재홍 평전』, 서울: 민음사, 2018 재인용.

(點紅)이라고 부르는 이 가희(佳姬)는 사랑의 날개를 펴서 민세를 정복하려 하였다. "민세 선생은 내 정신적 애인이야" 그 이상 그녀는 다른 도리가 없다고 체념한 것이다. 그 즈음 어느 신문사에든지 중역들 앞에 단골기생이 딸려 있었다. 자정이 가까워 민세 방에 전화가 울리는 날은 조금 후에 영락없이 인력거 끌리는 소리가 들리고 과일과 과자 꾸러미를 안은 점홍이 나타난다는 것이다. 민세는 의례히 잠자리에 들어간 재숙을 불러일으켜 동석시켰다고 한다. 민세는 여성을 사랑하면서도 귀여운 누이동생 이외의 기분을 내는 때가 절대로 없었을 것을 나는 믿는다.[84]

(18) 후배를 위해 내복을 챙기다

조선일보에서 함께 근무한 후배 기자 김을한은 초가을 추운 함경도 장진으로 출장을 갈 때 내의가 없어 고민하던 자기를 위해 집에 가서 내의를 챙겨준 안재홍의 인간적인 배려를 기억하고 있다.

조선일보 기자로 있었던 1928년 9월 초 어느 날 저녁이다. 조선일보사에서 신석우 사장, 안재홍 주필, 한기악 편집국장, 송진우 동아일보 사장, 김병로 조선변호사회 회장 등이 모여 함경남도 장진에서 발생한 군수와 경찰서장의 이 지역 토지 강제매수에 저항하는 농민 검거 사건의 공동 취재 관련 회의가 있었다. 장진 농민들이 자기들의 어려움을 도와 줄 곳은 변호사와 신문기자 밖에 없다고 생각해 응원을 청해온 것이다. 당시 조선일보는 재정난이 심해서 출장여비조차 구하기 쉽지 않았다. 다행히 여비는 조선변호사회에서 지원해주기로 했다. 그런데 매우 추운 지방에 가야 하는데 겨울내복을 살 돈도 없었다. 그래서 민세에게 이야기했더니 나를 보고 자기 집으로 가지고 했다. 안방으로 들어간 그는 한참만에 나오더니 이거 내가 작년에 입던 것인데 가지고 가요 했다.민세 선생이 얼마나 대기자였던가 생각하게 한다.[85]

---

84) 최은희, 「교우반세기」, 안재홍선집간행위원회 편, 『민세안재홍선집』 3, 서울: 지식산업사, 1991.

85) 김을한, 「장진에서 온 전보」, 안재홍선집간행위원회 편, 『민세안재홍선집』 3, 서울: 지식산업사, 1991.

(19) 제자의 독립자금 지원

안재홍은 중앙학교 시절 제자들과도 꾸준하게 교류하였고 제자들의 해외
망명 자금을 지원했다. 제자 이희승은 1919년 8월 독립자금을 받으러 평택
집을 방문할 당시 상황을 이렇게 증언하고 있다.

중앙학교를 졸업한 다음 해의 일이었다. 나와 중앙학교의 동기 졸업생은 모두
사십 명이었는데 그 중 최연장자로 이승호 군이라는 청년이 있어 이 사람도 독립
만세운동의 와중의 인물임에 예외일 수는 없었다. 국내에서 이리저리 쫓겨 다니
다가 국외로 망명할 결심을 하였다. 우리 임시정부가 있는 상해로 목적지를 삼았
던 것이다. 이 군은 그에 필요한 여비 조달을 민세 선생에게 부탁하였으나 약속된
날 이군이 직접 가지 않고 나에게 대행하여 줄 것을 의뢰하였다.

1919년 8월 어느 날 복더위가 한창 기승을 부리던 때였다. 나는 경부선 기차를
타고 서정리역에서 내려 서쪽으로 야트막한 구릉을 넘어 세 마장 남짓한 길을
걸어가서 두릉리라는 동네에 이르게 되었다. 이곳이 민세 선생의 고향이요 당시
선생은 이 고향 자택에서 울적한 나날을 보내고 계셨다. 선생의 백씨 안재봉 선생
은 이 지방의 봉토가로서 저택도 상당히 컸으나 선생의 자택은 시골 살림집으로
서는 아담한 집이었다. 내가 찾아뵙는 것이 의외라고 생각하신 것 같았으나 뜰
아래로 내려와 손을 잡으며 매우 반겨주셨다. 그리고 근일의 서울 시내 정황을
여러 가지로 물으시므로 아는 대로는 자세히 말씀을 드렸다. 이군의 편지를 드리
자 선생은 알겠노라고 고개를 끄덕끄덕 하셨다. 선생은 나에게 잠깐 기다리라고
말씀하시고 밖으로 나가시더니 한 식경이나 지난 후에 돌아오셔서 두툼한 봉투
하나를 나의 손에 쥐어주셨다. 일금 백오십 원이었으니 그 당시 화폐로는 상당한
거액이었던 것이다. 필경 선생의 백씨장께 가서 변통하신 것이라고 여겨졌다.
나는 백번 사례를 하고 그 길로 상경하여 이군에게 전해주었다.[86]

(20) 도시락을 싸가지고 다닌 민정장관

안재홍은 한성일보 사장 시절에는 손수 화장실 수도꼭지에 물이 틀어져 있

86) 이희승, 「민세선생을 추모함」, 안재홍선집간행위원회 편, 『민세안재홍선집』 3, 서울: 지식
산업사, 1991.

는 것을 잠글만큼 절약을 실천했다.[87] 그리고 이렇게 절약한 것을 모아 항일 운동의 동지들을 도왔다. 그는 민정장관 시절에는 도시락을 싸가지고 다닐 정도로 근검 절약을 실천했다. 안재홍과 함께 언론활동을 한 한국 최초의 여기자 최은희 씨는 생전에 안재홍의 이런 타인에 대한 배려의 삶에 대해 증언을 남겼다.

> 그는 술과 담배를 모르고 미식을 하지 않으니 낭비가 없었다. 그 대신 중국에 망명한 독립지사 단재 신채호, 백야 김좌진의 가족들에게 생활보조가 있었다는 것이요, 신수범의 학비를 지급한 일도 있었고 김을한이 조선일보 특파원으로 함경도 지방 출장을 갈 때에도 자기가 입은 털내의를 벗어주며 "거기는 추운 지방이야, 입고 가" 하더라는 것이다. 그는 부하를 사랑하고 동지에게 의리를 지킴으로 해서 따뜻한 고기구이 한 접시 진짓상에 오르는 것을 보지 못하였다. 해방 후 보건부인회 일로 도움을 청하러 갔을 때의 일이다. 민정장관실에서 정오가 되니까 운전수가 국방색 인조보자기에 싼 점심 찬합을 들고 들어와 끄르면서 '장관님이나 저희들 도시락이나 마찬가지 반찬이에요. 조석 진짓상에도 짠 무김치면 제일이요 월급에서 가난한 친구분 자제의 학비를 떼어내시거든요' 하는 말에 모시고 나가서 오찬을 함께 하려던 좌중은 숙연하였다.[88]

> 그는 명주에 검정물을 들여서 회색 명주 안을 받친 솜두루마기를 즐겨입었고 회색 명주 바지에 바르스름하게 옥색물을 들인 명주 마고자와 저고리를 지어드리면 만족했다. 그의 근엄한 성격은 여자 손님들이 자택 방문을 받으면 못에 걸어두었던 두루마기를 떼어입고 책상 하나를 사이에 둔 다음 무릎을 꿇고 앉아 응대하면서도 시골서 부인이 보낸 짐을 풀면 "야 재숙아 이 연두 이불 곱지, 내가 너의 형님더러 이렇게 해달랬다" 하고 가정에서는 어린 누이동생들과 어울려 천진스럽도록 동심을 발휘한다는 것이다. 나는 그의 솔직하고 담박하고 소탈한 인

---

87) 『신천지』, 1950년 1월.
88) 최은희, 「교우반세기」, 안재홍선집간행위원회 편, 『민세안재홍선집』 3, 서울: 지식산업사, 1991 참조.

간성에 경의를 표하고 격의 없는 의논 상대로 훈수를 받은 일이 많았다.[89]

(21) 친구의 뺨을 때릴 수는 없소

안재홍은 1942년 12월 조선어학회 사건으로 생애 9번째 옥고를 치른다. 당시 감옥에서 친구이자 조선어학회 간사장 이극로의 뺨을 치라는 비열한 고문을 단호히 거부했다고 제자로 당시 함께 투옥됐다 해방과 함께 풀려난 이희승은 증언하고 있다.

선생의 행장 중에는 여러 가지 풍부한 일화거리를 남기셨지만 기록에도 남지 않고 오늘날 잘 전하여지지 않는 한 토막을 여기에 피력하지 않을 수가 없다. (조선어학회 사건)으로 민세 선생이 당한 정신적 고문 가운데 하나는 조선어학회의 간사장(대표자)인 이극로에 대한 문초를 선생에게 시키면서 바른대로 대답하지 않을 경우에는 그 뺨을 때리라고 강요하는 것이었다. 이러한 경우는 참으로 진퇴유곡으로 난처한 궁지에 몰리는 일이 된다. 이극로의 뺨을 때리자니 친한 친구 간에 차마 못할 노릇이요 아니 때리자니 자기 발등에 불이 떨어져 기막힌 고문이 자기 자신에게 가하여질 것이 불을 보는 것보다 더 분명한 노릇이다. 웬만한 사람 같으면 자기 자신의 재난을 피하기 위하여 친구의 뺨을 한 번쯤 때리기가 쉬울 것이다. 그러나 민세 선생은 정색을 하면서 '나는 죽으면 죽었지 저 친구 뺨은 칠 수가 없소'하고 거절하였던 것이다. 나는 그 광경을 보고 다시 한 번 민세 선생의 고매한 인격에 탄복하였다.[90]

(22) 뇌물을 단호히게 거부하다

안재홍은 민정장관 활동 중에도 뇌물 청탁을 거부하고 청렴함을 유지하고자 힘썼다.

89) 최은희, 「교우반세기」, 안재홍선집간행위원회 편, 『민세안재홍선집』 3, 서울: 지식산업사, 1991 참조.
90) 이희승, 「민세선생을 추모함」, 안재홍선집간행위원회 편, 『민세안재홍선집』 3, 서울: 지식산업사, 1991 참조.

나는 동금액 중 일부라도 받은 일 없고 또 받을 의사도 단연 없었다. 일제의 탄압 속에서 많은 사람들이 모두 변하되 오직 순박한 민중과 정직한 청년들은 나에게 변함없는 신뢰와 기대가 있었기로 나는 그것만을 감격하면서 힘써 환란을 이겨 그들의 신뢰를 저버리지 않고 한결같이 해방의 날을 기다렸다. 오늘날에 있어 나는 민중의 신뢰와는 반대로 탐욕의 죄를 스스로 무릅쓰도록 양심이 썩어버리지는 아니 하였을 것을 순박한 민중은 인식하기 바란다.[91]

서울대 영문과 학생으로 민정장관 여비서를 지낸 이정상 씨는 당시 상황을 이렇게 증언하고 있다. 당시 서울대 영문과 학생이자 여비서였던 이정상 씨에 대한 안재홍의 신뢰를 엿볼 수 있게 하는 대목이다.

1948년 초 어느 날 장관님의 부재중에, 어떤 방문객이 장관께 전해달라면서 흰 봉투를 맡기고 갔다. 장관님이 귀청하자 그 봉투를 전했더니 장관께서는 깜짝 놀라시면서 즉시 본인을 찾아 돌려주라고 엄명하셨다. 나는 즉시 그 사람을 찾아가서 그 봉투를 돌려주었다. 그런데 그 당시 공창폐지운동이 확산되자 이를 반대하는 포주들이 거금 700만원을 공창폐지 연기운동 자금으로 정계에 제공했다는 설이 유포되었다. 민정장관 연루설도 보도되는 등 큰 정치문제화했다. 미군정 당국도 큰 관심을 갖고 조사했고 민세 선생도 사직당국에 철저히 조사를 요청하고 결백 담화를 발표했다. 나는 딘 군정장관 앞에 증인으로 나가 선서하고 "그 봉투는 틀림없이 즉시 돌려주었다."는 사실을 증언했다. 또 이전부터 잘 아시는 김병로 사법부장을 찾아가서 사실대로 말씀드렸다. 이 사건은 반대 세력들의 정치공세로 이용하려 시도했지만 수표 봉투 반환 사실이 백일하에 드러나자 정적들은 잠잠해지고 국민들은 민세 선생의 결백을 신임했다. 만약 그때 그 봉투를 잘못 처리했더라면 민세 선생의 정치활동에 큰 타격이 되고 명예는 크게 훼손될 뻔 했다. 젊은 시절의 순진한 나는 해방 조국의 과도정부 심장부에 근무하면서 정치판의 부조리를 뼈아프게 체험했다. 근 반세기가 지난 지금도 그 당시의 일들이 잊혀지지 않는다.[92]

91) 『조선일보』, 1948년 3월 9일자.

4) 안재홍의 삶이 후대에 주는 핵심 가치 중심의 주요 전시

'헌신', '통합', '참여', '교육' 등 민세 안재홍의 삶과 정신이 관람객에게 주게 될 핵심 가치 전달에 초점을 두고 상설전시를 기획하는 것이다. 이를 통해 민세 인재홍과 그와 함께 한 역사 속 인물들의 헌신을 기억하고, 안재홍이 치열하게 주장하고 실천했던 핵심 가치를 현재적 의미로 성찰하는 체험과 공감의 장 마련하게 될 것이다. 이 경우는 앞으로 안재홍 연보와 주요 활동, 관련 이야기를 종합적으로 활용하면서 안재홍의 삶이 후대에게 주는 교훈 전달에 초점을 두는 방식이다. 아래 〈표 34〉는 핵심 가치를 중심으로 전시 구성을 잡아 본 것이다.

〈표 34〉 핵심 가치 중심의 주요 전시 주제

대주제	중주제
민중의 세상 속으로	안재홍의 이상과 신념(민세, 사람·사름·사랑)
	'사후 100년에 가서 돌이켜 자기를 바라보자'
헌신하는 삶을 살다 : 민족 통합을 위한 일관된 삶	이상을 세우고 민족운동에 뛰어들다 '나의 기미운동'
	언론인 안재홍 항일 민족 운동을 펼치다
	조선학으로 투쟁하다
	정치인 안재홍 국가의 진로를 제시하다
	남북 모두가 기억하다
삶을 토대로 하는 교육을 실천하다 :민족 교육, 민주 시민 교육	안재홍의 스승과 제자
	교육자 안재홍
	안재홍의 서재 : 자기 인식의 기회, 독서
	민족정기를 찾아가는 여행
다사리 공동체를 꿈꾸다	민세가 꿈꾸는 세상
	우리가 꿈꾸는 민족공동체와 지구촌의 미래

---

92) 이정상, 「근엄하신 민족주의자」, 고려대박물관 편, 『민세안재홍선집』 7, 서울: 지식산업사, 2008.

2. 안재홍기념관의 기획전시 주제

기획전시는 상설전시에 담을 수 없는 다양한 주제의 전시를 통해 관람객들의 지속적인 관심과 참여를 유도할 수 있다. 현재 한국의 많은 역사인물기념관은 지나치게 상설전시에 치중하다보니 한번 기념관을 방문한 관람객의 재방문을 기대하기가 어렵다. 따라서 재방문이 이루어지도록 기념관 건립 전에 충실한 기획전시의 준비가 필요하다. 안재홍기념관의 기획전시는 크게 3가지 방향에서 검토할 수 있다.

1) 안재홍 활동별 주제 전시

앞서 언급한 것처럼 일제 강점기와 해방 시기에 걸쳐 다양한 활동을 한 자료 중심으로 관련한 전시를 꾸준하게 추진하는 것이다. 아래는 안재홍의 생애별 주요 활동을 중심으로 20개 항목의 기획전시 주제를 잡아 본 것이다.

(1) 비타민 안재홍전 : 9번에 7년 3개월 감옥 간 비타협민족주의자

안재홍은 일제강점기 9번에 걸쳐 7년 3개월 옥고를 치렀다. 국내 독립운동을 이끈 대표적인 비타협민족주의자였다. 약칭은 비타민이다. 1919년 11월 대한민국 청년외교단을 시작으로 1943년 봄에 조선어학회 사건으로 9차 옥고를 치르고 감옥에서 나왔다. 주요 민족운동가 중에 투옥횟수가 가장 많았던 인물이다. 안재홍이 안재홍 다울 수 있었던 이유도, 안재홍기념관이 존재하는 가장 중요한 이유도 9번에 걸친 안재홍의 항일희생 역정에 있다. 따라서 3.1운동이나 신간회, 조선어학회 등 관련 계기에 맞추어 기획전시를 통해 안재홍의 독립운동 실천을 널리 알려나갈 필요가 있다. 아래 <표 35>는 관련 전시 구성을 잡아 본 것이다.

<표 35> 비타민 안재홍전

전시내용	○ 1919년 대한민국 청년외교단 애국부인회 사건 ○ 1928년 조선일보 필화 ○ 1929년 광주학생 민중대회 사건 ○ 1931년 만주동포 구호의연금 사건 ○ 1936년 군관학교 사건, 흥업구락부 사건 ○ 1942년 조선어학회 사건

(2) 안재홍과 신간회 운동전

안재홍은 1927년 2월 15일 창립한 일제강점기 최대 항일민족운동단체 신간회 창립의 주역이다. 역사학자들의 연구에 의하면 1927년 1월 하순 안재홍의 서울 평동 옛집[93]에서 홍명희, 이승복 등이 모여 창립을 논의했다. 2월 15일 서울중앙YMCA 회관에서 열린 창립대회에서는 조직부 총무간사로 초기 신간회의 전국 지회조직을 주도했다. 안재홍은 이 해에만 황해도와 함경도, 영호남 지역의 20여 개 이상 지역을 방문하며 신간회 지회설립대회에 본부 대표로 축하 연설을 했다. 또한 안재홍은 신간회 창립과 활동 방향, 해소 반대와 관련한 다수의 글도 남겼다. 안재홍과 신간회전은 이런 활동을 널리 알리는 전시회가 될 수 있을 것이다. 아래 <표 36>은 관련 전시 구성을 잡아 본 것이다.

---

[93] 현재는 서울 강북삼성병원 내에 편입되어 있다. 경교장 맞은편이다. 종로구 평동 75번지 (도로명 종로구 새문안로 29).

〈표 36〉 안재홍과 신간회운동전

전시내용	○ 1926년 6. 10만세운동 ○ 1927년 2월 15일 신간회 창립 ○ 안재홍의 신간회 전국 지회 설립 지원 ○ 안재홍의 신간회 활동 관련 사설 시평 ○ 신간회 해소 반대 운동

(3) 언론 구국의 국사(國士) 안재홍전

안재홍은 1924년 4월 시대일보 논설기자를 시작으로 조선일보 주필·부사장·사장, 해방 후 한성일보 사장으로 활동하며 언론을 통해 민족의식을 고취하고 일제 식민통치에 커다란 타격을 입혔다. 해방 후에도 직업 언론인으로 활동하며 통일민족 국가수립을 위해 힘썼다. 언론 구국의 국사, 안재홍전은 언론인 안재홍의 삶과 글쓰기, 그 정신을 널리 알리는 전시가 될 것이다. 아래 〈표 37〉은 관련 전시 구성을 잡아 본 것이다.

〈표 37〉 언론 구국의 국사(國士) 안재홍전

전시 내용	○ 1924년 4월 시대일보 시절 ○ 1924년 9월 조선일보 주필 시절 ○ 전조선기자대회, 부의장, 무명회 회장 활동 ○ 1929년 조선일보 부사장과 1930년대 사장, 조선일보 객원 활동 ○ 해방 후 1946년 한성일보 사장 활동

(4) 조선의 사마천을 꿈꾸다! 역사학자 안재홍전

안재홍의 어린 시절 꿈은 조선의 사마천이었다. 그만큼 민세는 역사학에 관심이 많았다. 민족의 독립을 위한 다양한 사회활동 틈틈이 역사 연구에 몰두했다. 1930년 「조선상고사 관견」을 조선일보에 연재했고 일제 말기에는 『조선통사』와 『조선상고사감』 집필에 몰두했다. 단재 신채호의 역저 『조선상고사』의 조선일보 연재를 도왔고 해방 후 나온 『조선상고사』에는 직접 서문을 쓰기도 했다. 아래 〈표 38〉은 관련 전시 구성을 잡아 본 것이다.

〈표 38〉 조선의 사마천을 꿈꾸다! 역사학자 안재홍전

전시내용	○ 안재홍이 존경했던 역사학자들 이야기
	  - 석농 유근 - 백암 박은식 - 단재 신채호
	○ 단재 신채호의 『조선상고사』를 조선일보에 연재하다.
	○ 안재홍의 민세주의 이야기
	  - 단재 사관을 계승 발전시켜 민세주의를 이야기하다.
	○ 안재홍의 역사관련 저술과 활동
	  『조선상고사 관견』, 『조선상고사감』, 『조선통사』
	○ 대한민국의 국가건설 사상으로 신민족주의를 주창하다
	○ 왜 다시 신민족주의인가 ?

(5) 안재홍과 조선학운동전

1934년 7월 안재홍은 정인보, 박한영 등과 함께 남도 답사에 나섰다. 여정은 속리산에서 시작해서 논산 관촉사, 정읍 황윤석 고택, 장성 백양사, 순창 신경준 고택을 거쳐 남해 여수와 진도에 이르는 충무유적까지 40일이 넘는 긴 시간이었다. 그리고 돌아와서 9월 8일 다산 정약용 서거 99주년 기념사업을 시작한다. 이것이 조선학운동의 시작이다. 후에 여기에는 사회주의 계열의 지식인들도 다수 참여해 학술상 제2의 신간회 운동으로 평가할 수 있다. 아래 〈표 39〉는 관련 전시 구성을 잡아 본 것이다.

〈표 39〉 안재홍과 조선학운동전

전시내용	○ 1934년 7월 남도 답사를 가다
	  - 안재홍 - 정인보 - 박한영
	○ 다산 서거 99주기를 기념하다
	○ 안재홍과 정인보의 다산 정약용 『여유당 전서』 교열
	○ 조선학운동에 공감했던 지식인들
	  - 김태준 - 백남운 - 최익한 - 권태휘

(6) 통일민족국가를 염원한 초대 민정장관 안재홍전

안재홍은 1947년 2월 미군정기 남조선 과도정부 내각수반에 임명되어 1948년 6월까지 활동하며 대한민국 정부 수립의 토대를 놓았다. 이 시기 제한적이기는 하지만 행정 최고 책임자로서 몇 가지 성과도 거두었다. 안재홍의 민정장관 활동과 국가기록물 제2호로 지정된 관련 문서는 세계 최대 규모의 미군기지가 있는 평택에서는 미군 주둔 역사와 관련해서도 매우 귀중한 자료들이다. 아래 〈표 40〉은 관련 전시 구성을 잡아 본 것이다.

〈표 40〉 대한민국 정부수립에 토대를 놓은 민정장관 안재홍전

전시내용	○ 국가기록물 지정의 의미와 주요 자료들 ○ 안재홍 민정장관 공문서의 국가기록물 지정 취지 ○ 미군정기 주요 활동 관련 영상 자료 ○ 안재홍 미군정청 민정장관에 취임하다 ○ 미군청기의 주요 사건과 활동 내용 ○ 미군정 주요 인사들과 주고 받은 공문 ○ 미군정기 안재홍이 해외 인사들과 주고 받은 서신 공문서 자료 　- 인도 간디 서거 추도문, 인도네시아 수하르토 대통령에 보낸 서신

(7) 안재홍의 다사리 교육전

안재홍은 일본 유학 후 돌아와 1915년 중앙학교 학감으로 청년 인재를 양성했고, 특히 여성과 농민의 교육에도 많은 관심을 기울였다. 해방 후인 1945년 12월에 미군정청 교육심의위원회 교육이념분과장으로 대한민국의 국가교육 이념을 홍익인간으로 제시했고 1949년 서울 돈암동에 농업인재를 양성하는 중앙농림대학을 설립 초대 학장으로 활동하는 등 평생 교육 진흥에도 힘썼다. 이런 안재홍의 교육활동과 사상은 다함께 말하고 다같이 잘사는 교육으로 이는 골고루 윤택한 도시 평택(平澤)의 지명과도 맥이 닿는다. 아래 〈표 41〉은 관련 전시 구성을 잡아 본 것이다.

〈표 41〉 안재홍의 다사리 교육전

전시내용	○ 안재홍, 청년교육을 위해 인재를 키우다 ○ 안재홍의 여성교육, 농민 교육 지원 활동 ○ 경성 여성 의학전문학교 설립에 노력하다 ○ 1929년 안재홍의 조선일보 문자보급운동과 생활개신운동 ○ 1945년 국가교육이념으로 홍익인간을 제시하다 ○ 안재홍 기념사업회의 평생교육활동 ○ 평택교육지원청의 다사리공동교육 과정 ○ 다사리교육의 실천 현장 : 민세아카데미(평택), 다사리장애인야간학교(청주), 다사리 평생학교(용인), 다사리교육연구소(수원)

(8) 조선학 운동의 산실 안재홍 고택전

민세 안재홍의 가문인 '순흥 안씨' 일가가 평택지역에 세거하게 된 시점과 계기, 살아온 과정을 전시함으로써 민세 사상의 배경과 뿌리를 탐구하고, 이를 전시하여 안재홍기념관을 평택에 건립하는 당위성을 제시, 평택시민들의 지역적 자긍심을 유도하고 평택의 도시정체성 정립을 도모하고자 한다. 아래 〈표 42〉는 관련 전시 구성을 잡아 본 것이다.

〈표 42〉 조선학운동의 산실, 안재홍 고택전

전시내용	○ 안재홍과 두릉리 마을 이야기 ○ 안재홍과 순흥안씨 이야기 ○ 두릉리 안재홍家의 사람들 - 큰형 안재봉 고덕초를 설립해 지역교육의 토대를 놓다 - 동생 안재학 한국 최초의 공학사이자 첫 독일 연구소 유학생 - 아들 안정용 혁신운동으로 민주주의를 지키다 - 사촌 안재준 서울농대를 창설하고 한국 농업 발전을 이끌다 - 며느리 박갑인 초등학교 교사로 평택의 인재를 키우다 ○ 안재홍과 고향 평택 이야기 - 안재홍 아산만에 가다. 포승읍에서 한학을 배우다 - 안재홍 서정리역을 이용하다. 안재홍 부락산 고성산에 오르다 - 안재홍 진위 만기사에서 요양하다

(9) 안재홍이 최초, 최고 기네스전

안재홍은 다양한 분야에서 활동하며 최초, 최고라는 기록을 많이 가지고 있는 인물이다. 그는 한국 최초의 언론사학자이자 4단 만화 기획자, 광복 이후 첫 복권 발행자이기도 하다. 최초, 최고의 관련 자료를 중심으로 안재홍의 삶과 업적을 재조명해 본다. 아래 〈표 43〉은 관련 전시 구성을 잡아 본 것이다.

〈표 43〉 안재홍이 최초, 최고 기네스전

전시내용	○ 안재홍이 최초, 최고
	  - 한국 최초의 4단 만화 기획자
	  - 한국 최초의 언론사학자
	  - 한국 최초의 복권 발행자
	  - 한국 최초의 중국어 신문 발행자
	  - 한국 최초 독도 조사대 파견자
	  - 조선농구협회(대한민국농구협회 전신) 초대회장

(10) 안재홍의 통일국가 수립 운동전

안재홍은 해방 후 민공협동의 통일 민족국가 수립에 힘썼다. 여운형과 함께 건국준비위원회 부위원장 활동을 시작으로 좌우합작 운동에도 매진했다. 안재홍의 시기별 통일 국가수립 운동과 관련한 자료 전시를 통해 통일운동의 역사에 대해 살펴본다. 아래 〈표 44〉는 관련 전시 구성을 잡아 본 것이다.

〈표 44〉 안재홍의 통일국가 수립 운동전

전시내용	○ 건국준비위원회 활동 ○ 국민당 창당 및 당수 활동 ○ 신탁통치반대 추진위원회 활동 ○ 좌우합작위원회 활동과 우측 대표 ○ 재북평화통일촉진협의회 최고위원 활동

(11) 안재홍과 한국 농업 발전전

안재홍은 한국 농업 발전에도 이바지했다. 농민교육의 필요성을 강조했을 뿐만 아니라 1929년 조선일보가 주도한 생활개신운동에도 적극 참여했다. 해방 후에는 2년제 초급대학은 중앙농민학교에 초대 학장을 맡아 농업인재 육성에도 기여했다. 아래 〈표 45〉는 관련 전시 구성을 잡아 본 것이다.

〈표 45〉 안재홍과 한국 농업 발전 실천전

전시내용	○ 안재홍의 농민교육론 ○ 안재홍의 생활개신운동 실천 ○ 일제강점기 농업발전과 안재홍의 입체농업론 ○ 해방 후 중앙농민학교의 활동 　- 농한기에는 교육을 농번기에는 현장

(12) 안재홍 한중일 삼만리 그 길을 가다전

안재홍은 1913년 여름 일본 동경유학시절 70여 일간 중국 여행을 다녀왔다. 동경을 출발해서 상해를 거쳐 제남, 청도, 북경, 산해관, 대련을 거쳐 신의주까지 돌아오는 긴 시간이었다. 이때 신규식이 조직한 동제사에 가입하고 해외 독립운동의 어려운 현실도 체감했다. 이후 국내 독립운동에 매진하겠다는 다짐도 했다. 아래 〈표 46〉은 관련 전시 구성을 잡아 본 것이다.

〈표 46〉 안재홍 한중일 삼만리 그 길을 가다전

전시내용	○ 안재홍의 동경 유학길을 따라서 ○ 동경 아오야마 어학원, 와세다대 당시의 활동 ○ 조선인 유학생 학우회 활동 ○ 상해-제남-청도-북경-산해관-대련에 이르는 만리 대장정

(13) 안재홍과 한국 체육전

안재홍이 한국 근현대 체육발전에 끼친 영향을 중심으로 한 기획전시다. 민세는 1929년 축구 경평전을 추진했고, 1931년 현 대한민국농구협회의 전신인 조선농구협회 초대회장을 역임했다. 첫 역기대회도 개최했고 1948년 런던 올림픽 참가를 위해 대한올림픽후원회 회장으로 첫 복권을 발행 체육진흥에도 힘썼다. 아래 〈표 47〉은 관련 전시 구성을 잡아 본 것이다.

〈표 47〉 안재홍과 한국 체육전

전시내용	○ 1929년 10월 축구 경평전 개최를 지원하다 ○ 축구, 야구, 농구 등 각종 스포치 행사를 지원하다 ○ 1931년 조선농구협회 초대회장에 취임하다 ○ 1931년 전조선역기(역도)경기대회 개최를 지원하다 ○ 대한올림픽후원회 회장으로 첫 복권을 발행하다

(14) 안재홍과 국가건설운동전

안재홍은 광복 이후 통일 민족국가 수립 과정에서 새로운 나라의 국가 건설론으로 신민족주의와 신민주주의를 주창했다. 이는 조소앙의 삼균주의, 백남운의 연합성 신민주주의 등과 함께 이 시기에 나온 대표적인 국가건설론으로 평가받고 있다. 안재홍을 비롯해 해방 이후 나온 국가건설론의 내용과 그 의미를 알아보는 전시이다. 아래 〈표 48〉은 관련 전시 구성을 잡아 본 것이다.

〈표 48〉 안재홍과 국가건설운동전

전시내용	○ 국가건설론이란 무엇인가 ○ 해방 이후 등장한 국가 건설론 소개 ○ 안재홍의 신민족주의론 ○ 조소앙의 삼균주의 ○ 원불교 종산법사의 국가건설론 ○ 백남운의 연합성 신민주의론 ○ 해방 후 국가건설론의 현재적 의미

(15) 안재홍과 한국의 민족주의 그 열린 미래전

일제 강점을 전후에 다양한 민족주의 이론들이 등장한다. 안재홍의 신민족주의는 기존 민족주의에 대한 비판적 사색을 통해 나온 결과물이다. 한국 민족주의의 등장배경과 내용을 살펴보고 이것이 안재홍의 신민족주의론에 어떤 영향을 주었는지, 21세기 대한민국의 민족주의는 어디로 가야하는지에 대한 생각해 보는 전시이다. 아래 〈표 49〉는 관련 전시 구성을 잡아 본 것이다.

〈표 49〉 안재홍과 한국의 민족주의 그 열린 미래전

전시내용	○ 민족주의와 열린민족주의 ○ 구한말의 민족주의 사상 ○ 박은식, 신채호의 민족주의 ○ 안재홍의 민세주의와 신민족주의 ○ 손진태·이인영의 신민족주의 사학 ○ 21세기 한국민족주의의 과제와 열린민족주의

(16) 안재홍과 사회복지 실천전

안재홍은 언론인으로 활동하며 사회복지 실천에도 나섰다. 이는 20대 초반 '민중의 세상'을 꿈꾸며 당대 어려운 사람들과 함께하겠다는 다짐의 결과였다. 민세는 일제강점기와 해방시기에 민족지도자로 활동하며 대한애국부인회(조선적십자사 국내지부) 고문, 재만동포옹호연맹 위원장, 조선나환자구제회 발기인, 빈민구제와 장학사업을 하고 해방 후 미군정청 민정장관으로 조선적십자사 초대(대한 적십자사 전신) 부총재, 대한후생협회 발기인 등으로 사회복지 발전에 이바지했다. 아래 〈표 50〉은 관련 전시 구성을 잡아 본 것이다.

〈표 50〉 안재홍과 사회복지 실천전

전시내용	○ 대한민국 애국부인회 지원 활동 ○ 조선수해구제회 활동 ○ 조선나환자 지원 활동 ○ 재만동포 옹호 및 지원 활동 ○ 경성여자의학전문학교 건립 지원 활동 ○ 해방 후 조선적십자회 부총재 활동

(17) 안재홍, 독립운동가들을 기억하다전

안재홍은 일제 강점기와 해방 시기에 조국의 독립을 위해 노력하다 먼저 떠난 독립운동가와 사회지도자들을 기리는 다양한 선양활동에도 참여했다. 여기에는 동상제막, 자료발간, 추모사, 장학 지원 등 다양한 활동이 포함된다. 이런 안재홍의 독립운동 정신 선양활동에 대해 알아보는 전시이다. 아래 〈표 51〉은 관련 전시 구성을 잡아 본 것이다.

〈표 51〉 안재홍, 독립운동가들 기억하다전

전시내용	○ 추모기: 신규식, 조성환, 손병희, 여운형, 김구, 이남규 ○ 이상재 장례식 조사 낭독과 월남 자료 발간 위원 ○ 신채호 장례와 가족 지원 활동 ○ 김좌진 가족 지원 활동 ○ 해방 후 삼의사(윤봉길, 이봉창, 백정기) 유해 봉환 위원 ○ 헐버트 박사 동상 제막 지원

(18) 안재홍과 충무공 이순신전

안재홍은 평생 충무공 이순신을 존경하며 그 정신을 널리 알리고 실천했다. 또한 충무공 관련 사적지를 답사하고 여러 편의 글도 남겼다. 안재홍의 충무공 이순신 선양 활동의 내용과 그 의미를 생각해 보는 전시이다. 아래 〈표 52〉는 관련 전시 구성을 잡아 본 것이다.

〈표 52〉 안재홍과 충무공 이순신전

전시내용	○ 1926년 남해 통영 한산도 충무공 이순신 유적 답사 ○ 1931년 충무공유적보존 운동 참여 ○ 1934년 8월 남해 여수, 진도 충무공 유적 답사 ○ 1948년 12월 한산도 제승당 충무공비 제막 참석 ○ 이충무공기념사업회 이사 활동

(19) 안재홍과 새마을운동전

일제강점기와 해방시기에 민족지도자로 활동하며 생활개신운동과 문맹퇴치운동을 통해 농촌계몽에 민세 안재홍의 농촌 혁신 구상에 대해 알아보는 전시이다. 아래 〈표 53〉은 관련 전시 구성을 잡아 본 것이다.

〈표 53〉 안재홍과 새마을운동전

전시내용	○ 농촌 계몽 운동 ○ 1929년 4월 조선일보 생활개신운동 ○ 1929년 7월 조선일보 문맹퇴치운동과 동아일보 브나로드 운동 ○ 해방 후 신생활운동(1945년 해방 이후) ○ 재건국민운동(1960년대) ○ 새마을운동(1970년대)

(20) 안재홍가 사람들전

안재홍의 큰형 안재봉은 1931년 평택에 고덕초등학교를 설립 지역인재 육성에 토대를 마련했다. 셋째 안재학은 한국 최초로 일본에서 공학사를 받은 공학도로 후에 독일 빌헬름 2세 화학연구소(현 막스프랑크 연구소)에도 유학했던 최초의 한국인이다. 사촌 안재준은 서울 농대 교수로 농업발전에 이바지했다. 처남 김종량은 북촌을 건설한 정세권과 함께 한국 건축발전하며 해방 후 안재홍의 언론활동을 지원했고 매제 홍길선(안재홍의 여동생 안재숙의 남편)은 수원에서 4선 국회의원으로 활동했다. 또한 장남 안정용은 해방 이후 혁신운동으로 민주화 발전에 이바지했다. 안재홍가 사람들의 활동과 업적을 알아보는 전시이다. 아래 〈표 54〉는 관련 전시 구성을 잡아 본 것이다.

〈표 54〉 안재홍가 사람들전

전시내용	○ 고덕초를 설립하며 빈민구제에 힘쓴 큰형 안재봉 ○ 한국 최초 공학사 셋째 동생 안재학 ○ 한국 농업발전에 기여한 사촌 안재준 ○ 수원에서 4선 국회의원을 지낸 홍길선 ○ 한국 건축과 언론발전에 이바지한 처남 김종량 ○ 혁신운동으로 한국사회 민주화에 기여한 장남 안정용

(21) 안재홍, 어린이 운동에 뜻을 모으다전

안재홍은 어린이의 벗 방정환 등과 함께 어린이 운동 지원에도 힘썼다. 이와 관련한 기획전시이다. 아래 〈표 55〉는 관련 전시 구성을 잡아 본 것이다.

〈표 55〉 안재홍, 어린이 운동에 뜻을 모으다전

전시내용	○ 안재홍과 방정환의 인연 - 1925년 창간한 『소년주보』 공동 기고 - 1928년 5월 제1회 어린이날 행사 참여 - 1929년 10월 가갸날(한글날)을 맞아 조선어사전 편찬위원으로 활동 ○ 어린이 교육과 어린이 운동의 중요성 실천

(22) 안재홍 기념사업회 역사전

안재홍기념사업회는 2000년 10월 창립하여 그동안 민세 관련한 다양한 선양사업을 해왔다. 창립을 기념해서 그동안의 계기, 학술, 자료발간, 교육문화사업, 민세상 시상 등 다양한 활동에 대해 알아보는 전시회다. 아래 〈표 56〉은 관련 전시 구성을 잡아 본 것이다.

<표 56> 안재홍 기념사업회 역사전

전시내용	○ 안재홍기념사업회 창립 과정 ○ 주요 계기사업 성과 ○ 학술출판사업 내용 ○ 교육 문화사업 내용 ○ 민세상 시상과 역대 수상자

이 밖에도 민세가 다수의 기행문을 남겼기에 그와 관련한 기획전시회를 기념 답사와 연계해서 전시회를 개최하는 것도 필요하다. 여기에는 1926년 영호남 기행, 1927년 해주와 원산, 함흥, 문경 일대 기행, 1929년 광주 무등산 기행, 1934년 6월 황해도 기행과 8월 여수, 진도 충무유적 기행 등이 포함된다. 1935년 쓴 별이야기를 가지고 현재 별자리와 비교해서 전시회를 여는 것도 좋겠다. 특히 1930년 7월 백두산 기행이 2030년이면 100년이다. 그리고 1947년 8월 독도조사대 파견도 국민적 관심을 끌 수 있는 내용이라 현장 답사와 함께하는 기획전이 추진되면 큰 호응을 받을 수 있다.

2) 역사인물 교류 기획전

안재홍기념관 활성화를 위해서는 지나치게 상설전시에 치중하거나 안재홍만을 위한 전시에 그치지 않고 동시대에 함께 활동했던 여러 인물들과의 교류를 중심으로 기획전시의 주제를 넓혀나갈 필요가 있다. 역사 속의 인물들은 교류와 협동 속에서 그 시대의 다양한 문제해결에 노력했다. 안재홍의 경우도 예외는 아니다. 특히 별도의 기념관이 있는 인물들의 경우 기획전시를 통해 그 인물을 소개하고 안재홍과는 어떤 인연이 있었는지를 공유한다면 기획전시가 더욱 풍부해질 수 있다. 아래 <표 57>은 관련 전시 구성 관련 참고 내용이다.

〈표 57〉 역사인물 교류 기획전

항목	관련 역사인물
안재홍이 존경한 역사인물	이순신, 정약용
안재홍의 스승	이상재, 남궁억, 나철
안재홍에 영향을 준 선배	박은식, 유근, 신채호
안재홍의 제자	이희승, 김원봉, 이상화, 이병우
안재홍의 후배	최원순, 권태휘
안재홍의 유학시절 지인	김성수, 송진우, 조만식, 정세권, 김병로, 현준호, 문일평, 최두선, 신익희
안재홍과 독립운동가	김구, 이승만, 안창호, 조소앙, 여운형, 김규식
안재홍과 문인 예술인	정인보, 이병기, 이은상, 염상섭, 심훈, 민태원, 최남선, 허백련
안재홍과 여성지도자	김마리아, 황에스더, 현덕신, 차미리사, 최은희
안재홍과 종교인	한용운, 박한영, 박용희, 박동완
지사언론의 전통	천관우, 최석채, 선우휘, 송건호

3) 역대 민세상 수상자 기획전

또한 안재홍기념관 기획전시에 참고가 될 만한 것으로 2010년부터 시상하고 있는 역대 민세상 수상자 가운데 풍부한 자료를 가진 사회지도층을 대상으로 한 전시회도 검토할 필요가 있다. 여기에는 수상자 중 주요인사, 안재홍기념사업회와 안재홍 연구에 힘쓴 주요 인사 등이 있겠다. 이런 전시회를 통해 안재홍기념관이 특정인물에 대한 전시에 집중하지 않고 다양한 생각들을 알리고 수용하는 개방적 기념관의 특성을 살려 나갈 수 있을 것이다. 이런 전시회 등에 대한 검토나 고민이 없다면 기념관 기획전의 주제가 자원이 많지 않아서 소재의 빈곤을 가져올 수밖에 없다. 전향적 검토나 사전 준비가 필요하다. 민세 선집 발간에 힘쓴 언론인 천관우, 작고한 수상자인 송월주 지구촌 공생회 이사장, 김지하 시인 한영우 서울대 국사학과 명예교수, 김윤식 서울대 국문학과 명예교수 등의 사회 공헌과 학술연구 업적을 정리하는 기획전은 유가족과 관련 분야 연구자들의 도움을 받아 우선적으로 전시회를 개최해 나갈 필요가 있다. 아래 〈표 58〉은 관련 전시 구성 관련 참고 내용이다.

〈표 58〉 역대 민세상 수상자 기획전

회차	사회통합 부문	학술연구 부문
1	송월주 지구촌공생회 이사장(2021년 작고)	정옥자 서울대 국사학과 명예교수
2	김지하 시인(2022년 작고)	조동일 서울대 국문학과 명예교수
3	정성헌 한국DMZ 평화생명동산 이사장	한영우 이화학술원장 (2023년 작고)
4	인명진 우리민족서로돕기운동 상임대표	한형조 한국학중앙연구원 교수
5	박상증 민주화운동기념사업회 이사장	김윤식 서울대 국문학과 명예교수(2018년 작고)
6	주대환 사회민주주의연대 공동대표	손세일 청계연구소장
7	손봉호 나눔국민운동본부 대표	신용하 서울대 명예교수
8	김성수 성공회 대주교	진덕규 이화여대 명예교수
9	이세중 환경재단 명예이사장	권영민 서울대 명예교수
10	송경용 사회가치연대기금 이사장	정윤재 한국학중앙연구원 명예교수
11	크리스찬아카데미/기독교윤리실천운동(단체 공동)	하영선 동아시아연구원 이사장
12	한국종교인평화회의(단체)	조광 고려대 명예교수
13	박남선 국민화합 상임이사	김학준 단국대 석좌교수
14	이윤기 해외한민족연구소장 윤기 공생복지재단 회장	최광식 고려대 명예교수

4) 특별 기획전

몇 가지 주제의 특별전 그리고 다른 역사인물기념관 전시와 교류하는 순회전을 개최하는 것도 검토해 볼 필요가 있다. 안재홍기념관의 경우는 몇 가지 특별 주제전을 생각해 볼 수 있다. 이 특별전 기획의 중요한 조건은 우선 자료 자체가 귀한 것이라서 그 의미가 있는 경우이며 둘째 특별한 계기를 맞이하는 준비로서의 기획전으로 전국 각지에서 방문객들이 찾아와서 공감할 수 있는 내용이면 좋을 것이다. 이런 기준으로 볼 때 안재홍기념관은 순회전시회가 가능한 4가지 정도의 특별전 구성이 가능할 것이다. 아래 〈표 59〉는 관련 전시 구성 관련 참고 내용이다.

〈표 59〉 특별전

특별전 주제	특별전 내용
안재홍민정장관 문서전	국가기록물(2호)로 지정한 해방 후 남조선과도정부 내각수반 안재홍이 미군정 인사와 해외 등에 보낸 자료 (고려대 박물관 소장)
신간회 100주년 기념전	2027년 100주년을 맞이하며 안재홍이 총무간사로 창립을 주도한 신간회 활동과 전국 지회 활동에 대한 조명
한국 언론 발달과 미디어의 미래전	한국 최초 언론사학자 안재홍의 민족언론 실천을 기억하며 한국의 주요 언론인과 근현대 언론사를 정리하고 미디어 발달의 역사를 정리하는 전시
민세안재홍선집 발간 50년전	안재홍 선집 발간에 힘쓴 부인 김부례, 언론인 천관우, 출판인 김경희의 활동을 정리하는 특별전

제5장
안재홍기념관과 평생교육

1. 평생교육의 중요성과 기념관 교육

평생교육은 삶의 질 향상의 이념실현을 위하여 태아에서 무덤에 이르기까지의 교육의 수직적 통합과 가정교육, 사회교육, 학교교육의 수평적 통합을 통한 학습사회를 건설함으로써 최대한의 자아실현과 사회발전 능력의 함양을 목적으로 한다.[94]

즉 평생교육은 개인의 생애 전체에 걸친 지속적이고 단계적인 교육과정이다. 산업회 시기 이전의 교육은 직업을 준비하는 시기로 청소년기에 국한된 것으로만 이해되었다. 그러나 산업화 시기에 들어서면서 교육은 평생에 걸친 과정으로 이해되었다. 아울러 청소년기의 교육도 학교라는 제한된 공간에서만 이루어지는 것이 아니라 그 영역이 확장되어 지역사회와의 연계도 중요시되고 있다.

UNESCO는 6차에 걸친 세계성인교육회의를 통해 그 당시 세계가 겪고 있는 공통의 문제점에 대한 인식을 공유하고 그 해결 방안의 하나로 평생교육의 역할을 꾸준하게 제시해 왔다. 이를 위해 UNESCO는 평생교육에 대한 개념을 정립한 1970년 랑그랑(Lengrand) 보고서, 이를 확장하여 학습사회를 강조하고

---

[94] 김종서·황종건·김신일·한숭희, 『평생교육개론』, 서울: 교육과학사, 2014.

학교밖 평생교육의 중요성을 강조한 1972년 포르((Faure) 보고서, 평생교육의
개념과 특성을 20가지로 정리한 1973년 다베(Dave) 보고서, 함께 살기 위한
학습(leaning to live together)을 강조한 1996년 들로(Delors) 보고서를 통해
평생교육에 대한 인식의 지평을 넓혔다.[95]

특히 UNESCO 21세기 세계교육위원회에서는 1996년에 『학습: 우리 안에 감
춰진 보물(Learning: the treasure within)』이라는 종합보고서를 제출하였다. 이
보고서는 21세기를 준비하는 교육의 원리로 "네 가지의 근본적인 학습유형을
중심으로 교육이 조직되어야 한다"고 강조하고 있다. 교육의 네 기둥으로 제시
된 학습은 존재하기 위한 학습(Learning to Be), 행동하기 위한 학습(Learning
to Do), 알기 위한 학습(Learning to Know), 함께 살아가기 위한 학습(Learning
to Live Together)이다. 교육은 학습을 지원하기 위해 조직된 활동이며, 평생교
육은 평생학습을 지원하기 위한 조직화된 교육적 활동이라는 입장을 확인할
수 있다. 그리고 학습은 형식, 비형식, 무형식의 형태로 평생에 걸쳐서 이루어
지는 것이므로 곧 평생학습이며, 교육 역시 학습을 지원하는 조직화된 활동이
므로 본질적으로 평생교육이다.[96]

'존재하기 위한 학습'은 1972년의 Faure 보고서 『Learning to Be』를 배경으
로 구상되었고, 기술발전의 결과로 초래된 비인간화에 대한 우려가 날로 심각
해지는 데 대한 문제의식을 갖고 있다. 존재하기 위한 학습은 자기답게 되는
것을 교육의 목적으로 삼고 있고[97] 형식교육이 지식의 획득만을 강조하는 경

---

95) 윤여각, 「평생교육 개념의 재검토: 유네스코 랑그랑·포르·다베·들로 보고서를 중심으로」,
『평생교육학연구』 18(18), 2015, pp.103~130.
96) 강찬석·강혜정·김미자·연지연·이강봉·이병호·조현구·황우갑, 『평생교육론』, 서울: 학지
사, 2023.
97) 김창엽·성낙돈, 「평생교육의 목적으로서의 삶의 질의 개념에 대한 시론적 접근」, 『평생학
습사회』 5(1), 2009, pp.123~146.

향이 있지만 앞으로는 좀 더 폭넓게 인격의 지속적 성숙을 향해 나아가도록 정책적인 노력이 필요하다.

행동하기 위한 학습은 개인이 환경에 창조적으로 대응하게 해 준다. 행동하기 위한 학습은 배운 바를 실천하는 영역으로 직업훈련과 밀접한 관련을 갖는다. 단순한 노하우 수준의 기술은 거의 기계로 대체되므로 그 대신에 복합적인 인간능력이 요구되는 상황이 되었다. 직업훈련을 통해 터득한 기술뿐 아니라 커뮤니케이션 능력, 사회적 행동력, 팀워크를 위한 소양, 진취성, 솔선수범, 직관력, 직감, 판단력, 사람들을 한 팀으로 묶는 능력 등이 요구된다.

알기 위한 학습은 학습하는 방법에 대한 학습(learning to learn)을 전제로 하며, 집중력, 기억력, 사고력을 요구한다. 집중력은 지적 발견과정에서 매우 중요하고, TV가 지배하는 상황에서 어릴 적부터 주의집중력을 기르는 게 중요하다. 기억력은 대중매체가 퍼부어 놓은 단순정보의 늪에 빠지는 것을 방지하게 해 주고, 어릴 적부터 기억력 훈련을 할 필요가 있다. 일관된 사고력을 기르기 위해서는 구체성과 추상성, 연역법과 귀납법을 조화시켜야 한다.

함께 살아가기 위한 학습은 이를 통해 모든 활동에 다른 사람들과 함께 참여하게 해준다. 비폭력 교육, 타인 발견에 앞서 자신을 알기, 다른 종교와 관습의 역사에 대한 학습, 불우이웃 돕기 위한 지역사회 개선사업, 인본주의적 활동, 세대 간 지원활동 등 사회봉사 참가 등이다. 함께 살아가기 위한 학습은 타인을 이해하고 상호의존성을 인정하면서 이루어진다. 이는 다원주의·상호이해·평화의 가치를 존중하는 정신으로 타인들과 함께 공동과업을 수행하고 갈등을 관리하는 법을 배우면서 얻어진다.

앞서 언급한 존재하기 위한 학습(Learning to Be), 행동하기 위한 학습(Learning to Do), 알기 위한 학습(Learning to Know), 함께 살아가기 위한 학습(Learning to Live Together)은 안재홍기념관 등 박물관 프로그램 참여자에게도 유용한 개념이다.

우리나라 평생교육법 제2조에서는 평생교육의 영역을 학력보완교육, 성인 문해교육, 직업능력 향상교육, 성인 진로개발역량 향상교육, 인문교양교육, 문화예술교육, 시민참여교육 등 7개 분야로 정하고 있다.[98] 여기에서 박물관 교육은 문화예술교육에 속한다. 박물관이 생긴 이래 18세기부터 교육은 전시, 연구와 함께 박물관의 중요한 기능이다. 근대 박물관에서 시작된 박물관 교육은 구별짓기와 같은 사회적 배제의 산물로 등장해 냉전시기에는 사회 통합의 의제로 작동되다가 최근 들어서는 다문화 공동체 및 문화복지, 문화교육 등의 영향을 받아 사회적 조화와 포용의 의미가 강조되고 있다.[99] 박물관에서 무엇을 학습하고 어떻게 학습이 이루어지는지는 지적 호기심 이상의 문제로 박물관에서 학습과 관람자들의 학습을 이해하는 것은 박물관에게는 이제 생존의 문제가 되었다.[100]

박물관에서 교육 기능이 매우 중요한 요소로 자리 잡고 있으나 현실에서는 평생교육은 교육부, 박물관은 도서관과 함께 문체부 소관인 관계로 다양한 박물관 내 프로그램이 평생교육적 관점에서 이해되지 못하고 있어 향후 이에 대한 보완작업이 필요하다.[101]

박물관에 속한 기념관에서도 전시는 여전히 중요한 핵심 가치이지만 이 전시에 대한 다양한 피드백, 관람객의 재방문을 위해서는 상설 혹은 특별 다양한 교육프로그램에 기념관 안팎에서 이루어져야 한다. 안재홍기념관의 경우 그 활동 범위가 매우 넓었던 인물인 만큼 다양한 주제의 교육프로그램 운영이

98) 국가법령정보센터, 「평생교육법」(법률 제19345호, 2023. 4. 18. 일부 개정).

99) 오명숙, 「박물관 교육의 평생교육적 함의」, 『평생교육연구』 20(2), 2014, pp.121~141.

100) George E. Hein, 안금희·김혜경·김선아·정혜연 공역, 『박물관 교육론』, 서울: 학지사, 2015(원저: *Learning in Museum*, 1995년 출간).

101) 오명숙, 「박물관 교육의 평생교육적 함의」, 『평생교육연구』 20(2), 2014, pp.121~141.

가능할 것이다. 아래에서는 향후 안재홍기념관에서 운영 가능한 교육프로그램을 제시한다.

2. 안재홍기념관의 평생교육 프로그램

1) 안재홍 생애 이해 교육프로그램

(1) 화보로 보는 민세 안재홍 이야기

이 프로그램은 민족지도자 민세 안재홍 선생의 삶과 활동에 대해서 2021년 출간한 『민족지도자 안재홍 공식화보집』의 자료를 바탕으로 관람객들이 안재홍의 삶을 쉽게 이해할 수 있게 만든 프로그램이다. 안재홍은 일제 강점기와 해방 시기에 걸쳐 다양한 사회활동에 참여했다. 그러기에 다수의 사진 자료가 남아있다. 교육 참가들은 사진 자료를 바탕으로 한 생애사 교육을 통해 민세에 대한 깊이있는 이해를 할 수 있을 것이다. 프로그램 운영 시 직접 자신이 편집해보는 사진 자료집 제작을 무료앱을 이용해서 해 보는 학습 활동도 병행하면 좋을 것이다. 아래 〈표 60〉은 관련 교육 프로그램 내용이다.

〈표 60〉 화보로 보는 민세 안재홍 이야기

회차	교육내용
1	이충무공을 마음에 새긴 소년 안재홍
2	큰스승 월남 이상재와의 만남
3	절대 독립의 큰 뜻 품고 일본 동경으로
4	1919년 대한민국 청년외교단 사건으로 첫옥고
5	속필의 대기자, 장강대하의 명문장
6	최대 항일운동단체 신간회 창립을 이끌다

7	백두산에 올라 민족정신을 노래하다
8	조선학 운동의 실천과 민세주의
9	아홉 번, 7년 3개월 옥고
10	첫 해방연설을 하다
11	통일독립국가수립과 좌우합작
12	도시락을 싸가지고 다닌 민정장관
13	대한민국 정부수립을 지지하다
14	전국을 돌며 시민교육에 힘쓰다
15	순정우익의 통일민족국가를 위하여
16	2대 국회의원 당선과 6.25 납북
17	높은 절개를 지닌 국가의 선비 안재홍을 기리며

(2) 웹툰으로 보는 민세 안재홍 이야기 : 안재홍처럼 안재홍 하라

이 프로그램은 민족지도자 민세 안재홍 선생의 삶과 활동에 대해서 2022년 출간한 네이버 웹툰 『안재홍처럼 안재홍하라』의 자료를 바탕으로 관람객들이 안재홍의 삶을 쉽게 알아보게 만든 프로그램이다. 이 프로그램은 특히 웹툰 형식을 즐기는 청소년들을 대상으로 기획했다. 이 프로그램 운영에는 참여 청소년들이 직접 웹툰 형식에 대한 수정 작업 내지 자신만의 안재홍 웹툰 제작 도 해 볼 수 있도록 하면 좋을 것이다. 아래 〈표 61〉은 관련 교육 프로그램 내용이다.

〈표 61〉 웹툰으로 보는 민세 안재홍 이야기

회차	교육 내용
1	출생에서 서울 황성기독교청년회 학관까지
2	일본 유학에서 1919년 1차 옥고까지
3	1924 시대일보, 조선일보 주필에서 1929년까지
4	1930년 백두산행에서 1934년 조선학운동까지
5	1935년 이후 옥고 1942년 조선어학회와 해방

(3) 민족지도자 안재홍 아카데미 : WHO are 비타민 안재홍?
- 비타협 민족주의의 선구자 이야기

이 프로그램은 민족지도자 민세 안재홍 선생의 삶과 활동에 대해서 시민·청소년들에게 개괄적으로 알려주는 기본 프로그램이다. 생애 주기별 주요 활동에 대한 소개와 교육을 통해 민족의 독립과 통합민족국가 수립에 헌신한 안재홍에 대한 이해를 넓혀 나갈 수 있다. 아래 〈표 62〉는 관련 교육 프로그램 내용이다.

〈표 62〉 민족지도자 안재홍 아카데미

회차	주제	교육 내용
1	고향 평택과 민세 안재홍	○ 안재홍 생가와 고택 ○ 월명산, 서정리역 ○ 포승 서당, 아산만 ○ 진위 만기사 ○ 부락산, 고성산 ○ 평택지역 안재홍의 ○ 흔적과 어린시절 기억
2	안재홍의 청년기 활동	○ 황성기독교 청년회 ○ 일본 동경 유학 ○ 중앙학교 학감 ○ 대한민국청년외교단 활동과 투옥
3	안재홍의 국내 항일운동	○ 시대일보 시절 ○ 조선일보 시절 ○ 신간회운동 실천 ○ 조선학운동 실천
4	안재홍의 나라세우기	○ 건국준비위원회와 국민당 활동 ○ 민주의원과 입법의원 ○ 남조선과도정부 내각수반 민정장관 ○ 좌우합작 운동 ○ 2대 국회의원

(4) 독립운동가 안재홍 : 안재홍 독립운동 아카데미
- 9번 7년 3개월 투옥, 안재홍의 항일운동이야기

안재홍은 일제강점기 주요독립운동가(건국훈장 대통령장 이상) 중에서 가장 많은 투옥 횟수인 9번의 옥고를 치르며 절대독립에 힘썼다. 1919년 대한민국 청년외교단 사건을 시작으로 1942년 조선어학회 사건에 이르기까지 치열한 항일투쟁을 벌였다. 안재홍 독립운동아카데미는 9차례에 걸친 안재홍의 수난 과정을 하나씩 살펴보는 과정이다. 이를 통해 고절(高節)의 국사(國士)로 평가받는 안재홍이 왜 투옥을 당했으며, 후대에게 주는 메시지는 무엇인지 함께 생각해 보는 시간을 갖게 될 것이다. 아래 〈표 63〉은 관련 교육 프로그램 내용이다.

〈표 63〉 독립운동가 안재홍 : 안재홍 독립운동 아카데미

회차	주제	교육 내용
1	1차 옥고(1919년)	○ 대한민국 청년외교단 애국부인회 활동
2	2차 옥고(1928년)	○ 조선일보 사설 「제왕의 조락」
3	3차 옥고(1928년)	○ 조선일보 사설 「제남사건의 벽상관」
4	4차 옥고(1929년)	○ 광주학생운동 민중대회 사건
5	5차 옥고(1931년)	○ 만주동포구호의연금
6	6차 옥고(1936년)	○ 군관학교 사건
7	7차 옥고(1938년)	○ 흥업구락부 사건
8	8차 옥고(1938년)	○ 군관학교 사건 재수감
9	9차 옥고(1942년)	○ 조선어학회 사건

(5) 언론인 : 언론왕 안재홍 미디어 아카데미

안재홍은 일제강점기와 해방시기에 걸쳐 당시 가장 스마트한 매체였던 언론을 무기로 일제 식민통치에 커다란 타격을 입혔다. 장강대하의 명문장으로

알려진 안재홍의 글은 당대 커다란 영향력을 가지고 있었다. 민세는 속필의
대기자라는 별명을 들으며 사설 하나를 이야기 중에 10여 분 만에 완성하는
대단한 필력을 지녔다. 언론인 안재홍의 활동과 그 역량 축적, 미디어 활용의
사례는 특히 청소년들에게도 미래 직업 설계에 커다란 도움을 줄 것이다. 아래
〈표 64〉는 관련 교육 프로그램 내용이다.

〈표 64〉 언론인 : 언론왕 안재홍 미디어 아카데미

회차	주제	교육 내용
1	일본 유학시기의 언론 활동	○ 『태평양 잡지』 기자 활동
2	시대일보 시절(1924년)	○ 시대 일보 논설기자 시절의 언론 활동
3	조선일보 시절(1924년~1932년)	○ 조선일보 주필·부사장·사장 시절의 언론 활동
4	조선일보 객원시절(1935년 이후)	○ 조선일보 객원과 각종 잡지를 통한 언론 활동
5	한성일보 시절(1946년 이후)	○ 해방 이후 한성일보 사장 활동

(6) 사학자·문화사상가 안재홍 : 안재홍 근대 문화사상 아카데미
- 1930년대 조선학운동의 산실 안재홍 고택

안재홍은 1930년대 중반 이후 조선문화운동의 필요성을 강조하며 고향 평
택에서 한국고대사 연구에 몰두하며 『조선상고사감』, 『조선통사』 등을 집필
했다. 또한 정인보와 함께 다산 정약용의 문집 『여유당전서』도 교열했다. 안
재홍이 주창한 조선문화운동론과 민세주의는 일제의 식민사관에 맞서 조선의
정신과 민족정기를 지키고자 했던 노력의 결과물이다. 이를 통해 근대문화사
상가 안재홍의 정신세계에 대한 이해를 넓혀 나갈 수 있다. 아래 〈표 65〉는
관련 교육 프로그램 내용이다.

〈표 65〉 사학자·문화사상가 안재홍

회차	주제	강의 내용
1	1930년대 문화사상의 두 흐름	○ 문화주의와 비타협주의
2	조선상고사감 이야기	○ 『조선상고사감』 저술의 배경과 내용 소개
3	안재홍의 다산 정약용 재조명	○ 안재홍의 다산 정약용 연구와 성과
4	안재홍의 조선학론	○ 조선학의 필요성과 실천
5	안재홍의 조선문화진흥론	○ 출판, 재단설립, 조선문화상금론

(7) 정치가 안재홍 : 안재홍의 신국가 건설운동

- 안재홍의 나라세우기와 신민족주의

안재홍은 1945년 광복과 함께 통일민족국가 수립을 위해 좌우합작운동에 힘썼다. 통일정부 수립을 위해 민세는 건국준비위원회 참여를 시작으로 국가 건설론을 제시하고 민주의원과 입법의원, 민정장관 등으로 신생대한민국을 국가비전을 제시했다. 아래 〈표 66〉은 관련 교육 프로그램 내용이다.

〈표 66〉 정치가 안재홍 : 안재홍의 신국가 건설운동

회차	주제	강의 내용
1	건국준비위원회와 안재홍	○ 건국준비위원회의 배경, 의의, 한계
2	신민족주의론 소개 1	○ 역사적 배경
3	신민족주의론 소개 2	○ 조선수리철학 소개
4	해방 후 통일국가 수립 정치활동	○ 민주의원, 입법의원, 민정장관, 좌우합작
5	안재홍 정치사상의 교훈	○ 통일국가 수립의 기초

(8) 교육자 안재홍 : 안재홍의 청소년·성인 교육운동

- '홍익인간'을 대한민국 국가교육이념으로 정하다

안재홍은 1915년 서울 중앙학교 학감(교감)으로 첫 사회활동을 시작했다. 일제시대에는 농민교육, 여성 교육을 강조했으며 특히 1929년 조선일보 부사

장 시절에 생활개신운동과 문자보급운동에 힘썼고 해방 후에는 1945년 12월 미군정 아래에서 대한민국의 국가교육이념으로 홍익인간을 주창했다. 또한 1949년 서울 돈암동에 중앙농림대학을 설립, 초대 학장으로 농업인재 육성에도 기여하는 등 교육자로서 다양한 활동을 펼쳤다. 이런 안재홍의 인재육성 활동에 대한 교육을 통해 교육자 안재홍의 참모습이 잘 드러날 것이다. 아래 〈표 67〉은 관련 교육 프로그램 내용이다.

〈표 67〉 교육자 안재홍

회차	주제	강의 내용
1	중앙학교 시절	○ 중앙학교 학감으로 제자를 키우다
2	농민교육론과 농민대학 설립	○ 농업인재 육성의 필요을 제시하다
3	여성교육의 중요성	○ 가정학교 설립과 민족본위 교육 실천
4	문자보급운동과 생활개신운동	○ 색의단발, 상식보급, 건강증진, 허례폐지
5	안재홍 교육활동 의의	○ 대한민국의 교육이념 홍익인간 제시

2) 안재홍 연계 주제 교육프로그램

(1) 안재홍의 충무공 이순신 선양 : 안재홍처럼 이순신 하라

안재홍에게 충무공은 늘 존경하는 인물 1호였다. 일제 강점기 한 잡지사의 존경하는 인물 소개에 민세는 '강용(剛勇)한 이순신(李舜臣)'이라는 제목으로 충무공에게서 우리가 무엇을 배워야 하는지를 일깨워주고 있다. 여기서 힘껏, 재주껏, 지성(至誠)껏은 자신의 좌우명 가운데 하나로도 늘 마음에 새겨두었던 것으로 충무공의 정신의 현장 실천에 힘쓴 민세의 삶의 자세도 함께 엿볼 수 있다.

다른 위대한 점은 부연(敷演)할 것이 없고 그의 근신(謹愼), 주밀(周密), 정열

(精烈), 진지(眞摯), 영명(英明), 강용강용(大小巨細)의 온갖
일에 힘껏, 재주껏, 지성(至誠)껏, 할 수 있는 최대한의 능력을 남김없이 발휘한
절대(絶大)한 책임지상주의(責任至上主義)가 꼭 배울 점입니다.[102]

이 프로그램은 이런 안재홍의 충무공 사랑을 체계적인 교육을 통해 좀더
자세하게 알아보는 것이다. 아래 〈표 68〉은 관련 교육 프로그램 내용이다.

〈표 68〉 안재홍의 충무공 이순신 선양

회차	주제	교육 내용
1	충무공을 존경한 소년 안재홍	○ 고향 고덕산에 올라 충무공 묘소를 바라보다
2	1926년 통영 한산도 답사	○ 1926년 영호남 기행중 통영 한산도와 충무공 사당 답사
3	1931년 이충무공 현창운동 참여	○ 1931년 동아일보의 이충무공 사적보존 모금사업 참여
4	1934년 여수~진도 충무공 사적답사	○ 1934년 7월 여수 충민사와 진도 명량대첩지 등 답사
5	1945년 해방 이후 충무공 선양활동	○ 이충무공기념사업회 이사와 추모글 기고 활동

(2) 안재홍의 독도 사랑 : 해방 후 최초 울릉도·독도 조사대를 파견하다

안재홍은 해방 후 남조선 과도정부 내각수반 민정장관으로 1947년 8월에
최초로 울릉도·독도에 조사대를 파견하여 독도 수호에도 크게 기여한 인물이
다. 당시 울릉도·독도 학술조사대는 울릉도와 독도의 역사, 자연환경, 식생
등을 조사해 과도정부에 보고서를 제출하고, 전국 각지를 돌며 울릉도와 독도
의 인문 자연환경 전시와 강연회를 통해 특히 독도의 중요성을 알리는 데 기여
했다. 이 프로그램은 이런 안재홍의 독도 사랑을 체계적인 교육을 통해 좀더
자세하게 알아보는 것이다. 아래 〈표 69〉는 관련 교육 프로그램 내용이다.

102) 『삼천리』 60호, 1935년 3월호.

〈표 69〉 안재홍의 독도 사랑

회차	주제	교육 내용
1	울릉도 독도 학술조사대 일정	○ 1947년 8월 학술조사대 파견 목적과 일정 소개
2	사진으로 보는 학술조사	○ 1947년 울릉도 독도 학술조사대가 찍은 관련 사진 자료 학습
3	울릉도 독도 학술조사대의 이후 활동	○ 전국 주요 도시 전시회와 학술강연회 개최
4	안재홍의 독도 학술조사대 파견의 의미	○ 정부 수립 이전에 독도 조사를 통해 그 중요성을 널리 알리다

(3) 안재홍의 백두산 사랑 실천 :

1930년 백두산을 답사하고 『백두산등척기』를 간행하다

안재홍은 조선일보 부사장시절인 1930년 8월 백두산 기행에 나서 백두산 정계비를 마지막으로 확인하고 돌아와 『백두산등척기』를 조선일보에 연재하고 1932년 단행본으로 발간 백두산의 중요성을 일깨웠다. 이 프로그램은 이런 안재홍의 백두산 사랑을 체계적인 교육을 통해 좀더 자세하게 알아보는 것이다. 아래 〈표 70〉은 관련 교육 프로그램 내용이다.

〈표 70〉 안재홍의 백두산 사랑 실천

회차	주제	교육 내용
1	백두산 가는길	○ 1930년 7월 ~8월 안재홍의 백두산 여정을 살펴보기
2	아! 백두산 정계비	○ 안재홍이 백두산 여행중 마지막으로 현장 실측한 백두산정계비의 역사와 조·청 국경문제
3	『백두산등척기』 이야기	○ 1931년 6월 발간한 안재홍 지음 『백두산등척기』의 구성과 내용
4	지금 우리에게 왜 백두산이 중요한가?	○ 백두산과 중국의 장백산문화론에 대한 한국의 대응

(4) 안재홍과 한국 근현대 스포츠 발전 : 조선농구협회 초대회장, 대한올림픽
    후원에 회장으로 스포츠 발전에 기여하다

안재홍은 조선일보 부사장으로 1929년 5월 생활개신운동을 전개하며 건강
증진의 중요성을 일깨웠다. 또한 1929년 축구 경성-평양전을 개최하고, 농구,
역도, 권투 등 진흥에도 힘썼다. 해방 후에는 대한올림픽후원회장으로 1948년
런던올림픽 참여를 지원하며 한국 첫 복권을 발행하기도 했다. 이 프로그램은
이런 안재홍의 한국 근현대 체육진흥 활동을 체계적인 교육을 통해 좀더 자세
하게 알아보는 것이다. 아래 〈표 71〉은 관련 교육 프로그램 내용이다.

〈표 71〉 안재홍과 한국 근현대 스포츠 발전

회차	주제	교육 내용
1	한국 근현대 스포츠 발전에 기여한 인물	○ 이상재, 여운형, 안재홍, 조만식, 장권
2	안재홍의 일제강점기 체육진흥 활동1	○ 조선농구협회 초대 회장 ○ 조선체력경기(역도) 대회 개최
3	안재홍의 일제강점기 체육진흥 활동2	○ 축구 경성-평양전 기획 추진 ○ 전조선농구경기대회 개최 ○ 전조선축구경기대회 등 개최
4	안재홍의 해방 후 체육진흥 활동	○ 대한올림픽 후원회장 ○ 한국 최초 복권 : 올림픽후원권 발행
5	안재홍과 근현대 체육활동	○ 안재홍의 체육진흥 활동과 그 의의

(5) 안재홍과 다산 정약용의 대화 :

1934~1938년 다산 정약용 문집 『여유당전서』 교열

안재홍은 1934년 9월 다산 정약용 서세 99주기를 맞아 기념사업을 전개하며
조선문화운동론을 주창하고 1938년까지 정인보와 함께 다산 정약용 문집 『여
유당전서』 교열에도 힘쓴다. 이 프로그램은 이런 안재홍의 다산 정약용 재조
명 활동을 체계적인 교육을 통해 좀더 자세하게 알아보는 것이다. 아래 〈표

72〉는 관련 교육 프로그램 내용이다.

〈표 72〉 안재홍과 다산 정약용의 대화

회차	주제	강의 내용
1	안재홍의 다산 정약용 인식	○ 다산 정약용: 조선학술사상 태양과 같은 존재
2	1934년 다산 서세 99주기 사업	○ 안재홍, 정인보, 현상윤, 문일평 등이 참여한 다산 정약용 서거 99주년 기념사업의 내용
3	『여유당전서』 교열작업	○ 다산 문집 『여유당전서』 교열작업의 한국 출판사적 의미
4	안재홍과 권태휘	○ 다산 재조명에 힘쓴 두 명의 평택 출신 인물 : 안재홍과 신조선사 사장 권태휘 이야기

(6) 안재홍의 사회복지 실천과 적십자 운동 : 빈민을 돕고 약자를 지원하다

안재홍은 언론인으로 빈민을 돕고 약자를 지원하는 다양한 활동을 했다. 조선수제구제회, 조선나환자 구제회, 경성여자의학전문학교 설립 지원, 대한후생협회 활동 등이 그 예이다. 또한 해방 후 현 대한적십자사의 전신인 조선적십자회 초대 부회장으로도 활동하며 구호 활동에도 힘썼다. 이 프로그램은 이런 안재홍의 사회복지 실천 활동을 체계적인 교육을 통해 좀더 자세하게 알아보는 것이다. 아래 〈표 73〉은 관련 교육 프로그램 내용이다.

〈표 73〉 안재홍의 사회복지 실천과 적십자 운동

회차	주제	교육 내용
1	대한 애국부인회 지원 활동	○ 조선적십자회 국내 지부인 대한 애국부인회 고문으로 활동
2	수제 구호활동과 나환자 지원	○ 조선수해구제회와 조선나환자구제회 활동 지원 이야기
3	경성 여자의학 전문학교 설립 지원	○ 여성 의학 발전을 위해 경성여자의학전문학교 설립에 나서다
4	조선적십자회 초대 부회장으로 활동	○ 해방 후 우사 감규식과 함께 조선적십자회의 구호 활동 참여
5	안재홍의 사회복지 실천의 의의	○ 안재홍의 다사리 정신과 사회복지 실천의 연관성

(7) 안재홍의 3만리 답사 여행 이야기 : 국내외를 여행하며 민족혼을 일깨우다

안재홍은 일제강점기에만 14회 이상의 국내외 답사 여행을 다녀왔다. 이 여행을 통해 민세는 현실을 직시하고 조선민족의 어려움을 현장에서 직접 체험하며 약해지는 민족의식 고취를 위해 다수의 기행문을 발표 정신적 각성에 힘쓴다. 이 프로그램은 이런 안재홍의 3만리 답사 여행 활동을 체계적인 교육을 통해 좀더 자세하게 알아보는 것이다. 아래 〈표 74〉는 관련 교육 프로그램 내용이다.

〈표 74〉 안재홍의 3만리 답사 여행 이야기

회차	주제	교육 내용
1	1926년 영호남 기행	○ 영호 양남 기자대회와 그 여정 - 춘풍천리 이야기 - 부산에서 통영, 하동을 거쳐 지리산과 남원, 전주에 이르는 답사
2	1927년 해서기행	○ 해주 일대 기행과 신간회 - 이정암 연안대첩비와 이이 고산구곡 이야기
3	1927년 관북기행	○ 원산 지방 기행 이야기 ○ 함흥 지방 기행 이야기
4	1927년 문경 상주기행	○ 문경지방 기행과 문경새재 이야기 ○ 상주지방 기행과 임진왜란 이야기
5	1929년 서석산(무등산) 기행	○ 광주 양림동과 증심사 답사 ○ 서석산(무등산) 기행
6	1930년 백두산 기행	○ 백두산 가는 길: 철원을 거쳐 ○ 백두산 여정과 견문, 감상
7	1934년 남해 기행	○ 여수 충민사와 사당 ○ 고금도를 지나 진도 명량대첩지에서
8	1934년 황해도 기행	○ 황해도 구월산 ○ 황해도 장수산
9	1935년 일본 동경기행	○ 동경의 변화와 메이지대 강연이야기
10	안재홍의 평택 부락산 일대 기행	○ 부락산과 덕암산, 고성산에 오르다

(8) 딸에게 들려주는 안재홍의 별이야기 :

　고향 평택의 밤 하늘 별을 보며 쓴「별의 나라 조선」

안재홍은 일본 동경 유학시절에 천문학에 관심이 많아 전문가를 찾아 공부를 했다. 1930년대 후반 고향 평택으로 낙향한 이후에는「별의 나라 조선」이라는 부제로 조선일보에 춘하추동 별이야기를 연재했다. 외동딸 서용과 함께 고향 두릉리 밤하늘 별을 바라보며 별에 얽힌 이야기를 들려주기도 했다. 이 프로그램은 이런 안재홍의 천문학에 대한 관심과 저술 활동을 체계적인 교육을 통해 좀더 자세하게 알아보는 것이다. 아래 <표 75>는 관련 교육 프로그램 내용이다.

<표 75> 딸에게 들려주는 안재홍의 별이야기

회차	주제	교육 내용
1	천문학에 관심이 많았던 안재홍	○ 자녀의 이름 짓기에 빛과 별을 사용
2	봄의 별이야기	○ 조선의 봄 별과 그 특징
3	여름의 별이야기	○ 조선의 여름 별과 그 특징
4	가을의 별이야기	○ 조선의 가을 별과 그 특징
5	겨울의 별이야기	○ 조선의 가을 별과 그 특징

(9) 안재홍의 국제정세 시평 이야기 :

　동서양 각국의 국제 정세 관련 다수의 글을 쓰다

안재홍은 일제강점기에 국제 정세 관련 다수의 글을 발표했다. 단행본으로 2~3권이 넘는 이들은 조선 독립을 위해서는 국제정세에 대한 지속적인 관심이 필요함을 강조하고자 함이었다. 그 시평에는 미국, 일본, 중국, 유럽, 제3세계 여러 국가에 대한 상황 분석을 담고 있다. 이 프로그램은 이런 안재홍의 국제정치에 대한 관심과 저술 활동을 체계적인 교육을 통해 좀더 자세하게 알아보는 것이다. 아래 〈표 76〉은 관련 교육 프로그램 내용이다.

〈표 76〉 안재홍의 국제정세 시평 이야기

회차	주제	교육 내용
1	안재홍과 국제정세 시평	○ 안재홍이 국제정세 관련 글을 쓴 이유와 분야별 주제 검색
2	안재홍의 중국관	○ 중국 혁명을 바라보는 안재홍의 생각과 인식
3	안재홍의 미국관	○ 안재홍의 미국에 대한 인식과 정세 분석
4	안재홍의 유럽관	○ 안재홍의 영국, 러시아 정세 등에 대한 인식
5	안재홍의 제3세계관	○ 안재홍의 인도, 이집트 등 제3세계에 대한 인식

(10) 안재홍 십문십답 : 안재홍이 묻고 안재홍이 답하다

이 프로그램은 안재홍에게 묻고 답하는 형식으로 민세가 남긴 다양한 자료와 가족 지인들의 증언을 통해 그의 일상생활에 대한 궁금증을 알아보는 것이다. 이를 통해 교육참가자들은 인간 안재홍에 대한 깊이있는 이해에 한 발짝 더 다가서게 될 것이다. 아래 〈표 77〉은 관련 교육 프로그램 내용이다.

〈표 77〉 안재홍 십문십답 : 안재홍이 묻고 안재홍이 답하다

회차	주제	교육 내용
1	어린시절 꿈은	○ 조선의 사마천이 되고 싶었소
2	존경하는 인물은	○ 충무공 이순신과 정약용이요
3	좋아하는 음식은	○ 아내가 끓여준 백숙 잘 먹었고 토마토(땅감)을 즐겨 먹었소
4	좌우명은	○ 15가지 좌우명이 있소
5	동경 유학시절 별명은	○ 번지박사와 동경 유학 이야기
6	글쓰기의 버릇	○ 첫글자가 중요해요
7	좋아하는 책은	○ 충무공, 고대사회, 성서, 불경, 공자와 맹자, 노장, 주역
8	감옥 경험	○ 추위와 더위를 견디며 독서
9	민세의 뜻은	○ 민중의 세상으로 짓고 민족에서 세계로라는 뜻도 있소
10	잡기와 술과 담배는	○ 좋아하지 않았소

(11) 지인들이 기억하는 안재홍 이야기 : 부인과 자녀, 지인들의 기억

이 프로그램은 부인과 자녀, 지인들이 남긴 회고의 글을 통해서 안재홍의 삶을 이해해 보는 프로그램이다. 현재 가족과 다수의 사회인사들이 안재홍에 대한 글과 증언을 남겼다. 아래 〈표 78〉은 관련 교육 프로그램 내용이다.

〈표 78〉 지인들이 기억하는 안재홍 이야기

회차	주제	교육 내용
1	부인 김부례가 기억하는 안재홍	○ 추위와 더위를 견디며 독서남편을 존경하는 김부례 여사가 기억하는 민세
2	아들 안정용이 기억하는 안재홍	○ 추위와 더위를 견디며 독서안정용의 아버지와 나 이야기
3	제자 이희승이 기억하는 안재홍	○ 추위와 더위를 견디며 독서중앙학교 시절 담임반 제자였던 국어학자 이희승의 기억과 함께했던 1942년 조선어학회 수난이야기
4	후배 여기자 최은희가 기억하는 안재홍	○ 추위와 더위를 견디며 독서한국 최초의 여기자 최은희가 조선일보에서 함께 할 때 이야기
5	민정장관 시절 여비서 이정상이 기억하는 안재홍	○ 추위와 더위를 견디며 독서 1947년 미군정 민정장관 시절 여비서(민세의 중앙학교 제자 독립운동가 이병우의 딸)가 기억하는 근엄한 선비 안재홍
6	안재홍을 회고하다	○ 추위와 더위를 견디며 독서언론인 이관구, 송지영, 유광렬의 안재홍 이야기

(12) 안재홍의 리더십 이야기: 온정적 합리주의 통합의 리더십을 실천하다

안재홍은 일제강점기와 해방 시기에 걸쳐 온정적 합리주의의 특성을 가진 리더십 발휘로 사회 변화를 이끌고 통합의 리더십을 발휘했다. 이 프로그램은 안재홍의 리더십의 온정주의 요소와 합리주의 요소를 융복합적으로 이해하고 교육하고자 하는 것이다. 아래 〈표 79〉는 관련 교육 프로그램 내용이다.

〈표 79〉 안재홍의 리더십 이야기

회차	주제	교육 내용
1	리더십의 일반 이론	○ 고전적 리더십 이론 ○ 변혁적 리더십, 긍정리더십, 섬김리더십
2	안재홍 리더십의 합리주의 1	○ 이성적 상황관단 ○ 전략적 예측
3	안재홍 리더십의 합리주의 2	○ 논리적 문제해결 ○ 최적화 수행관리
4	안재홍 리더십의 온정주의 1	○ 공감적 배려 ○ 포용적 겸손
5	안재홍 리더십의 온정주의 2	○ 이타적 협력 ○ 신뢰기반 임파워먼트

(13) 안재홍의 저서 오색오감 이야기 : 5권의 저서에 담긴 안재홍의 생각과 꿈

이 프로그램은 안재홍이 쓴 5권의 단행본에 대한 소개와 집필 당시 상황, 책의 내용과 그 의미 등을 체계적인 교육을 통해 좀더 자세하게 알아보는 것이다. 안재홍은 1931년『백두산등척기』, 1935년『중국의 금일과 극동의 장래』, 1945년『신민족주의와 신민주주의』, 1947년『조선상고사감』, 1948년『한민족의 기본진로』등 5권의 단행본을 발간했다. 이 책들은 한가로운 가운데 쓴 것이아니라 계속되는 투옥의 전후에, 해방 이후 혼란기에 통일국가 수립 과정에서 특유의 부지런함에 세계정세와 민족정기 수호, 새 국가의 방향을 고민하며 쓴 것들이다. 이 책들에 대한 강독과 강의를 통해 안재홍 사상에 대한 깊이있는 이해가 가능하게 될 것이다. 아래 〈표 80〉은 관련 교육 프로그램 내용이다.

〈표 80〉 안재홍의 저서 오색오감 이야기

회차	주제	교육 내용
1	안재홍의 저서 이야기	○ 5권의 단행본 집필 배경과 그 대강의 내용 소개
2	1931년『백두산등척기』	○ 백두산행과 단군 인식의 중요성
3	1935년『중국의 금일과 극동의 장래』	○ 중국정세에 대한 관심과 예측

4	1945년 『신민족주의와 신민주주의』	○ 국가건설 사상 소개
5	1947년 『조선상고사감』	○ 한국 고대사 연구의 중요성
6	1948년 『한민족의 기본진로』	○ 남북 분단과 통일국가의 방향

(14) 안재홍 파워독서 100 : 안재홍 연구 도서 100권 이야기

1980년대 이후 안재홍 관련 연구가 깊어지면서 현재까지 100권 이상의 단행본이 간행되었고 향후에도 계속 출간될 예정이다. 이에 관련 연구도서의 대강 내용을 소개하고 그 의미를 교육을 통해 알아보는 것이다. 100권 중 주요한 책을 정해 지속적으로 실시한다. 아래 〈표 81〉은 관련 교육 프로그램 내용이다.

〈표 81〉 안재홍 파워독서 100

회차	주제	교육 내용
1	한국사 천년의 100인	○ 1998년 나온 책으로 한국사 천년에 가장 영향력있는 인물 100인 소개 ○ 안재홍은 민족운동가로 선정됨
2	역사에 민족의 길을 묻다/송건호	○ 안재홍 등 주요독립운동가에 대한 인물평
3	안재홍 평전/정윤재	○ 안재홍 전문 정치리더십 학자의 연구와 인물 분석
4	중도의 길을 걸은 신민족주의자/김인식	○ 안재홍 전문 역사학자의 연구와 인물평
5	건국을 위한 변명/윤대식	○ 안재홍 연구 정치학자의 연구와 인물 분석
6	성인교육자 민세 안재홍/황우갑	○ 안재홍 연구 교육학자의 연구와 인물 분석

(14) 안재홍이 최초! 최고 : 기네스로 보는 안재홍

안재홍은 여러 분야에 걸쳐 다양한 기록을 남겼다. 민세는 『조선신문소사』 쓴 한국 최초의 언론사학자이자, 1924년 10월 첫 4단 신문만화를 기획했다. 해방 후 대한올림픽후원회 회장으로 첫 복권을 발행했으며 자신이 사장을 맡은 한성일보의 자매지로 최초로 중국어 신문도 발행했다. 1947년 8월 최초로 울릉도와 독도에 학술조사대를 파견하여 독도수호에도 기여했다. 또한 1930년

8월 백두산 등산 때 백두산 정계비를 실측하고 자료를 남겨 정계비를 마지막으로 확인했으며 1945년 12월 미군정 때 교육이념분과장으로 대한민국의 국가 교육이념으로 홍익인간을 제시했다. 아래 〈표 82〉는 관련 교육 프로그램 내용이다.

〈표 82〉 안재홍이 최초! 최고 : 기네스로 보는 안재홍

회차	주제	교육 내용
1	최초 언론사학자	○ 안재홍이 쓴 한국 첫 언론역사 「조선신문소사」 이야기
2	최초 4단 신문만화 기획자	○ 1924년 조선일보 주필로 최초 4단 신문만화 멍텅구리 헛물켜기 이야기
3	한국 최초 복권 발행자	○ 1948년 런던올림픽 후원권 발행 이야기
4	한국 최초 중국어 신문발행자	○ 한성일보 자매지 화문 한성일보 발행 이야기
5	대한민국 교육이념 홍익인간 주창자	○ 1945년 12월 미군정 교육이념분과장으로 홍익인간을 교육이념으로 제시한 이야기

(15) 안재홍과 그의 시대 : 안재홍과 교유했던 사람들

안재홍은 일제 강점기와 해방 시기 내내 국내에서만 활동하면서 다양한 분야의 사람들과 교류했다. 또한 다양한 항일운동, 통일운동 조직에도 참여하면서 많은 업적을 남겼다. 이 가운데 안재홍과 인연이 있던 사람들에 대한 교육을 통해 안재홍이 살던 시대에 대한 이해를 높일 수 있을 것이다. 아래 〈표 83〉은 관련 교육 프로그램 내용이다.

〈표 83〉 안재홍과 그의 시대 : 안재홍과 교유했던 사람들

회차	주제	교육 내용
1	안재홍과 이희승	○ 안재홍의 중앙학교 시절 담임반 학생 - 국어운동에 평생을 바치다

2	안재홍과 정인보	○ 안재홍의 절친이자 조선학운동을 이끌다 - 다산 정약용 『여유당전서』 교열에 함께하다
3	안재홍과 정세권	○ 북촌에 한옥을 지은 건축왕 - 안재홍의 항일운동을 지원한 절친
4	안재홍과 민태원	○ 청춘예찬을 쓴 수필가, 언론인 - 안재홍과 깊게 교류했던 후배
5	안재홍과 박용희	○ 피어선 신학교의 정신 - 안재홍과 평생 독립, 통일운동을 함께하다

3) 기타 평생교육 프로그램

안재홍기념관에서는 안재홍이라는 주제에 국한해서 교육을 진행하는 것은 아니기에 다양한 평생교육 프로그램은 기획할 수 있다. 첫째, 앞서 언급한 전시 계획과 연계한 교육프로그램도 있을 수 있으며 여기에는 한국 언론사아카데미, 한국역사학 아카데미, 국가건설 사상 아카데미, 안재홍 가족사 아카데미, 남북민족지성 아카데미, 민족통일아카데미 등도 검토해 볼 수 있다.

둘째, 안재홍기념관의 평생교육 프로그램은 안재홍만을 배우는 교육 공간을 넘어서 김구, 이승만, 김규식, 조소앙 등 여러 민족지도자들에 대해서도 함께 배우는 프로그램을 마련해도 좋을 것이다. 특히 안재홍과 소통했던 지도자들은 말할 것도 없고 때로 안재홍과 갈등이 있었던 민족지도자들의 관점도 이해하고 그 차이점을 비교 검토하는 관용의 평생교육 프로그램도 운영해 나갈 필요가 있다. 이런 프로그램이 기획 추진된다면 적어도 교육 측면에서는 다른 기념관과 차별화가 이루어질 것이다. 이는 또한 안재홍이 추구했던 통합과 소통의 정신을 계승하는 것이다.

셋째, 안재홍이나 주요 민족지도자들에 대한 프로그램에 국한하지 말고 더 확대해서 다양한 인문학 프로그램이 운영되는 것도 추진해야 한다. 앞서 자료에서 언급한 것처럼 안재홍기념사업회는 2006년부터 2020년까지 150회 가까운 조찬다사리포럼을 운영했다. 평택과 같은 소도시에서 전국의 각계 저명인사가 15년 가까이 매월 오는 포럼으로 이는 평택지역의 인문학적 역량을 키우고 다양한 포럼이 만들어지는 데 기여했다. 이런 포럼이 안재홍기념관에서도 꾸준하게 실시된다면 이것이 바로 기념관 특성화에 크게 기여할 것이다.

제6장
안재홍역사공원 조성의 과제

1. 안재홍역사공원과 문화유산 활용

우리나라 공원녹지법 제15조에는 도시공원을 국가도시공원, 생활권 공원 (소공원, 어린이 공원, 근린공원), 주제공원(역사공원, 문화공원, 수변공원, 묘지공원, 체육공원, 도시농업공원, 방재공원)으로 정하고 있다. 역사공원은 '도시의 역사적 장소나 시설물, 유적·유물 등을 활용하여 도시민의 휴식·교육을 목적으로 설치하는 공원'이다.[103] 역사공원이 처음 지정된 것은 2007년이다. 그동안 역사공원 확충과 다양화가 이루어졌고, 개발지 내에 역사공원의 신설과 자원발굴도 추진되어 왔다. 역사공원은 향후에 그 특성에 따라 역사유산공원, 역사기념공원, 역사테마공원, 역사적 공원 등으로 나누어 관리해야 한다.[104]

안재홍역사공원은 2007년 고덕신도시 개발과 함께 지정된 공원으로 민족운동가 안재홍의 생가 고택이라는 장소성에 기반한 역사기념공원의 성격을 가지고 있다. 따라서 이러한 장소정체성을 유지하기 위해서는 문화유산 활용의 관점에서 2가지 원칙이 필요하다.

---

103) 국가법령정보센터, 「도시공원법」 제15조 1항 참조.
104) 길지혜·박희성·박재민, 「국내 역사공원 지정 및 조성 경향 분석」, 『한국조경학회지』 44(2), 2016, pp.130~142.

1) 안재홍역사공원의 정체성 유지와 기념물 조성

이 공원은 기본적으로 방문객으로 하여금 안재홍의 삶과 정신을 느낄 수 있도록 조성하여야 한다. 따라서 기념관, 고택, 생가를 중심으로 장소성을 강화하기 위해 외부에 안재홍 관련 조형물을 설치하면 좋을 것이다. 이와 관련한 몇 가지 의견을 제시해 보겠다. 먼저 2009년 10월 독립기념관 시어록비 공원에 건립된 안재홍 시어록비와 유사한 형태의 비를 건립하면 좋겠다. 2023년 5월 서울 성북구 아리랑고개 사거리에 안재홍 동상이 제막되었다. 일제 말기에 오랜 시간 거주하던 종로구를 떠나 돈암동으로 이사 오면서 1950년 납북시기까지 성북구에서 활동했던 인연이 있어 돈암동 주민자치위원회에서 동상을 건립했다. 평택에는 안재홍 동상에 없다. 따라서 이곳에 민세의 동상을 세우면 좋을 것이다. 관련 분야 전문가들이 참여하겠지만 연구자로서 제안한다면 역동성이 느껴지는 1947년 2월 민정장관 취임 연설 사진을 활용하되 너무 위압적이지 않게 관람객 눈높이에 맞는 등신대로 하면 관람객들과 함께하는 포토존 역할을 할 수 있을 것이다. 평생 민중의 세상을 꿈꾸며 늘 백성과 함께했기에 편안하고도 소박한 형태의 동상으로 제작되어야 할 것이다.

안재홍 시비 제막과 관련해서 민세가 2002년 '국가보훈처 지정 7월의 독립운동가'가 된 것을 기념해서 작고하신 구상(具常) 시인(1919~2004)께서 민세손녀 안혜초 여사와의 인연으로 민세를 추모하는 시 '고난의 한평생을 고초로 수놓은 신 님'를 써서 보냈다. 구상 시인은 언젠가는 안재홍기념관이 완공되면 꼭 이 시로 민세 시비를 세웠으면 좋겠다는 뜻을 전했다. 지금도 민세 탄생일인 11월 30일 열리는 민세상 시상식에는 늘 이 시가 낭송되고 있다.

고난의 한평생을 고초로 수 놓으신 님

구상

고매한 인격에다 탁월한 학식 갖춰
일제하 필봉으로 항일의 선두에 서
옥고를 아홉차례나 겪고 치른 그 충절

해방후 미군정의 민정장관 추대받아
건국의 주춧돌을 견고하게 놓으시고
북한에 끌려가서도 평화통일 외치신 님

역사적 사명감과 민족고유 사상으로
고난의 한평생을 고초로 수 놓으신 님
세월이 가면 갈수록 온겨레가 우러르네

　이 밖에도 그동안 민세 관련 행사 때 이은상, 홍윤숙, 김후란, 오세영, 안혜
초 등 저명한 시인들이 시를 보내서 그 뜻을 기리고 있다. 안재홍역사공원
일정한 곳에 순차적으로 이런 시인들의 시비를 건립해 나간다면 장소정체성
을 강화하는 데 크게 도움을 줄 수 있을 것이다.

　동상 등 조형물과 관련해서 안재홍역사공원 내에 안재홍과 함께 충무공 이
순신, 다산 정약용의 조형물도 함께 만들어지면 좋을 것이다. 민세는 평생 이
두 사람을 마음에 새기며 살았다. 또한 아이디어 차원이지만 국민통합의 차원
에서 1919년 4월 대한민국 임시정부에서 1945년 8월 15일 광복, 1948년 8월
15일 대한민국 정부수립에 이르기까지 건국에 기여한 주요 인물들의 등신상
을 건립하는 것도 검토해 볼 필요가 있다. 여기에는 이승만, 김구, 이상재,
김규식, 안창호, 신채호, 조만식, 여운형, 조소앙, 김병로, 신익희, 정인보 등이
그 대상이 될 수 있을 것이다. 이는 방문객들에게 안재홍뿐 아니라 대한민국이

라는 국가를 위해 많은 민족지도자들이 헌신했다는 것을 일깨워 줄 것이다.

이곳의 장소성과 관련해서 중요한 것이 안재홍이 1934~1938년 사이에 친구 정인보와 함께 다산 정약용 선생의 신조선사본 『여유당전서』를 교열했던 곳이라는 것도 널리 알리고 홍보하는 것이 필요하다. 신조선사본 여유당전서의 모형을 가지고 조선학운동의 상징 공원으로 조성하는 것도 검토할 필요가 있다.

2) 역사공원과 연계한 안재홍 고택의 보전, 생가터의 공간 재활용

1993년 헌정사상 첫 문민정부가 출범했다. 이전부터 조선총독부 건물 해체에 대한 논의가 있었으나 이때 들어와서 해체 논의가 더욱 활발해졌고 1995년 3월 1일에는 광복 50주년이 되는 그해 8월 15일에 첫 해체가 시작된다는 일정까지 발표되었다. 그리고 약 47억의 비용을 들여 본격적인 해체가 시작되었다.

당시 조선일보와 같은 언론사는 그 역사성을 고려해서 해체를 반대했다. 일제 강점이라는 치욕의 역사도 소중하게 기억하고 후세에 그 아픔을 기억하고 가르쳐야 한다는 것, 총독부 사용이 17년에 불과하고 대한민국 정부의 중앙청 등으로 사용한 시간이 훨씬 더 많은 34년이라는 것 등 여러 반대 주장이 있었다. 민주화운동의 원로였던 크리스챤아카데미 강원룡 목사, 훗날 빈자의 미학을 강조한 건축가 승효상 등은 이 일은 천민 문화주의이자 배타적 국수주의로 총독부 건물 철거에 적극 반대했다. 그러나 이런 노력에도 불구하고 총독부 건물은 해체되고 그 부재 일부만이 현재 독립기념관에 전시되어 있다. 불과 30년이 지난 지금 총독부 건물 철거에 공감했던 많은 국민들은 생각을 바꿔 그 일이 잘못된 것이라는 데 동의하고 있다. 총독부 건물 철거로 일제의 잔재가 사라지는 것이 아니고 수많은 이야기를 간직한 멀쩡한 근대문화유산 하나를 없앴다는 것에 후회를 하고 있다.

2000년대가 되기 전까지 당시 한국에서 건축은 옛것은 낡은 것이고 부수고 새로 지어야 하는 것이라는 생각이 지배적이었다. 이런 생각은 평택에서도 예외가 아니었다. 평택서도 평택시청의 비전동 이전과 함께 옛 평택군청사를 헐어버렸다. 그리고 불과 10년도 안돼서 평택지역 시민사회에서 많은 비판 여론이 있었다.

2002년 한국에서는 공간문화재생의 중요성을 알리는 사건이 생긴다. 그해 4월에 서울 영등포 선유도 정수장을 활용한 선유도공원이 개장한다. 이곳은 아주 먼 옛날도 아닌 1978년에 만들어져서 2000년까지 서울시민을 위한 정수장으로 사용하다가 팔당댐으로 수원지가 옮겨지면서 용도가 폐기된 공간이었다. 88 서울올림픽 선수촌 아파트를 설계한 건축가 조성룡은 이곳의 옛 기억을 보존하면서 한강역사관, 수질과학공원, 시간의 정원, 물놀이장으로 바꾼 한국 1호 공간재생 공원을 만들었다. 새천년을 맞이하면서 옛 군사산업시설의 흔적과 기억을 보전하면서 지속가능한 공간으로 만들어야 한다는 인식과 상식의 전환이 만들어 낸 결과물이다.

이런 작업들은 이미 수십 년 전 산업화의 시대를 거친 서구 여러나라나 일본 등 선진국에서는 보편적인 방식이었다. 이 선유도공원 이후 한국에서는 최근 20년 동안 군사시설, 역사, 공장, 양조장, 목욕탕, 공공기관 등 시설을 활용해서 새로운 상상력을 불어 넣어 다양한 문화예술 시설로 쓰고 있다. 특히 기후변화 위기와 지속가능한 발전에 대한 인식의 확산과 함께 옛 건물 활용하기는 향후에도 대세가 될 전망이다.

안재홍역사공원에 시민들이 많이 오게 하려면 100년이 넘은 경기도지정문화재인 안재홍 고택에 관리와 활용이 필요하다. 관리의 측면에서 우선 현재 고택의 담장을 앞쪽으로 확대하거나 공간의 넓은 활용을 위해 담을 아예 없애는 것을 검토해 보면 좋을 것이다. 현재 담으로 둘러싸인 고택은 유족이 소유하고 있는 전체 면적의 일부이다. 과거에는 주변에 마을이 있기에 주민 통행을 위해서 사유지의 일부를 길로 사용하도록 동의해 준 것이다. 이제 마을이 사라진 만큼 최소한 원래 부지 혹은 그 이상의 부지를 확보해서 고택 사랑채 앞에 충분한 여유 공간을 둘 수 있도록 해야 한다. 대문도 앞쪽에 두어서 문을 지나 사랑채, 그 뒤에 안채로 이어지게 해야 한다. 현재의 문은 안채를 사용 관리하고 있는 유가족들이 전용으로 사용할 수 있게 하면 좋겠다. 그러면 사랑채 공간과 누마루 등을 활용해서 고택 음악회를 주기적으로 한다면 큰 호응을 받을 수 있다.

지난 2000년 중반부터 매년 10월 9일 한글날에 민세 생가에서 음악회를 하고 있다. 그러나 사랑채 앞마당이 협소하고 화장실에 없어 운영에 어려움이 컸다. 충남 논산 명재 고택, 안동 퇴계 고택, 충남 예산 수당 고택 등에서 음악회가 성공적으로 열리고 있다. 안재홍 고택의 장소성을 고려할 때 지속적으로 추진하면 명소로서 각광 받을 수 있다. 사랑채 앞쪽을 확장하거나 담을 없애는 것은 시급하다.

둘째, 안재홍 생가터 활용이다. 현재 문화재로 지정된 고택에서 지근거리에 남아있는 생가 일부와 작은택(안영호 가옥)은 안전진단과 전문가 자문을 거쳐 보수 활용 혹은 한옥 신축, 해체 후 부지 활용 등을 검토해야 한다. 이곳에는 안재홍 고택에 있는 우물과 같은 해에 보수한 것으로 추정되는 무진(戊辰) (1927년) 글씨가 우물 안쪽에 새겨져 있다. 이곳은 안재홍이 1891년 태어난 곳이다. 2021년 안재홍의 조카로 넷째 안재직의 딸인 안명희 씨가 실제 생가의 건축 평면도를 그려서 필자에게 보내주기도 했다. 민세 자료에 보면 이곳과 관련한 기억과 마루 기둥에 써있는 한시를 자주 외웠다는 회고의 글도 남아있다. 활용은 여러 가지로 검토해야겠지만 이곳을 방문하는 사람들이 안재홍과 그 가족에 대한 기억을 배울 수 있는 자료를 수집하고 전시할 필요가 있다.

그리고 안재홍역사공원과 기념관, 고택을 방문하는 사람들을 위해 휴게 공간이 꼭 필요한 만큼 요즘 유행하는 한옥 카페나 베이커리 등으로 활용하면 좋을 것이다. 발상도 바뀌어야 한다. 안재홍역사공원 내에 카페 등을 방문했다가 안재홍기념관을 방문하는 경우도 많을 수 있기에 특히 휴게시설은 공원과 기념관 활성화를 위해 매우 중요하다. 차는 커피뿐 아니라 민세가 좋아했을 전통차나 음료도 '민세차'라는 이름으로 개발하면 좋을 것이다. 번지와 민세를 따서 이름을 지어도 좋을 것이다. 외동딸 안서용 씨의 증언에 의하면 민세가 특별히 좋아했던 야채는 토마토다. 일제 때는 땅감이라고 불리웠다. 이 토마토를 활용한 음료나 퓨전음식도 연구해 볼 필요도 있다. 조선 후기 여류 실학자 빙허각 이씨가 쓴『규합총서』에는 진위에서 임금에게 진상했던 음식이 '닭구이'라고 소개되고 있다. 민세와 함께 조선일보에서 일했던 한국 최초의 여기자 최은희 씨의 증언에 의하면 민세는 술·담배를 안했고, 미식도 삼갔다고 한다. 안재홍이 즐겨 먹던 음식도 부인 이정순 씨가 두릉집에 내려오면 해주던 '닭백숙' 정도였다. 이런 자료 등을 참고해서 닭과 관련한 음식을 개발하는 것도 좋을 것이다.

셋째, 현재 존치된 종덕초등학교 관련이다. 과거 지역 언론 등에서 의견을 물었을 때도 가능한 이곳을 허물지 말고 문화공간으로 활용하면 좋겠다는 생각을 한 적이 있다. 몇 년 전 당시 평택문화원장이 문화원사 활용 의견을 제시했을 때도 좋다는 의견을 피력했다. 다만 안재홍역사공원 조성과 함께 기념관 건립보다 먼저 이루어지는 것은 바람직하지 않다는 생각을 전했고 이 자리에서 문화원장님도 공감하셨다. 왜냐하면 그것이 이 공간의 역사성과 고인에 대한 예의이기 때문이다. 이곳은 안재홍과 관련한 기억 때문에 조성되는 공원이기에 그 구상과 내용의 일관성은 민세의 삶과 정신이다.

2023년 11월 중순 제14회 민세상 사회통합 부문 수상자인 이윤기 해외한민족문화연구소장과 인터뷰를 했다. 경북 성주 출신인 이 소장은 고향 선배인 심산 김창숙의 정신 선양에 힘써오고 특히 중국과 러시아 지역 해외 이주동포의 권익증진과 고려인 역사문화 보전에 노력해 왔다. 이날 인터뷰 때 평택과 관련해서 새겨들을 만한 증언을 했다.

> 안재홍 선생은 평택이 배출해서 조국에 바친 인물입니다. 평택 사람들은 이런 분들을 자랑스러워해야 합니다. 과거 5공화국 때 민한당으로 국회의원을 한 일이 있어 평택 출신인 유치송 총재와 일한 적이 있습니다. 유 총재의 많은 성명서 등도 제가 초안을 잡은 겁니다. 개인적으로 각별하게 지냈습니다. 수년 전 故 유치송 총재의 추모비를 세운다고 하면서 관련되는 분들이 제게 추모 비문을 요청한 일이 있습니다. 여러 인연으로 제가 비문을 써야 한다고 주변에서도 이야기를 많이 했다고 합니다. 그런데 비문을 준비하다가 안재홍 선생의 고향 평택에 아직 민세 선생을 기리는 동상이나 비가 없다는 것을 알게 되었습니다. 그래서 제가 유치송 총재 비문 쓰는 것을 거절했습니다. 선배가 있어야 후배가 있는 겁니다. 민세 안재홍 선생은 유총재보다 나이도 경륜도 업적도 훨씬 큰 분입니다. 더구나 일제강점기에 9번이나 감옥에 가시면서 지조를 지킨 분이지요. 유 총재의 비는 안재홍 선생 추모비가 고향에 제대로 세워지고 나면 그 후에 세우는 것이 합당하다고 생각합니다.[105]

모든 일에는 절차와 원칙이 있는 법이다. 이윤기 소장은 말년에 고문으로 앉은뱅이 신세가 되었던 김창숙 선생의 똥오줌을 받아내면서도 심산과 같은 존경하는 고향 선배를 위해 그 일을 한 것을 자랑스러워했다고 한다. 평택에서도 이런 생각과 제대로 된 문제의식이 있는 어른들을 많이 볼 수 있어야 사람의 향기가 나는 도시다움을 만들 수 있다. 종덕초등학교 자체가 1949년 안재홍의 집안에서 부지를 기증해서 한국전쟁 직후인 1950년대 중반 개교한 것이다. 그리고 이 학교에서 민세의 둘째 며느리 박갑인 씨가 교사로 긴 시간 활동하며

---

105) 민세안재홍선생기념사업회, 제14회 민세상 수상자 이윤기 소장 증언 인터뷰 자료, 2023.

마을 아이들을 키웠다. 이런 내용들도 향후 공간 재활용할 때 참고가 되면 좋을 것이다.

2. 안재홍역사공원의 확장과 연계

1) 마을의 기억 유지와 시민 참여 확대

안재홍역사공원 조성 시 이 마을 두릉2리 옛길을 최대한 살려서 활용하는 것이 필요하다. 옛 지적도를 이용해서 가능한 길의 원형은 남기는 상태에서 조경 등이 이루어져야 한다. 특히 방문객들이 자주 이곳에 오기 위해서는 역사 공원 주변을 중심으로 테마 둘레길을 만들어야 한다. 여기에는 두 가지 의미가 있다. 하나는 걷기를 아주 좋아했던 안재홍에 대해 다시 생각해 보게 하는 것이다. 민세는 걷기뿐 아니라 산행도 아주 좋아했다. 앞서 자료를 통해서 본 것처럼 민세는 이 마을 길을 걸으며 다양한 글을 쓰고 저서를 구상했다. 그러니 사색의 주제를 가지고 공원 둘레에 방문객들이 20여 분 정도 걸을 수 있는 산채 코스를 만들자. 이는 기념관 방문객 유치에 도움을 줄 수 있다. 심신의 안정을 위해서도 많은 사람들이 이곳을 방문하게 될 것이다. 둘레길은 공원 외각에 끊김이 없이 잘 이어지도록 만들면 좋을 것이다. 그리고 길을 따라 햇빛을 차단하는 나무와 꽃을 심어도 좋을 것이다. 민세는 꽃과 나무 가꾸기도 즐겼다. 관련 자료에 바탕을 두고 조선 소나무, 사군자 등 품격있는 수종을 심고 일부 구간은 국화인 무궁화를 심어도 좋을 것이다.

또한 초가인 고택 보수를 위해 소규모 논 만들기도 생각해 보면 좋을 것이다. 안재홍 생가 안채는 초가집이다. 매년 1차례 이상 국가예산으로 지붕을 교체하고 있다. 공원 조성 이전에 마을은 원래 농촌으로 논밭도 많았다. 민세도 어린 시절 농사일을 도왔다. 농업의 중요성을 일찍부터 알고 농민교육에도 힘썼다. 안재홍역사공원과 기념관이 시민·청소년들의 많은 참여를 끌어내기 위해서 작은 논을 유지하자. 가족 단위 공원지킴이 100명 정도가 참여하는 1평 밭 100평에, 100평 규모 논을 조성하자. 봄에 가족 단위로 씨를 뿌리고, 공동으로 문화행사를 겸한 모심기 행사를 하자. 가을에 추수행사도 하고 볏단을 활용해서 초가잇기 전문가의 도움을 받아 생가 초가잇기를 하면 독특한 문화행사로서 사랑을 받을 것이다. 이날 유네스코 세계무형문화유산인 평택농악의 현장 공연으로 흥을 돋우면 좋을 것이다.

안재홍역사공원의 언덕쪽 혹은 안재홍기념관 옥상에는 별을 관측하는 장소를 만들어서 청소년들의 참여를 유도하는 것도 검토해 볼 필요가 있다. 안재홍은 젊은 시절부터 천문학에 대한 관심이 많았다. 지인들의 증언에 의하면 일본 동경 유학 때는 천문학자를 찾아 공부를 하기도 했다. 1935년에는 조선일보 객원으로 조선의 봄·여름·가을·겨울 별이야기를 연재했다. 단행본 1권 분량이다. 외동딸 안서용 씨의 증언에 의하면 부친이 자신의 손을 잡고 고향 두릉리의 밤하늘 별을 바라보며 이야기를 해 주었다고 한다. 이런 자료들을 참고로 지역사회 학교와 연계하여 천문프로그램을 운영하는 것도 검토해 볼 필요가 있다.

그리고 안재홍은 민세라는 호 이외에 저산(樗山)이라는 호도 사용했다. 저(樗)는 가죽나무다. 두릉리 주민들의 증언에 의하면 이 마을에는 가죽나무가 많았다고 한다. 현재는 폐허가 된 안재홍 실제 생가 안에도 가죽나무가 있다. 저산(樗山)은 이 마을 출신 안재홍의 고향에 대한 애정을 담고 있는 호다. 민세는 다산(茶山) 정약용을 존경했다. 다산은 전남 강진 유배 시기 정약용이 사용했던 호이고 민세도 1934년 이후 고향 평택 두릉산방 이곳에서 다산의 『여유당전서』를 교열한 일이 있어 저산(樗山)은 이 시기 안재홍이 사용했던 호였을 것으로 본다. 안재홍역사공원 조성 시 수목의 일부를 가죽나무로 해서 저산(樗山) 숲을 조성하는 것도 이 공간의 장소성과 관련해서 검토해 볼 필요가 있다.

안재홍역사공원은 시민·청소년들이 자주 찾는 공간이 되어야 할 것이다. 광장 주변에 실외 농구 코트 2개소, 풋살 축구장 1개 정도도 반영하면 좋겠다. 한국근현대 체육발전에도 크게 기여했던 안재홍은 1931년 현 대한민국 농구협회의 전신인 조선농구협회 초대 회장으로 활동했다. 2031년이면 한국농구협회 창립 100년이다. 또한 안재홍은 1929년 10월 조선일보 부사장으로 서울(당시 경성)과 평양을 잇는 제1회 축구 경평전 개최에도 기여한 인물이다. 공원 내에 이런 공간을 조성하고 그 역사성을 안내판 등을 통해 알린다면 좋을 것이다.

2) 알파탄약고 활용 문화예술공원과의 연계성 고려

안재홍역사공원 조성 시 동쪽에 위치한 반환미군 알파탄약고 활용과의 연계성도 고민해야 할 것이다. 알파탄약고는 1950년대 중반부터 미군공여지로 사용하고 있는 곳으로 고덕국제신도시 내에 위치하고 있다. 2005년부터 이 공간을 반환 이후 허물지 않고 문화예술공원으로 만들자는 시민조직이 만들어졌다. 그간의 꾸준한 노력을 통해 반환 이후 일부탄약고의 존치가 확정되었다.[106] 2006년과 2007년에 걸쳐 집중적인 노력이 없었다면 탄약고는 반환 이후 계획에서 사라지고 아파트 부지 등으로 활용되었을 가능성이 높다. 알파문화예술공원추진위원회는 국내외 사례답사, 공청회, 토론회, 전시회, 홍보사업, 신문 기고 등 여건이 닿는 범위에서 다양한 활동을 꾸준하게 전개해 왔다.

---

106) 알파문화예술공원 추진위원회·평택문화원, 『알파문화예술공원 추진아카이브』, 2022 참조.

이는 평택의 대표적인 민관협력 사업의 하나이자 구체적인 성과라고 할 수 있다. 지역발전을 위해 역대 평택시장의 일관된 지원과 평택시의회와 지역구 국회의원 등의 협력도 꾸준하게 이루어졌다. 이 활동은 지역사회에 공간문화 재생의 소중함과 학습조직 구축이 지역사회 변화를 어떻게 이끌어낼 수 있는 지 그 가능성을 보여주었다.

미군알파탄약고 정상은 경기도 평택시 고덕면 두릉리 출신의 민족지도자 민세 안재홍에 어려서부터 새벽마다 올라다녔던 산이라는 장소성도 가지고 있다. 특히 민세는 1932년 4월 조선일보 사장을 그만두고 낙향해서 1934년 9월부터 조선학운동을 전개하고 고향 두릉리 사랑채에서 다산 정약용의 『여유당전서』를 교열·간행하며 일제식민사관에 맞서 조선정신을 지키고자 했다. 알파탄약고 정상은 매일 새벽 민세가 남으로 이충무공 산소가 있던 영인산과 북으로 남양주 다산 선생 묘소를 바라보며 그 귀한 다짐을 가슴에 되새겼던 장소정체성이 있는 곳이다. 탄약고 아래쪽에는 조부 안상규, 부친 안윤섭 등 집안 어르신들의 선산도 있었다. 이곳 알파탄약고 정상에서 쓴 것으로 보이는 글이 남아있기도 하다.

> 나의 시골 진위군은 들판이라, 두릉리의 촌락은 해창강 북쪽 오리의 땅에 있어 야트막한 산록에 질펀하게 몰아 들었으니 앞에 월명산(月明山)이 있어 올라서면 근방 수백 리의 산천이 보인다. 월명산 위에 초가정자의 묵은 터 있으니 선친이 독서하던 곳이다. 여기서 보면 서남으로 진위, 안성 양강의 물이 합해서 바다에 닿으니 마주하는 빛이 유전변환(流轉變幻)의 정감을 일으킨다. 북으로 수원군의 독성산성은 도원수 권율이 오산, 수원의 임진 침입군과 혈전하던 곳이다.[107]

또한 이곳은 1950년대 중반 이승만 대통령이 방문했던 곳이다. 당시 종덕초

---

107) 『조선일보』, 1934년 9월 16일.

교사였던 민세의 둘째 며느리 박갑인 씨와 학생들이 대통령 방문 환영행사에 나갔다는 증언도 있다.[108] 건립 당시는 미군 탄약고가 아니라 미사일 기지였다고 한다. 언론 자료를 보면 1957년경 미소 냉전기에 동북아 안보 강화를 위해 미군이 한반도에 미사일 배치를 검토하고 있었기에 이 시기였을 것으로 보인다. 알파탄약고와 관련 역사인물관련 스토리도 지속적으로 수집해서 알파탄약고의 장소성을 강화해 나갈 필요가 있다. 알파탄약고와 안재홍역사공원은 불과 몇 ㎞ 사이에 있다. 향후 두 공원은 고덕신도시에 대표적인 문화와 역사 주제공원이자 외부에도 평택을 널리 알리는 데 활용될 자매공원이다. 따라서 이 두 개의 공원이 자연스럽게 연결되도록 도로나 걷기 길 등을 조성할 필요가 있다. 안재홍역사공원 조성 시에도 알파탄약고 공원과 기능이 중복되지 않게 특화해 나갈 필요가 있다.

3) LH에 안재홍역사공원 조성에 대한 의견 제시

앞서 언급한 4개의 과제는 결국 LH가 공원을 조성할 때 적극 반영될 수 있도록 민간이 협력해서 다양한 제안을 해야 한다. 안재홍역사공원이 명품 공원이 되기 위해서는 다양한 공원 조성 경험을 가진 국내 최고의 공원 관련 전문가가 참여할 수 있어야 한다. 또한 지속적인 안재홍역사공원 조성 포럼 등 학습조직 구축도 필요하다. 여기에서 안재홍역사공원의 정체성, 역사공원 내 문화활용과 공간 재생 방안, 옛길 보존과 둘레길 만들기 등 시민 참여 공원 특성화 방안, 알파탄약고 활용 공원과의 연계 방안 등에 대해 주제별 논의도 계속 해야 한다.

---

108) 민세 손자 안영돈 씨 증언, 2023.

제7장
결 론

1. 요약

지금까지의 내용을 요약하면 다음과 같다. 1장에서는 박물관·기념관의개념과 20년 넘게 이어져온 안재홍기념관 건립 운동의 배경을 살펴본 후 연구문제를 제시했다. 2장에서는 2000년 안재홍기념사업회 창립과 함께 시작한 안재홍기념관 건립 준비활동을 살펴봤다. 안재홍기념사업회는 김선기·김진현 역대 회장과 강지원 현 회장 시기 동안 안재홍 정신 선양이라는 목적사업을 충실히 수행해 왔다. 이 기간 동안 3월 1일 민세 추모식을 복원하고 매년 기획전시회 개최, 8.15 광복절 문화제, 10.9 한글날 문화제 등 각종 계기 사업을 실천했다. 또한 꾸준하게 민세학술 대회를 열고 학술연구총서를 발간해 왔다. 안재홍 전기와 저서 번역발간, 어린이 전기 발간, 안재홍 연보와 화보집 발간, 신간회 재조명 사업 등에도 힘썼다. 또한 꾸준하게 평생교육 사업을 통한 민세 정신 선양에도 힘썼다. 2006년부터 2020년까지 월 1회 다사리포럼을 열고 다사리청 소년문화학교, 안재홍 학당도 개최했으며 조선일보 등과 협력해서 민세상 제 정 시상도 매년 해오고 있다. 이는 평택시 등의 관심 속에 지속해 온 민관협력 의 결과였다.

안재홍기념사업회는 창립 직후부터 기념관 건립을 위해 기초적인 준비를 해왔다. 2006년 안재홍역사공원 부지 지정에도 힘썼으며 2017년 각계인사가

참여하는 가운데 '안재홍기념관 건립추진준비위원회'를 만들어 본격적인 활동
에 들어갔다. 2021년 8월 코로나 시기임에도 불구하고 '안재홍기념관 건립추
진위원회'를 성식 창립하고 기념관 건립 추진위원을 모집했다. 이후 평택시
박물관팀과의 소통 속에 LH 진주 본사를 방문하고 2022년 8월에는 국회에서
안재홍기념관 건립 토론회를 개최, 기념관 건립의 필요성을 확산했으며 2023년
8월에는 안재홍 서훈상향 추진시민위원회를 조직하는 등 꾸준한 활동을 해오
고 있다. 안재홍기념관은 일제 강점기에 9번 투옥당하며 국내 독립운동을 이
끈 대표적인 민족지도자의 정신 선양, 기념관 건립 장소가 안재홍 고택이 위치
한 신도시 지역으로 접근성이 편리하며 20년 넘게 기념사업을 해오며 다양한
준비작업을 해왔다는 점에서 그 필요성에 대한 사회적 공감이 형성되고 있다.

　3장에서는 그동안 이루어진 자료수집의 내용을 정리했다. 안재홍 관련 기본
자료를 보면 2006년까지 김부례·천관우·김경희·고려대 박물관 등의 노력으로
안재홍 선집 전 8권이 완간되었고 2015년에는 한국학중앙연구원의 지원으로
'안재홍전집 자료집성' DB 작업도 완료되었다. 또한 안재홍이 주필과 사장,
객원으로 활동한 조선일보가 2020년 '조선뉴스라이브러리'를 공개했다. 현재
안재홍 관련 단행본이 100권이 넘는다. 11개 분야에서 안재홍에 대한 연구가
이루어졌다. 석·박사학위논문도 18편이 발표되었으며 학술논문도 126편에 이
른다. 안재홍기념사업회가 수집한 자료는 문서, 도서, 신문과 잡지, 사진, 서화
와 기타 자료 등 수백여 점이다. 박성복 평택학연구소장도 17점을 민세기념사
업회에 기증했다. 2003년 고려대 박물관에 기증된 자료는 2008년 국가기록물
2호가 된 안재홍 민장장관 문서 등 교정지 29건, 원고 1건, 신문기사 27건,
잡지기사 47건, 책에서 발췌 1건, 쪽지 1건, 군정기록 71건이며, 독립기념관에
도 29점이 소장되어 있음을 확인했다.

　4장에서는 안재홍기념관의 전시 관련해서 의견을 정리했다. 안재홍기념관

의 전시는 상설전시와 기획전시로 나눠 진행될 것이다. 상설전시는 생애 시간 순, 주요 활동과 업적 중심, 이야기 중심 전시, 후대에 주는 교훈을 중심으로 하는 핵심 가치 중심 전시, 시간·업적·스토리 복합전시 등으로 구성할 수 있다. 기획전시는 상설전시에서 세부적으로 다루지 못하는 주제를 중심으로 전시를 기획하는 것이 좋을 것이다. 기획전시에는 다사가였던 안재홍의 활동을 중심으로 독립운동, 언론, 사학, 정치와 정치사상, 교육, 체육과 농업, 기념사업 등의 전시 기획이 가능할 것이다. 또한 안재홍기념관은 안재홍이라는 전시 주제에 집착하지 않고 안재홍이 교류했던 다양한 역사인물들에 대한 전시와 역대 민세상 수상자에 대한 전시, 다양한 특별기획전으로 소재의 한계를 극복해 나갈 필요가 있다.

5장에서는 안재홍기념관의 평생교육 프로그램에 대해 제시했다. 전시와 함께 최근에는 기념관 등에서 다양한 교육프로그램을 운영하여 관람객의 재방문에 힘쓰고 있다. 안재홍기념관에서도 생애 이해 프로그램, 충무공 이순신, 다산 정약용, 백두산, 독도, 국내외 기행, 리더십 등 다양한 주제와의 연계 교육프로그램도 운영할 필요가 있다. 또한 한국 언론사아카데미, 한국역사학 아카데미, 국가건설 사상 아카데미, 안재홍 가족사 아카데미, 납북민족지성 아카데미, 민족통일아카데미, 2006년부터 해온 다사리포럼 등도 프로그램으로 고려해 나갈 필요가 있다.

6장에서는 안재홍역사공원 조성과 관련한 두 가지 기본과제를 언급했다. 세부적으로 안재홍역사공원의 정체성 유지와 기념물 조성, 역사공원과 연계한 안재홍 고택의 보전, 생가터의 공간 재활용, 마을의 기억 유지와 시민 참여 확대를 위한 세심한 배려, 알파탄약고 활용 문화예술공원과의 연계성 고려, LH에 안재홍역사공원 조성에 대한 의견 제시 등이 필요함을 제안했다.

2. 제언

글을 마무리하면서 향후 기념관의 제대로 된 건립과 효율적인 운영과 관련해서 몇 가지 제언을 보태겠다. 첫째 기념관의 건축과 관련한 것이다. 민세기념사업회가 창립한 2000년 초부터 틈을 내서 국내의 주요 역사인물기념관을 방문했다. 또한 해외의 몇몇 도시를 방문할 때도 가능한 역사인물기념관 답사를 꼭 끼워 넣었다. 많은 기념관을 보면서 느낀 점은 기념관은 건축이 매우 중요하다는 생각을 했다. 특히 저명한 건축가들이 장소성을 고려해서 혼신의 노력을 다해 지은 기념관은 그 건축적 가치만으로도 수많은 방문객을 맞이하고 있었다. 이제는 발상을 바꿔야 한다. 역사인물을 보기 위해 기념관을 방문하는 것이 아니라 그 건축미에 반해 방문했다가 해당 공간이 특정한 역사인물의 정신을 느끼고 배우는 공간이라는 것을 알게 되면 감동의 나비효과는 더욱 커질 것이다. 여러 가지 행정 절차의 어려움은 있겠지만 다음 세대에 물려줄 명품 기념관을 만들겠다는 의지를 가지고 민관이 협력해서 지혜를 모아야 할 것이다.

둘째, 앞서도 강조했지만 지속적인 재방문을 위해서는 기념관의 상설전시만으로는 부족하다. 현재 국내의 상당수 기념관은 대개 개관 자체에 집중해서 상설전시에 크게 치중하는 경향이 강하다. 따라서 한 번 방문을 한 관람객은 재방문의 매력을 느끼지 않는다. 더구나 인물기념관은 그 특성상 인물에 대한 계몽적 교훈을 강조하기에 편안함과는 거리가 있다. 따라서 방문객들이 지속적으로 올 수 있는 기획전시 프로그램, 다양한 주제의 교육프로그램, 안재홍 고택을 활용한 편안한 휴식 공간과 문화행사의 기획이 필요하다. 예산상의 어려움은 있겠으나 다양한 기획 프로그램과 시민 참여 활성화를 위한 지혜를 모아나가야겠다. 여기서 발상의 전환도 필요하다. 현재 대부분 국내 인물기념관은 주로 특정 인물 관련 전시나 교육에 집중해서 프로그램을 기획하고 있다. 그러나 안재홍기념관은 안재홍이라는 주제에 국한하지 말고 학술적 검증을 바탕으로 다양한 인물과 사건관련 전시·교육·문화 프로그램을 기획해야 한다. 예를 들어 안재홍기념관에서 동시대를 살아간 여러 인물들에 대한 전시와 교육 혹은 시민·청소년 제안 전시·교육 프로그램이 병행된다면 그 포용성으로 인해 더 많은 방문객들의 사랑을 받을 수 있을 것이다.

셋째, 안재홍기념관 건립 이후 운영과 관련한 의견이다. 안재홍기념관 운영은 향후 관련 조례 제정 등을 통해 지난 23년간 안재홍 정신 선양에 힘쓴 민세안재홍선생기념사업회와 같은 비영리법인이 위탁 운영하는 것이 상식에 부합한다고 생각한다. 앞서 자료를 통해서 보듯 민세안재홍선생기념사업회는 평택시의 지원 속에 전국적인 명망을 가진 사회지도급 인사들의 참여와 지원에 사명감을 가진 지역사회 지도자들이 협력해서 계기사업의 복원, 학술연구와 자료발간, 시민교육과 민세 선양 문화행사 등을 모범적으로 해왔다. 민세안재홍선생기념사업회는 과정에 충실하면서 현장에서 민세정신을 실천해온 자원봉사자 중심의 민세아카데미와 같은 단체의 도움 속에 국내 기념사업의 올바른 전형을 제시해왔다. 향후 다음 세대가 참여하는 안재홍기념사업의 지속을 위해서도 안재홍기념관은 민간 위탁으로 민세 사업회가 맡아 자원봉사 조직과 시민 협치 속에 성과를 낼 수 있도록 지혜를 모아나가야 할 것이다.

안재홍기념관 건립은 이제 2024년 초에 평택시에서 문화체육관광부에 사전평가심사를 준비하는 단계에 와있다. 여전히 몇 단계 작업을 더 거쳐야 기념관 설계와 건립, 준공이 가능해질 것이다. 서론에서 언급한 대로 이 글은 안재홍기념관 건립을 위해 필자가 정한 원칙과 상식의 실천 경험과 기념관은 어떤 과정을 거쳐 건립하는 것이 좋은가에 대한 건립 준비 과정의 역사를 정리했다. 그리고 안재홍 연구자의 입장에서 향후에 안재홍기념관을 설계하는 건축가와 내부 전시 구성에 참여하는 기획자들에게 참고가 될 수 있는 전시·교육·역사 공원 관련한 의견을 제시하고 기념관 건축과 운영 방향에 대해서도 정리했다.

제대로 된 안재홍기념관이 만들어지면 좋겠다는 생각 하나로 여기저기 흩어져 있던 자료들을 모으고 짧은 생각을 담았다. 1945년 독립한 국가중 유일하게 산업화·민주화·정보화를 동시에 이룩하며 선진국에 진입한 대한민국은 그동안 우리보다 앞서 근대화를 이룩한 국가를 모방하면서 빨리빨리 속에 그 값진 성취를 이뤄냈다. 그러나 이제는 우리가 선두에서 새로운 모델을 제시해야 한다. 그러기 위해서는 이제 천천히를 중시하는 문화가 확산되어야 할 것이다. 처음처럼 앞으로도 과정을 잘 지켜나간다면 안재홍기념관은 국내 진행형 기념관의 모범 사례로 안재홍을 널리 알리고 많은 시민·청소년들의 사랑을 받을 것이다. 이 책이 이제 조만간 건립될 안재홍기념관의 건립과 운영에 작은 도움이 되기를 바란다.

참고문헌

1. 자료

국가법령정보센터, 「평생교육법」(법률 제19345호, 2023. 4. 18. 일부 개정)

고려대박물관, 「민세 안재홍 선생기증 자료목록」, 2004.

고려대박물관, 『민세안재홍선집』 6, 서울: 지식산업사, 2005.

고려대박물관, 『민세안재홍선집』 7, 서울: 지식산업사, 2008a.

고려대박물관, 『민세안재홍선집』 8, 서울: 지식산업사, 2008b.

민세안재홍선생기념사업회, 『민세 안재홍 선생 35주기 추도식 자료집』, 2000.

민세안재홍선생기념사업회, 엄기형 증언 영상녹취 자료, 2011.

민세안재홍선생기념사업회, 이문원 녹취 증언, 2019.

안재홍선집간행위원회, 『민세안재홍선집』 1, 서울: 지식산업사, 1981.

안재홍선집간행위원회, 『민세안재홍선집』 2, 서울: 지식산업사, 1983.

안재홍선집간행위원회, 『민세안재홍선집』 3, 서울: 지식산업사, 1990.

안재홍선집간행위원회, 『민세안재홍신집』 4, 시울: 지식산업사, 1993.

안재홍선집간행위원회, 『민세안재홍선집』 5, 서울: 지식산업사, 1999.

평택시, 『안재홍기념관 건립 기본 구상연구』, 2022.

평택시, 『안재홍기념공원 건립 기본 구상 용역보고서』, 2023.

2. 단행본

김성환, 『한국사 천년의 100인』, 서울: 오늘의 책, 1998.

김신일, 박부권 편저, 『학습사회의 교육학』, 서울: 학지사, 2010.

김인식, 『중도의 길을 걸은 신민족주의자』, 서울: 역사공간, 2007.

김인식, 『광복전후 국가건설론』, 서울: 경인문화사, 2008.

김인식, 『안재홍의 신국가건설운동』, 서울: 선인, 2012

김인식 · 황우갑, 『안재홍 자료집성과 기념사업』, 서울: 선인, 2016.

김재명, 『한국현대사의 비극: 중간파의 이상과 좌절』, 서울: 선인, 2003.

김종서 · 황종건 · 김신일 · 한숭희, 『평생교육개론』, 서울: 교육과학사, 2014.

김진현, 『민세후답』, 민세안재홍선생기념사업회, 2016.

김형국, 『고장의 문화판촉』, 서울: 학고재, 2002.

민세안재홍선생기념사업회 기획, 황우갑 해설, 『민족지도자 안재홍 공식화보집』, 서울: 그림씨, 2022.

박용규, 『조선어학회 항일투쟁사』, 서울: 한글학회, 2012.

박찬승, 『민족주의의 시대』, 서울: 경인문화사, 2008.

송건호, 『역사속에 민족의 길을 묻다』, 서울: 한길사, 2009.

신주백, 『한국역사학의 기원』, 서울: 휴머니스트, 2016.

신용하, 『신간회의 민족운동』, 서울: 지식산업사, 2017.

안재홍, 『신민족주의와 신민주주의』, 서울: 민우사, 1945.

안재홍, 구중서 편, 『고원의 밤』, 서울: 범우사, 2007.

안재홍, 김인희 역주, 『조선상고사감』, 서울: 우리역사연구재단. 2014.

안재홍, 유성호 엮음, 『안재홍 수필선집』, 서울: 지식을 만드는지식, 2017.

알파문화예술공원 추진위원회 · 평택문화원, 『알파문화예술공원 추진아카이브』, 2022.

윤대식, 『건국을 위한 변명, 전통과 근대 그리고 민족과 이념의 경계인: 안재홍』, 서울: 신서원, 2018.

이균영, 『신간회연구』, 서울: 역사비평사, 1994.

이문영, 『겁많은 자의 용기』, 서울: 삼인, 2008.

이보아, 『박물관학 개론』, 서울: 김영사, 2004.

이신철, 『북한민족주의 운동연구』, 서울: 역사비평사, 2008.

이정은 읽고 씀, 『어떻게 살아있는 박물관을 창조했는가』, 서울: 민속원, 2013.

이지원, 『한국 근대문화사상사연구』, 서울: 혜안, 2007.

장규식, 『서울, 공간으로 본 역사』, 서울: 혜안, 2004.

정병준, 『독도 1947』, 서울: 돌베개, 2010.

정윤재, 『다사리공동체를 향하여』, 서울: 한울, 2002.

정윤재, 『민족안재홍 평전』, 서울: 민음사, 2018.

조동걸 · 한영우 · 박찬승 편, 『한국의 역사가와 역사학』, 서울: 창작과 비평사, 1994.

조맹기, 『한국언론인물사상사』, 서울: 나남출판, 2006.

조맹기, 『민주공화주의와 언론: 언론자유의 사상적 고찰』, 서울: 나남, 2012.

조맹기, 『제헌헌법의 정신과 공영방송』, 서울: 패러다임, 2017.

진덕규, 『권력과 지식인』, 서울: 지식산업사, 2011.

차갑부, 『평생교육론』, 서울: 교육과학사, 2014.

최석영 읽고 씀, 『하인 G.E.Hein의 구성주의 박물관 교육론』, 서울: 민속원, 2012.

하영선, 『역사속의 젊은 그들』, 서울: 을유문화사, 2011.

한영우, 『한국선비지성사』, 서울: 지식산업사, 2010.

한영우선생정년기념논총간행위원회, 『한국사인물열전 3』, 서울: 돌베개, 2003.

황우갑, 『성인교육자 민세 안재홍』, 서울: 선인, 2019.

Anke te Heesen, 조창오 옮김, 『박물관 이론 입문』, 서울: 서광사, 2018(원저: *Theorien des Museums zur Einführung*, 2012년 출판).

Belcher, M. G, 신지은 · 박윤옥 옮김, 『박물관 전시의 기획과 디자인』, 서울: 예경, 2006(원저: *EXHIBITIONS IN MUSEUMS*, 1991년 출판).

Edwatd T Relph, 김덕현 · 김현주 · 심승희 옮김, 『장소와 장소상실』, 서울: 논형, 2005(원저: *PLACE AND PLACELESSNESS*, 1976년 출판).

DOMINIQUE POULOT, 김한결 옮김, 『박물관의 탄생』, 서울: 돌베개, 2014(원저: *MUSÉE ET MUSÉOLOGIE*, 2005년 출판).

George E. Hein, 안금희 · 김혜경 · 김선아 · 정혜연 공역, 『박물관 교육론』, 서울: 학지사, 2015(원저: *Learning in Museum*, 1995년 출간).

Kier F, Latham; John E, Simmons, 배기동 역, 『박물관학의 기초: 진화하는 지식의 시스템』, 서울: 주류성, 2019(원저: *Foundations of Museum Studies: Evolving Systems of knowledge*, 2014년 출판).

3. 논문

강원룡, 「오호 민세안재홍 선생」, 고려대박물관 편, 『민세안재홍선집』 7, 서울: 지식산업사, 2008.

강영철, 「한국 현대인물 탐구:민세 안재홍의 사상과 통일의지」, 『북한』 Vol.- No.199, 북한연구소, 1988, pp.148~158.

강찬석 · 강혜정 · 김미자 · 연지연 · 이강봉 · 이병호 · 조현구 · 황우갑, 『평생교육론』, 서울: 학지사, 2023.

권순관, 「기념관 전시의 기능과 역할 연구」, 『전시디자인연구』 Vol. 11 No 2, 대한디자인전시학회, 2014, pp.20~29.

권영성, 「민세 안재홍의 신민족주의와 민족적 자유주의 – 광복 이후의 정치 역정을 중심으로 」, 『동양고전연구』 Vol.27 No.-, 동양고전학회, 2007, pp.221~257.

길지혜·박희성·박재민, 「국내 역사공원 지정 및 조성 경향 분석」, 『한국조경학회지』 44(2), 한국조경학회, 2016, pp.130~142.

김광린, 「국학과 민세 안재홍의 정치사상」, 『선도문화』 Vol.13 No.-, 국제뇌교육종합대학원 국학연구원, 2012, pp.451~480.

김광린, 「민세 안재홍과 홍익인간 그리고 평화 –「신민족주의와 신민주주의」론을 중심으로」, 『평화학 논총』 Vol.2 No.1, 국제뇌교육종합대학원 지구평화연구소, 2012, pp.5~36.

김경일, 「좌절된 중용 –일제하 지식 형성에서의 보편주의와 특수주의」, 『사회와 역사』 Vol.51 No.-, 한국사회사학회, 1997, pp.75~109.

김기승, 「언론에 나타난 신간회 해체 논쟁의 전개과정」, 『한국독립운동사연구』 Vol.0 No.63, 독립기념관 한국독립운동사연구소, 2018, pp.95~135.

김명구, 「1920년대 부르주아 민족운동 좌파 계열의 민족운동론 : 안재홍을 중심으로」, 『한국사학보』 Vol.20 No.-, 고려사학회, 2002, pp.171~201.

김명구, 「안재홍의 1920년대 구미정세 인식」, 『대구사학』 Vol.131 No.-, 대구사학회, 2018, pp.287~320.

김명구, 「안재홍의 1930년대 초·중반 파시즘 인식과 사회주의자(서강백)의 비판」, 『한국근현대사연구』 Vol.91 No.-, 한국근현대사학회, 2019, pp.63~98.

김부례, 「나의 한, 김부례」, 안재홍선집간행위원회 편, 『민세안재홍선집』 4, 서울: 지식산업사, 1992.

김수태, 「안재홍의 신민족주의와 사회사 연구」, 『한국근현대사연구』 24, 2003, pp.91~118.

김영희, 「일제강점기 언론사연구와 안재홍의 조선신문소사」, 『한국언론정보학보』 Vol.64 No.4, 한국언론정보학회, 2013, pp.85~108.

김원도, 「일제시기 안재홍의 민족운동」, 『문화전통논집』 Vol.14 No.-, 경성대학교한국학연구소, 2007, pp.117~145.

김윤경, 「1930년대 조선학 운동가들의 '실'담론과 '실학'개념의 형성 II– 안재홍과 문일평의 '실사구시학'의 변주」, 『율곡학연구』 Vol.50, 율곡학회, 2023, pp.301~336.

김을한, 「장진에서 온 전보」, 안재홍선집간행위원회 편, 『민세안재홍선집』 3, 서울: 지식산업사, 1991.

김인식, 「식민지 시기 안재홍의 좌익민족주의 운동론」, 『백산학보』, Vol.15 No.3, 백산학회, 1994, pp.163~202.

김인식, 「안재홍의 신민족주의 국가건설론」, 『중앙사론』 Vol.9 No.-, 중앙사학연구소, 1997,

pp.143~184.

김인식, 「안재홍의 민족주의와 신민족주의론」, 『백산학보』 Vol.- No.55,56, 백산학회, 1998, pp.255~287.

김인식, 「안재홍의 신국가건설의 이념 – 신민족주의의 이념 정향 」, 『한국민족운동사연구』 Vol.20 No.-, 한국민족운동사학회, 1998, pp.461~496.

김인식, 「인재홍의 신민족주의 사상과 행동」, 중앙대학교 대학원 박사학위논문, 1998.

김인식, 「안재홍의 '신민족주의의 과학성'론」, 『사학연구』 Vol.- No.50, 한국사학회, 1998, pp.853~872.

김인식, 「안재홍의 신민족주의 이념의 형성 과정과 조선정치철학」, 『한국학보』 Vol.24 No.4, 일지사, 1998, pp.206~233.

김인식, 「해방후 안재홍의 중경 임시정부 영립보강운동」, 『한국독립운동사연구』 Vol.12 No.-, 독립기념관 한국독립운동사연구소, 1998, pp.281~304.

김인식, 「신민족주의의 정치사상적 검토」, 『한국학』 Vol.23 No.1, 한국학중앙연구원, 2000, pp.119~143.

김인식, 「안재홍의 토지개혁안」, 『중앙사론』 Vol.16 No.-, 한국중앙사학회, 2002, pp.27~62.

김인식, 「1947년 안재홍의 순정우익 집결운동」, 『한국사연구』 Vol.124 No.-, 한국사연구회, 2004, pp.233~271.

김인식, 「안재홍의 경제균등의 정책안」, 『중앙사론』 20, 한국중앙사학회, 2004, pp.38~75.

김인식, 「안재홍의 중도우파노선과 민족국가건설운동」, 『한국민족운동사연구』 39, 한국민족운동사학회, 2004, pp.149~190.

김인식, 「안재홍의 신간회운동」, 『애산학보』 Vol.33 No.-, 애산학회, 2007, pp.83~112.

김인식, 「대한민국 정부수립과 안재홍」, 『한국동양정치사상사연구』 Vol.8 No.1, 한국동양정치사상사학회, 2009, pp.5~25.

김인식, 「안재홍의 좌우익 개념규정과 이념정향의 변화」, 『한국근현대사연구』 Vol.49 No.-, 한국근현대사학회, 2010, pp.182~113.

김인식, 「제헌의회기 안재홍의 대한민국 보성강화론」, 『한국사학보』 Vol.0 No.39, 고려사학회, 2010, pp.159~192.

김인식, 「신간회의 창립과 민족단일당 이론」, 『안재홍과 신간회의 민족운동』, 서울: 선인, 2012.

김인식, 「안재홍의 기미운동과 임정법통성의 역사의식」, 『한국인물사연구』 Vol.18 No.-, 한국인물사연구회, 2012, pp.459~498.

김인식, 「대한민국정부 수립 후 안재홍의 민족통일론」, 『한국근현대사연구』 Vol.0 No.60, 한국근현대사학회, 2013, pp.160~190.

김인식, 「안재홍의 3·1민족운동상과 신민족주의의 역사의식」, 『한국민족운동사연구』 Vol.0 No.76, 한국민족운동사학회, 2013, pp.163~212.

김인식, 「1920년대와 1930년대 초 '조선학' 개념의 형성 과정 : 최남선·정인보·문일평·김태준·신남철의 예」, 『숭실사학』 Vol.0 No.33, 숭실사학회, 2014, pp.115~155.

김인식, 「시국대책요강의 작성경위와 내용 검토」, 『한국민족운동사연구』 Vol.0 No.79, 한국민족운동사학회, 2014, pp.231~276.

김인식, 「1930년대 안재홍의 조선학론」, 『한국인물사연구』, Vol.23 No.-, 한국인물사연구회, 2015, pp.143~181.

김인식, 「조선건국준비위원회의 건국 구도」, 『한국민족운동사연구』, Vol.0 No.84, 한국민족운동사학회, 2015, pp.175~218.

김인식, 「『민세안재홍선집』의 발간 과정과 안재홍 연구의 방향성」, 『중앙사론』 Vol.0 No.43, 중앙사학연구소, 2016, pp.53~100.

김인식, 「시국대책요강과 우익 데마고기의 양상」, 『한국민족운동사연구』 Vol.0 No.88, 한국민족운동사학회, 2016, pp.245~290.

김인식, 「민족주의 세력의 조선건국준비위원회 개조 움직임」, 『한국민족운동사연구』 Vol.0 No.95, 한국민족운동사학회, 2018, pp.227~278.

김인식, 「안재홍의 1919년 대한민국청년외교단에 참여하는 과정과 활동상」, 『숭실사학』 42, 숭실사학회, 2019, pp.155~186.

김인희, 「국어학적 관점에서 본 안재홍의 '기, 지, 치 이론'의 성과와 한계」, 『어문논집』 Vol.70 No.-, 중앙어문학회, 2017, pp.123~149.

김정, 「해방후 안재홍의 신민주주의론과 공산주의 비판」, 『한국사학보』 Vol.- No.12, 고려사학회, 2002, pp.203~235.

김종원, 「해방후 안재홍의 고대사인식」, 충북대학교 교육대학원 석사학위논문, 1996.

김종준, 「1930년대 조선 지식인들의 파시즘적 역사인식 고찰」, 『역사학보』 253집, 역사학회 2022, pp.263~294.

김창엽·성낙돈, 「평생교육의 목적으로서의 삶의 질의 개념에 대한 시론적 접근」, 『평생학습사회』 5(1), 2009, pp.123~146.

김태웅, 「1920·30년대 한국인 대중의 화교인식과 국내민족주의 계열 지식인의 내면세계」, 『역사교육』 Vol.112 No.-, 역사교육연구회, 2009, pp.93~131.

김항도, 「일제시기 안재홍의 민족운동」, 경성대학교 대학원 석사학위논문, 2007.

김헌주, 「조선일보에 나타난 1920년대 식민지 조선의 역사지식장: 데이터베이스 분석을 중심으로」, 『동방학지』 198, 연세대국학연구원, 2022, pp.70~100.

김호일, 「단군사상과 독립운동사: 민세 안재홍의 단군론을 중심으로」, 『중앙사론』 20, 1998, pp.127~139.

남광규, 「건국준비위원회 중앙조직의 약화과정과 요인」, 『한국정치외교사논총』 Vol.28 No.1, 한국정치외교사학회, 2006, pp.5~33.

류시현, 「1930년대 안재홍의 '조선학운동'과 민족사 서술」, 『아시아문화연구』 Vol.22-No.-, 가천대학교 아시아문화연구소, 2011, pp.25~52.

류시현, 「해방 후 안재홍의 일제강점기에 관한 기억과 감성」, 『민족문화연구』 Vol.54-No.-, 고려대학교 민족문화연구원, 2011, pp.89~121.

박경목, 「일제강점기 국내 항일독립운동 연구성과와 과제」, 『한국근현대사연구』 Vol.100 No.-, 한국근현대사학회, 2022, pp.139~178.

박명수, 「해방 직후 우익 민족주의자들의 38선 철폐운동과 한반도 분단에 대한 좌익의 입장」, 『한국정치외교사논총』 Vol.41 No.1, 한국정치외교사학회, 2019, pp.69~112.

박용규, 「안재홍의 언론활동과 언론관」, 『민주사회와 정책연구』 6, 민주사회정책연구원, 2004, pp.210~235.

박용규, 「1920년대 중반(1924~1927)의 신문과 민족운동: 민족주의 좌파의 활동을 중심으로」, 『언론과학연구』 Vol.9 No.4, 한국지역언론학회, 2009, pp.277~312.

박용규, 「광복 이후 안재홍의 언론관과 언론활동」, 민세안재홍선생기념사업회 편, 『민세학술연구총서3. 안재홍 언론사상 심층연구』, 서울: 선인, 2013.

박윤옥, 「박물관과 사회적 역할 : 사회 포용」, 『박물관학보』 Vol 18 · 19, 한국박물관학회, 2010, pp.67~86.

박찬승, 「1930년대 안재홍의 민세주의론」, 『한국 근현대사연구』 Vol.20 No.-, 한국근현대사학회, 2002, pp.270~291.

박한용, 「안재홍의 민족주의론 : 근대를 넘은 근대?」, 『한국사학보』 Vol.- No.9, 고려사학회, 2000, pp.97~131.

박현진, 「독도 실효지배의 증거로서 민관합동 학술과학조사: 1947년 및 1952-53년 (과도)정부 · 한국산악」, 『국제법학회논총』 Vol.60 No.3, 대한국제법학회, 2015, pp.61~96.

박홍식, 「일제 강점기 정인보, 안재홍, 최익한의 다산 연구」, 『다산학』 Vol.- No.17, 2010, pp.45~93.

박희명, 「기념관의 사회적 의미와 역할」, 『박물관학보』 24, 한국박물관학회, 2013, pp.5~28.

박희명, 「기억의 전달을 위한 기념관의 역사와 교육」, 『박물관교육연구』 제12권, 한국박물관교육학회, 2014, pp.13~34.

방유미, 「1920년대 안재홍의 기행수필 연구」, 『우리문학연구』 Vol.0- No.75, 우리문학회,

2022, pp.291~319.

소대봉, 「안재홍의 신민족주의와 '홍익민족주의'」, 『유라시아문화』 4, 유라시아문화학회, 2022, pp.127~176.

손환·하정희, 「민세 안재홍의 한국근대스포츠 발전에 미친 영향」, 『체육사학회지』 Vol.27 No.1, 한국체육사학회, 2022. pp.17~28.

송지영, 「산하와 겨레에 얽힌 한」, 안재홍선집간행위원회 편, 『민세안재홍선집』 3, 서울: 지식산업사, 1991.

서행원, 「민세 안재홍의 정치사상 연구」, 『역사와 교육』 Vol.4 No.-, 역사와 교육학회, 1996, pp.79~112.

성호준, 「민세 안재홍의 단군이해와 홍익인간론」, 『우계학보』 Vol.45 No.-, 우계문화재단, 2023, pp.159~182.

신주백, 「조선학운동에 관한 연구동향과 새로운 시론적 탐색」, 『한국민족운동사연구』 Vol.- No.67, 한국민족운동사학회, 2011, pp.167~202.

신운용, 「해방공간(1945년-1947년)의 개천절 봉축 행사와 그 의미」, 『선도문화』 Vol.30 No.-, 국제뇌교육종합대학원 국학연구원, 2021, pp.303~332.

신진숙, 「백두산 관광을 통해 본 식민지 '진정성'의 구성 방식」, 『동악어문학』 Vol.71 No.-, 동악어문학회, 2017, pp.373~400.

심경호, 「근대 한국역사학자들의 합보 — 박은식·신채호·문일평·안재홍·백남운·이병도·손진태」, 『애산학보』 Vol.50, 애산학회, 2023, pp.231~241.

안미현, 「해방 직후 안재홍의 통일민족국가 건설운동」, 한국교원대 석사학위논문, 2002.

안정용, 「아버지와 나」, 안재홍선집간행위원회 편, 『민세안재홍선집』 4, 서울: 지식산업사. 1992.

안종묵, 「일제하 항일 언론인 탐구: 민세 안재홍선생을 중심으로」, 『동서언로』 Vol.32 No.-, 한국외국어대학교 국제커뮤니케이션연구소, 2012, pp.5~42.

안호상, 「간행사」, 안재홍선집간행위원회 편, 『민세안재홍선집』 1, 서울: 지식산업사, 1981.

여성자, 「민세 안재홍의 교육사상 연구」, 한국교원대 대학원 석사학위논문, 1992.

오명숙, 「박물관 교육의 평생교육적 함의」, 『평생교육연구』 20(2), 2014, pp.121~141.

원종호, 「한국기념공간의 구성특성과 기억문화론적 해석」, 서울대학교 대학원 생태조경 지역시스템공학부 석사학위논문, 2013.

유광렬, 「안재홍론」, 『동광』 4권 7호 통권 35호, 1932년 7월.

유광렬, 「곧은 필봉, 빛나는 절개」, 안재홍선집간행위원회 편, 『민세안재홍선집』 1, 서울: 지식산업사, 1981.

유병용, 「민세 안재홍의 인물과 사상: 그의 민족독립사상을 중심으로」, 『인문학연구』 16, 강원대학교, 1982, pp.121~140.

유병용, 「안재홍의 정치사상에 대한 재검토」, 『한국민족운동사연구』 제1집, 한국민족운동사학회, 1986, pp.177~205.

유병용, 「안재홍의 신민족주의 국가상」, 『한국사시민강좌』 제17집, 일조각, 1995, pp.25~41.

유병용 · 김인식 · 남광규, 「해방 전후 중간파 민족주의의 성격」, 『한국정치외교사논총』 Vol.29 No.1, 한국정치외교사학회, 2007, pp.5~40.

윤대식, 「안재홍의 정치사상과 정치노선에 관한 연구」, 한국외대 대학원 석사학위논문, 1992.

윤대식, 「안재홍의 항일투쟁론」, 『21세기정치학회회보』 Vol.14 No.3, 21세기정치학회, 2004, pp.1~17.

윤대식, 「안재홍의 신민족주의론에 내재한 정치적 의무관」, 『한국사학보』 Vol.-No.20, 고려사학회, 2005, pp.289~316.

윤대식, 「노마연잔두의 경계와 백열의 정치적 삶」, 『한국동양정치사상연구』 Vol.9-No.1, 한국동양정치사상사학회, 2010, pp.7~109.

윤대식, 「안재홍의 정합적 삶: 신간회 참여와 해소 과정을 중심으로」, 『안재홍의 항일과 건국사상』, 서울: 백산서당, 2010.

윤대식, 「실천지로서 안재홍의 벽상관: 식민지 지식인의 대외인식 단면」, 『한국정치연구』 Vol.22 No.3, 서울대학교 한국정치연구소, 2013, pp.213~236.

윤대식, 「한국 민족주의의 쟁점」, 『한국학』 Vol.36 No.2, 한국학중앙연구원, 2013, pp.331~362.

윤대식, 「1924-25년 식민지 정치지성의 대외인식에 드러난 자주와 사대의 교차: 중국혁명을 바라보는 안재홍의 시각과 태도」, 『현대정치연구』 Vol.11 No.3, 서강대학교 현대정치연구소, 2018, pp.141~174.

윤대식, 「통일민족국가 건설을 위한 문화적 아이덴티티 구축 : 안재홍의 책무로서 '통사' 쓰기로부터 평화통일의 교의로서 신민족주의로」, 『한국독립운동사연구』 Vol.0 No.66, 독립기념관 한국독립운동사연구소, 2021, pp.119~154.

윤대식, 「어두운 시대 동아시아 정세에 대한 안재홍의 관견:환원론적 맥락에서 핵심동력으로 중국을 바라보는 벽상관」, 『한국동양정치사상연구』 Vol.22 No.2, 한국동양정치사상사학회, 2023, pp.41~68.

윤복남, 「해방전 우리나라 문해교육운동」, 『한국문해교육연구』, 서울: 교육과학사, 2001.

윤덕영, 「8 · 15 직후 조선건국준비위원회의 조직적 한계와 좌 · 우 분립의 배경」, 『사학연구』 Vol.- No.65, 한국사학회, 2010, pp.826~867.

윤덕영, 「신간회 창립과 합법적 정치운동론」, 『한국민족운동사학연구』 Vol.- No.65, 한국민족 운동사학회, 2010, pp.107~163.

윤덕영, 「신간회 창립 주도세력과 민족주의세력의 정치 지형」, 『한국민족운동사학연구』 Vol.- No.68, 한국민족운동사학회, 2011, pp.79~128.

윤덕영, 「신간회 초기 민족주의 세력의 정세인식과 '민족적 총역량 집중'론의 제기」, 『한국근현대 사연구』 Vol.56 No.-, 한국근현대사학회, 2011, pp.42~79.

윤여각, 「평생교육 개념의 재검토: 유네스코 랑그랑ㆍ포르ㆍ다베ㆍ들로 보고서를 중심으로」, 『평 생교육학연구』 18(18), 2015, pp.103~130.

오영섭, 「해방후 민세 안재홍의 민공협동운동 연구」, 『태동고전연구』 Vol.15 No.-, 한림대 태동 고전연구소, 1998, pp.189~227.

이경미, 「1920년대 민세 안재홍의 민족론과 그 추이」, 『한국동양정치사상연구』 Vol.9-No.2, 한국동양정치사상사학회, 2010, pp.121~144.

이계형, 「북한에 묻혀 있는 독립운동가의 현황 연구」, 『한국보훈논총』 Vol.20 No.4, 한국보훈학 회, 2021, pp.143~167.

이관구, 「민세선생 이십주기에 즈음하여」, 안재홍선집간행위원회 편, 『민세안재홍선집』 1, 서울: 지식산업사, 1981.

이난수, 「근대전환기 '풍류'인식으로 본 한국사상의 원형 문제」, 『양명학』 Vol.0 No.51, 한국양 명학회, 2018, pp.375~399.

이명종, 「1910ㆍ1920년대 조선 지식인들의 만주 단군강역 담론」, 『한국근현대사연구』 Vol.74 No.-, 한국근현대사학회, 2015, pp.98~126.

이상익, 「안재홍 다사리주의의 사상적 토대와 이념적 성격」, 『한국철학논집』 Vol.- No.31, 한국 철학사연구회, 2011, pp.203~240.

이상익, 「안재홍의 '불함도'와 '다사리 국가론'」, 『한국철학논집』 Vol.0 No.53, 한국철학사연구 회, 2017, pp.101~129.

이선경, 「안재홍, 보편을 지향하는 민족철학」, 『인문학연구』 46, 율곡연구원, 2022, pp.35~66.

이선경, 「한국사상사 연구방법론으로서 역의 가능성 시론 : 이병헌ㆍ안재홍ㆍ박종홍ㆍ류승국을 중심으로 한 예비적 고찰」, 『율곡학연구』 63, 조선대학교인문학연구원, 2022, pp.301~ 329.

이신철, 「전쟁 이후 안재홍의 통일국가 수립운동」, 민세안재홍선생기념사업회 편, 『안재홍의 항 일과 건국사상』, 서울: 백산서당, 2010.

이윤갑, 「안재홍의 근대 민족주의론 비판과 신민족주의」, 『한국학논집』 Vol.0 No.54, 계명대한 국학연구원, 2014, pp.115~163.

이정상, 「근엄하신 민족주의자」, 고려대박물관 편, 『민세안재홍선집』 7, 서울: 지식산업사, 2008.

이지원, 「일제하 안재홍의 현실인식과 민족해방운동론」, 『역사와 현실』 제6호, 역사비평사, 1991, pp.23~64.

이지원, 「1930년대 안재홍의 조선학연구에서 근대정체성 서사와 다산 정약용」, 『역사교육』 Vol.140 No.-, 역사교육연구회, 2016, pp.269~296.

이진한, 「민세 안재홍의 신민주주의 사관에 대한 일고찰」, 한국학중앙연구원 편, 『민세 안재홍 심층연구』, 서울: 황금알, 2005.

이진한, 「민세의 한국 중세사 인식과 유물사관 비판」, 『사총』 Vol.70- No.-, 고려대학교 역사연구소, 2005, pp.59~83.

이진한, 「안재홍의 조선사연구와 신민족주의론」, 『한국사학보』 Vol.- No.20, 고려사학회, 2005, pp.317~344.

이희승, 「민세선생을 추모함」, 안재홍선집간행위원회 편, 『민세안재홍선집』 3, 서울: 지식산업사, 1991.

임종명, 「해방 공간과 신생활운동」, 『역사문제연구』 Vol.16 No.1, 역사문제연구소, 2012, pp.218~265.

임형진, 「안재홍의 민족통일노선과 신민족주의」, 『한국학』 Vol.27 No.4, 한국학중앙연구원, 2004, pp.39~72.

임형진, 「단군학과 한국정치학: 근대 정치사상을 중심으로」, 『민족사상연구』 제13호, 경기대학교부설 민족사상연구소, 2005, pp.265~291.

장규식, 「20세기 전반 한국 사상계의 궤적과 민족주의 담론」, 『한국사연구』 Vol.150 No.-, 한국사연구회, 2010, pp.271~312.

정미현, 「해방후 안재홍의 정치활동」, 전남대 교육대학원 석사학위논문, 1998.

정영훈, 「안재홍의 신민족주의 이론」, 『한국학』 Vol.15 No.3, 한국학중앙연구원, 1992, pp.103~183.

정영훈, 「통일지향의 민족주의의 정치사상: 해방 후 중도우파 세력의 통일국가 수립 노선을 중심으로」, 『정신문화연구』 제27권 제4호, 한국정신문화연구원, 2004, pp.3~37.

정영훈, 「안재홍의 고유셈말 해석과 조선정치철학론」, 『고조선단군학』 Vol.0 No.33, 고조선단군학회, 2015, pp.257~289 .

정영훈, 「민족고유사상에서 도출된 통일민족주의 :삼균주의와 신민족주의를 중심으로」, 『고조선단군학』 Vol.40 No.-, 고조선단군학회, 2019, pp.141~182.

정윤재, 「안재홍의 정치사상연구 : 그의 신민족주의론을 중심으로」, 『사회과학과 정책연구』 Vol.3 No.3, 서울대학교 사회과학연구소, 1981, pp.167~199.

정윤재, 「안재홍의 정치사상 연구」, 서울대 대학원 석사학위논문, 1983.

정윤재, 「민세 안재홍의 신민족주의론 연구」, 신용하 편, 『한국현대사회사상』, 서울: 지식산업사, 1984.

정윤재, 「해방직후 신민족주의 정치사상 연구: 안재홍의 민족투쟁론과 통일국가건설론을 중심으로」, 『사회과학연구』 제7권 제2호, 충북대사회과학연구소, 1990, pp.129~168.

정윤재, 「열린 나의 정치사상: 최제우, 안재홍, 김지하를 중심으로」, 『한국정치연구』 제7권, 서울대학교 한국정치연구소, 1997, pp.281~300.

정윤재, 「안재홍의 조선정치철학과 다사리 이념」, 정윤재·박찬승·김인식·조맹기·박한용 공저, 『민족에서 세계로: 민세 안재홍의 신민족주의론』, 서울: 봉명, 2002.

정윤재, 「1930년대 안재홍의 문화건설론」, 『한국학』 Vol.28 No.2, 한국학중앙연구원, 2005, pp.241~265.

정윤재, 「일제강점기 민족생존의 정치사상: 민족개조론과 민족문화건설론」, 『한국동양정치사상사연구』 제4권 제1호, 한국·동양정치사상사학회, 2005, pp.35~45.

정윤재, 「민세 안재홍의 다사리이념 분석」, 『한국동양정치사상연구』 Vol.11 No.2, 한국동양정치사상사학회, 2012, pp.91~122.

정윤재, 「민족자주연맹 박한주 회고」, 『안재홍 평전』, 서울: 민음사, 2018.

정윤재, 「안재홍의 신민족주의 역사인식과 평화통일의 과제」, 『한국동양정치사상연구』 17(1), 한국동양정치사상사학회, 2018, pp.221~257.

정진석, 「언론인 수난; 필화 정치문제 명예훼손이 주요인 일제하 최대 옥고 언론인은 안재홍」, 『신문과 방송』 270호, 한국언론연구원, 1993, pp.65~73.

정진석, 「안재홍, 언론 구국의 국사」, 『한국사시민강좌』 Vol.49 No.-, 일조각, 2008, pp.348~361.

조남호, 「대종교 계열 학자들의 영토 인식」, 『선도문화』 Vol.22 No.-, 국제뇌교육종합대학원 국학연구원, 2017, pp.271~300.

조규태, 「1920년대 민족주의 세력의 자치운동의 전개양상」, 정윤재·유지아·조규태·김인식·윤덕영·김기승·조맹기, 『신간회와 신간회운동의 재조명』, 서울: 선인, 2018.

조맹기, 「안재홍의 신민족주의 언론사상」, 『민족에서 세계로』, 서울: 봉명, 2002.

조맹기, 「안재홍의 신민주주의와 언론 : 제헌헌법 제정 정신을 중심으로」, 『언론과 법』 Vol.9- No.2, 한국언론법학회, 2010, pp.289~317.

조맹기, 「민세 안재홍의 '민주공화국' 사상 — 그의 언론활동을 중심으로 —」, 『한국언론학회 학술대회 발표논문집』 Vol. No.10, 한국언론학회 2012, pp.158~160.

조맹기, 「안재홍의 신민주주의와 언론 : 제헌헌법 제정 정신을 중심으로」, 『한국출판학연구』 Vol.39- No.1, 한국출판학회, 2013, pp.161~189.

조유재, 「해방 이후 신생활운동의 전개와 관제화의 경향」, 『한국민족운동사연구』 Vol.- No.108, 한국민족운동사학회, 2021, pp.275~320.

조형열, 「안재홍의 조선사 연구, 민족과 과학 그리고 실천의 딜레마」, 『애산학보』 Vol.50, 애산학회, 2023, pp.99~125.

주인석, 「민세 안재홍의 정치노선」, 『민족사상』 Vol.9 No.3, 한국민족사상학회, 2015, pp.147~188.

진영일, 「민족주의 사학가들의 조선시대 인식」, 『공주교대 논총』 Vol.29 No.1, 공주교육대학교 초등연구원, 1993, pp.165~178.

채관식, 「1930년대 전반 '고대사회' 이론의 수용과 한국 고대사 연구」, 『역사와실학』 Vol.57 No.-, 역사실학회, 2015, pp.189~224.

채관식, 「안재홍의 인류학 이론 수용과 조선 상고사 연구」, 『한국사연구』 Vol.- No.167, 한국사연구회, 2015, pp.117~154.

최광민, 「1920년대 민족 우파와 민족 좌파가 표출한 조선의 민족성: 이광수, 최남선, 안재홍을 중심으로」, 『한국어와 문화』 Vol.10 No.-, 숙명여자대학교 한국어문화연구소, 2011, pp.95~122.

최영성, 「일제시기 반식민사학의 전개 : 신채호,정인보,문일평,안재홍,백남운을 중심으로」, 『한국사상과 문화』 Vol.9 No.-, 한국사상문화학회, 2000, pp.123~146.

최영성, 「민세 안재홍의 신민족주의와 민족적 자유주의: 광복 이후 정치역정을 중심으로」, 『동양고전연구』 제27집 제1호, 동양고전학회, 2007, pp.5~40.

최은희, 「교우반세기」, 안재홍선집간행위원회 편, 『민세안재홍선집』 3, 서울: 지식산업사, 1991, pp.448~457.

최재목, 「일제강점기 정다산 재발견의 의미: 신문,잡지의 논의를 통한 시론」, 『다산학』 Vol.- No.17, 다산학술문화재단, 2010, pp.95~131.

천관우, 「민세 안재홍연보」, 『창작과 비평』 통권 50호, 1978년 겨울호, 서울: 창작과 비평사, 1978.

천관우, 「해제1」, 안재홍선집간행위원회 편, 『민세안재홍선집』 1, 서울: 지식산업사, 1981.

한규무, 「1920~1930년대 고학생갈돕회의 설립과 활동」, 『한국민족운동사연구』 Vol.0 No.73, 한국민족운동사학회, 2012, pp.209~250.

한영우, 「안재홍의 신민족주의와 사학」, 『한국독립운동사연구』 제2집, 독립기념관 한국독립운동사연구소, 1987, pp.257~281.

황선익, 「독립운동기념의 역사적 전개와 독립운동기념관」, 『한국근현대사연구』 Vol. 8, 한국근현대사학회, 2018, pp.107~138.

황우갑, 「민세 안재홍기념사업의 성과와 과제」, 『안재홍 자료집성과 기념사업』, 서울: 선인, 2016.

황우갑 · 최은수, 「안재홍의 성인교육활동과 사상 탐색」, *Andragogy Today: Interdisciplinary Journal of Adu &Continuing Education*, Vol.21 No4, 한국성인교육학회, 2018, pp.49~74.

황우갑, 「안재홍의 성인교육활동과 온정적 합리주의 리더십 연구」, 숭실대 대학원 박사학위논문, 2019.

황우갑, 「민세 안재홍의 충무공 이순신 선양활동」, 『이순신연구논총』 39, 순천향대 이순신연구소, 2023, pp.303~349.

3. 잡지

『동광』 1927년 6월호, 1927.

『동광』 1931년 4월호, 「협동조합이 가장 긴요」, 1931.

『동광』 1931년 5월호, 3권 5호 통권 2호, 「철창에 잠 못 든 수인. 조선일보 안재홍」, 1931.

『동광』 1931년 9월호, 「딸뻔기. 나는 소년 시절에 어떤 야심을 가졌었나. 조선의 사마천, 조선일보 안재홍」, 1931.

『동광』 1932년 7월호, 4권 7호 통권 35호, 「안재홍론. 유광렬」, 1932.

『부인』 1949년 11월호, 23호, 1949.

『삼천리』 1930년 1월호. 「아호의 유래」, 민세 안재홍, 「아호의 유래」, 1930.

『삼천리』 1931년 10월호, 1931.

『삼천리』 1936년 2월호, 1936.

『삼천리』 1948년 12월호, 1948.

『삼천리』 1949년 2월호, 「촉루철학(髑髏哲學)의 사도(使徒)로 되었다」, 1949.

『삼천리』 1949년 제4호, 1949.

『새한민보』 1949년 2월자, 1949.

『신동아』 1936년 5월호, 「학생시대의 회고」, 1936.

『신동아』 6권 6호, 「나의 人生觀 安在鴻」, 1936년 6월.

『신조선』 7호, 「朝鮮學의 問題. 卷頭言을 代함. 樗山」, 1934년 12월.

『신조선』 8호, 「朝鮮과 文化運動- 卷頭言에 代함 樗山」, 1935년 1월.

『신천지』 申椐 1호, 1946년 2월, 「人物素描 安在鴻」, 1946.

『신천지』 1946년 8월호, 「안재홍. 비분! 일한합병당시의 회고」, 1946.

『신천지』 제42호, 1950년 1월호, 「담배와 亡國恨 安民世」, 1950.
『조광』 2권 4호 1936년 4월호, 「나의 경구집. 안재홍」, 1936.

4. 신문

『조선일보』, 1934년 9월 16일자.
『조선일보』, 1948년 3월 9일자.
『조선일보』, 1962년 2월 24일자.
『조선일보』, 조선뉴스 라이브러리 100.
『중앙일보』, 2007년 7월 29일자.
『한성일보』, 1949년 10월 21일자.

저자 | 황우갑

민세아카데미 대표.

경기도 평택에서 태어나 고려대 국문학과를 졸업하고 성공회대 문화대학원에서 문화예술경영학 석사, 숭실대 대학원에서 안재홍의 성인교육 연구로 교육학 박사학위를 받았다. 현재 민세아카데미 대표, 민세안재홍선생기념사업회·신간회기념사업회 사무국장으로 활동하고 있다. 저서로는 『성인교육자 민세 안재홍』, 『평생교육론』(공저), 엮은책으로 『민족지도자 안재홍 공식화보집』, 『안재홍 연보』 1~3권이 있다.